专家带你看历史剧

胡忆红　许陈静◎著

中国纺织出版社

内 容 提 要

历史上真实的“芈月”什么样？虚构人物“甄嬛”的历史原型有怎样的人生？孝庄太后确曾下嫁多尔衮吗？珍妃算是爱国嫔妃吗？如懿真的是乾隆深爱的皇后吗？本书对此类问题进行了严肃的讨论，严谨的求证，以权威的史料为依据还原热播影视剧中芈月等19位后宫女性的历史原貌，以幽默的文笔讲述她们真实的人生故事，并对影视剧中影响较大的情节进行辨析，为观众和读者区分历史真实和艺术创作，从而客观地认识历史人物。在此基础上，本书还展现了后宫女性情怀美好的一面，让人看到“宫斗”之外的情感世界。

图书在版编目（CIP）数据

告诉你真实的后宫女性／胡忆红，许陈静著. --北京：中国纺织出版社，2017.5（2022.8 重印）
（专家带你看历史剧）
ISBN 978-7-5180-3099-6

Ⅰ.①告… Ⅱ.①胡… ②许… Ⅲ.①宫廷—女性—人物研究—中国—古代 Ⅳ.①K828.5

中国版本图书馆CIP数据核字（2016）第277652号

策划编辑：李 猛　　责任编辑：李伟楠　　责任印制：储志伟

中国纺织出版社出版发行
地址：北京市朝阳区百子湾东里A407号楼　邮政编码：100124
销售电话：010—67004422　传真：010—87155801
http：//www.c-textilep.com
E-mail：faxing@c-textilep.com
中国纺织出版社天猫旗舰店
官方微博http：//weibo.com/2119887771
佳兴达印刷（天津）有限公司印刷　　各地新华书店经销
2017年5月第1版　2022年8月第3次印刷
开本：710×1000　1/16　印张：21
字数：222千字　定价：55.00元

前　言

2016年元旦前后，电视剧《芈月传》热播，我们与秦汉史专家、中国人民大学的王子今教授有过一次访谈。在谈及芈月的历史原型宣太后如何将她的一生与秦国崛起的史诗融为一体时，王教授一番话给我们的印象很是深刻。其大意是："后宫是一个特殊的社会空间，当然有悲惨的命运，复杂的斗争，但尔虞我诈的人性阴暗面并不是后宫生活的主要内容。历史题材的影视作品为什么多以'阴谋'为主题呢？真实的历史不止这些。即使在后宫中，也有真诚的情爱，有并不虚伪的姐妹友情，有文化的传承，有科学的贡献。"

就在这次访谈后一个月，电视剧《女医·明妃传》上演，恰是讲述一位明代女子的医学传奇。在虚构的宫闱情缘之下，打捞起中国古代医学史上本应被铭记、却已被淡忘的一个名字：谈允贤。"不为良相，便为良医"，是宋代以来士大夫阶层的自许与愿景，女性同样参与到这悲悯苍生的进程之中。

而在这次访谈前，《琅琊榜》已经轰动一时。这部被誉为近年来"最干净、最有情怀、最具理想主义色彩"的电视剧，直接刻画了乱世女性驰骋疆场、为国征战的传奇。英姿飒飒的霓凰郡主虽纯属虚构，但在南北朝的大乱世中，能以一人定江山、促成天下再统一的红颜，是史书上真实存在过的。她就是岭南冼夫人。

从某种意义上说，我们要感谢以上这些热播的后宫题材电视剧，它们让原本沉睡在历史深处、罕为人知的红颜们有血有肉地复活了，成了“当代网红”。

当然，这“血肉”里，不乏当代人的想象和建构。芈八子在秦宫面对的王后何曾是自己的姐姐呢？但为了戏剧需要，芈月就得和芈姝分分合合，反目成仇。年贵妃何曾是个小心眼、爱吃醋、争强好胜的小女子呢？她本是深明大义的，与雍正感情甚笃，但为了戏剧需要，华妃也得和甄嬛、眉庄进入“堕胎与被堕胎”的套路中。

宫斗固然好看。美女如云、宫闱秘史、惊险悬疑、心计重重，弱女子可以“逆袭”，加害者终会跌落。宫斗也有原型。明代万贵妃与宪宗皇帝相差17岁的“姐弟恋”堪称旷世绝恋，在万贵妃手下，吴皇后被废，小太子和母亲贤妃莫名其妙地暴毙，宫女纪氏只能在太监和废后的帮助下瞒着皇帝偷偷摸摸生下皇子。最终，岁月流逝，万贵妃气怒而病故，被废的吴皇后反而在皇子即位后苦尽甘来，安享晚年。正是历史上有过这样曲折、残酷的后宫斗争，当代电视剧才滋生出更多的宫斗灵感。宫斗也有现实的批判意义，“可怜红颜总薄命，最是无情帝王家”，就像导演郑晓龙所言：看完《甄嬛传》，你会对一夫多妻、皇权独尊的封建制度产生深刻的认识和强烈的批判。但宫斗，的确不是后宫生活的全部。在“齐家”方能“治国、平天下”的儒家思想体系下，贤明的帝王往往对后宫约束严格。而后宫的女性，若能遇到贤明的君主、开明的盛世，也有机会绽放自己的光彩。论艺术成就，有杨玉环的《霓裳羽衣舞》；论文学杰作，有班婕妤的《自悼赋》；论书法珍品，有武则天以“飞白体”写就的《升仙太子碑》。

当然，最重要的，也是最终能决定她们在史书上所占分量的，还是她们与政治的关系。后宫与朝堂的距离很近，无论是贤明的君主适度给予了权力，还是孱弱的君主空缺出了权力，后宫中身居高位的妃嫔，都与权力反复纠缠。有和风细雨影响权力的，长孙皇后就推动了纳谏如流的贞观政风的形成；有借外戚集团稳定权力的，卫子夫就为汉武盛世带来了卫青、霍去病两大支柱；有雷霆手段控制权力的，吕雉就开创了后宫女子临朝称制的新纪元……

无论是温柔、是强势，是顺应、是主动，她们都发挥了自己对国家、对历史的建设性作用。即使是慈禧太后，她主导的清末十年新政，又何尝没有积极的贡献呢？宫闱史的真相，也就在这里变得有趣起来——你以为珍妃是电视剧里勇斗慈禧、支持光绪皇帝变法的贤妃，其实她所做的，却是卖官鬻爵、中饱私囊。

你瞧，真相和杜撰就像两匹奔跑的骏马，总在齐头并进，永无止境。我们这本小册子，就是想把那匹名叫“真相”的马描摹清楚，让它带着大家驰骋历史，去看看真实的芈月与那位“义渠的汉子”如何安安稳稳过了半辈

子；去看看真实的霓凰与那个“明亮的少年”如何白头偕老平定了江山；去看看真实的甄嬛如何与世无争福寿两全；去看看真实的如懿为何从无恩爱夫妻决裂。

愿大家记住后宫的大气与明媚，如同曾经记住她们的斗争与恩怨。

胡忆红　许陈静

2016年8月

第一章　专家带你看《芈月传》

芈八子，雄主原来是佳人

◎ 楚　女……3

◎ 秦　妃……6

◎ 王　母……9

◎ 太　后……12

◎ 情　种……15

第二章　专家带你看《美人心计》

窦太后：当恩爱远，便权柄近

◎ 小宫女得大富贵……19

◎ 选皇帝变成了选太后……22

◎ 失明与失爱，哪一种更痛……26

◎ 女儿的捣乱粉碎了母亲的偏心……29

◎ 孙女的庄园最终打破了她的操控……32

第三章　专家带你看《大汉贤后卫子夫》

平阳公主，她在大汉群星后

◎ 她的母亲改嫁进了宫……37

◎ 她的歌女成了皇后……40

◎ 她的骑奴成了大将军……43
◎ 她的再婚巩固了卫霍家族……47
◎ 她的去世让卫霍家族再无依靠……51

第四章　专家带你看《大汉情缘之云中歌》

上官皇后和霍成君，同一个男人的权力祭品

◎ 8岁的皇帝……57
◎ 6岁的皇后……60
◎ 故剑情深……63
◎ 毒药换封后……66
◎ 冷宫与灭族……68

第五章　专家带你看《太子妃升职记》

王政君："超长诗机"，超常悲喜

◎ 都克夫了，还能升职"良家子"……73
◎ 穿对一件衣服，从此升职太子妃……75
◎ 升职皇后，"情敌"都很有名……77
◎ 多亏了一个大臣，才守住后位……80
◎ 升职太后，儿媳个个不省心……82
◎ 升职太皇太后，昔日情敌归来……85
◎ 走上权力巅峰，一波三折成悲剧……87

第六章　专家带你看《琅琊榜》

冼夫人，沙场上的红颜

◎ 晚　婚……91
◎ 救　梁……94

◎ 兴　陈 …… 98
◎ 安　隋 …… 100
◎ 建　唐 …… 102

第七章　专家带你看《贞观之治》

长孙皇后，她的深情与盛世

◎ 她把生死荣辱，投入不能回头的争天下中 …… 110
◎ 少年夫妻，携手走向玄武门 …… 113
◎ 母仪之美，盛世之音 …… 116
◎ 弃一个英明兄长，却保一个混账兄长 …… 119
◎ 长安远望，余生相思 …… 121

第八章　专家带你看《大明宫词》

太平公主，大明宫的爱情与政变

◎ 初嫁薛绍，“共赏万年春” …… 127
◎ 再嫁武攸暨，为母亲称帝牺牲婚姻 …… 130
◎ 男宠张昌宗，献给母亲的忠心 …… 133
◎ 神龙政变，推翻母亲选择三哥 …… 136
◎ 唐隆政变，推翻三嫂选择四哥 …… 139
◎ 先天政变，侄子送来三尺白绫 …… 142

第九章　专家带你看《唐明皇》

杨玉环：王朝盛衰，岂由牡丹

◎ 绝　色 …… 147
◎ 选　妃 …… 150
◎ 进　宫 …… 154

◎ 知　音……157
◎ 出　宫……159
◎ “贼本”……162

第十章　专家带你看《女医·明妃传》

谈允贤：江南杏林的传奇

◎ 儒医世家……167
◎ 久病成医……171
◎ 职业女医……174
◎ 杏林传奇……177
◎ 寂寞后事……180

第十一章　专家带你看《后宫》

万贵妃：老妻少夫也有爱情

◎ 不离不弃……183
◎ 擅宠后宫……186
◎ 皇嗣之忧……189
◎ 宦官为祸……193
◎ 万妃之死……195

第十二章　专家带你看《大明嫔妃》

郑贵妃：万般算计终成空

◎ “王的女人”……199
◎ 阻立太子……203
◎ 连涉大案……207

第十三章 专家带你看《孝庄秘史》

孝庄太后：逝去了三百年的话题女王

◎ 不起眼的庄妃……215
◎ 太后下嫁……218
◎ 清朝兴国太后……223
◎ 停棺不葬之谜……226

第十四章 专家带你看《康熙王朝》

苏麻喇姑：清宫的"大腕"宫女

◎ 孝庄身边的红人……231
◎ 宫中的良师慈母……235
◎ 死后的旷典殊荣……239

第十五章 专家带你看《甄嬛传》

熹贵妃：福禄寿齐全的女人

◎ 钮祜禄氏家族……245
◎ 雍正帝的宠妃……248
◎ 母凭子贵……252
◎ 安享晚年……255

第十六章 专家带你看《后宫·如懿传》

乌喇那拉皇后：断发引发的人生悲剧

◎ 正位中宫……261

◎ 夫妻决裂……265
◎ 断发之谜……268
◎ 身后凄凉……271

第十七章　专家带你看《苍穹之昴》

珍妃：枯井里的冤魂

◎ 光绪的宠妃……277
◎ 婆媳矛盾……281
◎ 珍妃被囚……284
◎ 珍妃之死……288

第十八章　专家带你看《血染紫禁城》

慈禧太后：栖息在皇权上的女人

◎ 靠近“权力核心”……293
◎ 后宫罗网……299
◎ 群臣的中心……303

第十九章　专家带你看《末代皇妃》

婉容皇后：才女自古多薄命

◎ 末代皇后……309
◎ 宫中生活……313
◎ 后妃之争……317
◎ 晚景凄凉……320

第一章

专家带你看「芈月传」
芈八子，
雄主原来是佳人

历史上真实的『芈月』个性鲜明，她的绝世光华并不来自于后人善意附加的善良、纯洁、恬淡、无私等品德，相反，她与儿子嬴稷的相互制衡、与义渠王的相爱相杀都远比电视剧中更残酷、更复杂。没有情深缘浅的初恋故事，没有尔虞我诈的后宫纷争，但历史上真实的芈八子形象却更立体、更多面、更耐人寻味。

“春花开谢，秋草又枯，盛衰荣辱，如何细数？汨水暖，渭水寒，换不回伊人如故。

尝尽悲欢离合人间苦，却怎么咫尺天涯陌路。痴心诉，痴意笃，痴情再相付，愿为你拼尽柔情傲骨。”

这一首凄婉的《芈月传》片尾曲《伊人如故》，被霍尊唱得如泣如诉，一咏三叹，它是当代人唱给华夏第一位太后的情诗。就如同电视剧里给她取的名字“芈月”一样，亦是当代人献给两千多年前这位奇女子的诗意想象——她一定是美丽的，“所谓伊人，在水一方”；她一定是“君子好逑”，汨水那头的楚国公子黄歇、渭水这岸的秦国国君嬴驷，都会为她倾心；她一定是明慧的，能做屈原的女弟子，能成张仪的小知己，能当白起的好姐姐；她一定是善良的，权谋与杀伐不是她的选择，只是她的宿命。

这还是历史上真实的秦宣太后吗？不，一多半都不是了。在战国大争之世、秦国大出天下的铁血变局中，能成为史家笔下庄重记录、述而赞之的女性，岂能只是柔美佳人？必然是一代雄主。与六国男子争天下而独她熠熠生辉，才是她的骄傲和荣光。

楚　女

“芈”是一个极其生僻的字，若不是电视剧《芈月传》的热播，没几个当代人能认识这个字。然而在春秋战国时代，这个字却意味着一方王权——它是楚国王族的姓。

那时候，一个贵族的名字，跟今天的人是不大一样的。你在史书上看到的名字，有时候是姓+名，比如嬴驷；有时候是氏+名，比如屈原；有时候干脆只有名，比如太子丹。所以今天看起来八竿子打不到一起的两个名字，却是一家人。“芈月”和屈原就是这样，他们都姓芈，都是楚国王族的人；只不过姓下面还分了氏，除了楚王的熊氏，还有景、昭、屈三氏共同把持着楚国的权力，屈原就是屈氏的一个奇才。

“芈月”和屈原不仅是一家人，推算起来，很可能还是同龄人。“芈月”的出生年月是个无记载的谜，好在不是无解，从她死于公元前265年可以倒推出来——她的儿子19岁当上秦王，她替儿子主政41年后去世，这就是60年了；那个年代的女子十三四岁便已婚嫁，她最早15岁左右就能生下儿子，那么她至少活了75年，最迟应当出生于公元前340年。而这，恰是屈原的出生之年。

“芈月”和屈原的缘分，也就仅于此了，同姓、同龄，不会有电视剧里设想的师徒之情、启蒙之谊。也许电视剧是想解释楚女“芈月”能变身秦国主政太后，还是有政治启蒙的，于是为她找了楚国最负盛名的屈原来当老师。尽管我们也想知道少女“芈月”到底有没有政治天赋，但很遗憾，历史就是没告诉我们。

姓芈，也不等于就是公主。楚国姓芈的姑娘多得去了，熊、景、昭、屈四大贵族家的女孩儿们都姓芈，她们的共同身份叫宗室女。所以“芈月”也不会有一个楚威王老爸来对她进行政治启蒙，更不会有个嫡公主姐姐和她一起长大、一起出嫁。

在温柔的汨水岸边，会不会有一个热烈而浪漫的情郎在翘首盼着她？楚风奔放，也许有吧，但那个少年绝不会是春申君黄歇。黄歇出生于公元前314年，比“芈月”小了二十多岁，他们已经是两代人。这个楚国贵族才子，是著名的“战国四公子”之一，可见其卓然不群。当他名动天下时，已经身在秦国后宫的“芈月”当然会听说他的名字。而且，公元前272年，六十多岁的“芈月”和四十来岁的黄歇，还走到了同一出政治大戏中。

那一年，距离秦将白起攻下楚国都城鄢郢已经有6年，楚顷襄王被迫迁都，急于求和，于是派遣辩才出众的黄歇出使秦国。而此时，秦国刚刚大败韩魏联军，正准备命白起带着韩国、魏国的军队再攻楚国。黄歇一来到秦国，就听到了这个计划，连忙上书，劝说“芈月”的儿子秦昭襄王。大意是：秦国和楚国如今是这乱世里最强大的两个国家，如果秦国攻打楚国，必然两败俱伤，而韩、赵、魏、齐等国家就能渔翁得利。与其这样，还不如你我秦楚结盟，一起对付其他国家。

秦昭襄王被黄歇的雄辩说服了，或者应该说，是他身后实际主政的母亲“芈月”被黄歇说服了。白起的出征大军被叫停，秦国派人给楚国送去厚礼，决定缔结盟约。黄歇回楚，见证了缔约过程。按照战国习惯，盟约既成，得派个王子、公子之类的要人去对方那儿当“质子”，以示诚意，也以防万一。于是，楚顷襄王派黄歇和太子熊完去秦国当人质。

这一去，黄歇就在秦国待了10年。其间，公元前265年，太后“芈月”去世，黄歇在咸阳亲历了这一刻。“芈月”去世3年后，楚顷襄王病重，黄歇让太子熊完扮成车夫，悄然回楚，自己则留下向秦昭襄王请罪。此后，秦国放黄歇归去，熊完也即位当了楚考烈王，任命黄歇为令尹，赐下封号“春申君”。

从公元前272年黄歇入秦，到公元前265年“芈月”去世，他们在咸阳这个政治舞台上共存了7年，一个是太后，一个是人质，这便是他们唯一的交集。不可能有男女之间的青梅竹马，也没有政治家之间的青梅煮酒，甚至，连同出一国的“娘家人”的温情也没有。

于是，“芈月”的少女时代，在史书上一片留白。父母不详、教育不详，初恋不详。我们只能按照常理推测，她应该是漂亮的、聪明的，带着楚国女子特有的热烈、浪漫，在十三四岁的豆蔻年华，承担着“秦楚之好”的使命，来到了秦国王宫。

秦妃

她见到的秦惠文王——确切地说，秦公嬴驷，正值而立之年。嬴驷19岁即位，20岁杀商鞅、固君权，22岁迎娶正妻魏夫人，26岁至28岁连破魏国，把黄河天险变成秦国内河。即便他还没有称王，依然沿用父亲秦孝公的“公”字，已然能一怒而六国惧。他29岁那年，魏夫人为他生下嫡子，他取名为“荡”，寄予了荡平天下的厚望。

“芈月”来到秦宫，被封为“八子”，从此，她在史书上有了自己的第一个名字：芈八子。这个封号的等级并不高。秦国后宫分为八级，依次为后、夫人、美人、良人、八子、七子、长使、少使，八子是第五级。如果要类比的话，这个等级，跟九百多年后武则天初入宫时获封的“才人”大体差不多。不同的是，武则天在后宫中步步升迁，由昭仪，至宸妃，终成皇后。而“芈月”始终都是芈八子，未得晋升。

按照电视剧的情节，这是因为已得专宠，不宜再得名分。真相或许恰恰相反，芈八子不太可能得到专宠。宫廷的联姻都带着政治意味，当时秦国还处于崛起之初，主要目标是东出函谷关，蚕食中原的老牌大国，与魏国的邦交周旋就成了重点，迎娶魏国佳人为正妻便是一例。而秦楚两国，一西一南，都被中原大国鄙视为“蛮夷”，秦楚之好多少有些心理根基，但楚国地广且杂，山林沼泽众多，秦国还没有强大到能够并吞楚国的地步，所以楚女在秦宫中，还不会成为要角。

虽不至于专宠，但聪明活泼的芈八子也颇得垂青。公元前325年，她生下第一个儿子嬴稷。也就是在这一年，嬴驷决定效仿诸国，改“公”为

“王”，他成了秦国第一王，后世称为秦惠文王。

芈八子真正的政治启蒙，就在秦惠文王身边开始了。这是一位雄才伟略的秦王。百余年后，西汉的贾谊在其传世名作《过秦论》中说，始皇统一天下，是“奋六世之余烈”。意思是说，秦的统一，是连续六代明君奋斗的结果。这六代明君的起点，是起用商鞅变法的秦孝公。作为第二代的秦惠文王，其政治智慧在处理商鞅一事上，充分展现出来。

电视剧中设计了一段极为煽情的情节——秦惠文王过生日，王后精心准备了宴席，他却郁郁寡欢，只携了芈月一人离席而去，出宫直奔荒野孤坟，徘徊良久，叹息“我之生日，君之忌日”。心意相通的芈月立即猜到，这是商君之墓。秦惠文王问她，是否明白自己杀了商君，却仍用商君之法的深意。芈月用心倾听，大受启发。

桥段是想象的，但有两处内核吻合了历史的真相。其一是，秦惠文王在做太子时，不小心触犯了商鞅刚刚推出的秦法。正值立规矩的关键时期，商鞅认为，若不处罚太子，新法根本推行不下去，即使太子不能受刑，太子的老师也要代他受刑。秦孝公同意了。此事让年少的太子对商鞅有很深的积怨。秦孝公死后，商鞅是老臣，是功臣，名望之高、权势之盛，都远在他这个年轻的新君之上，他无法驾驭。反对变法的宗族势力趁机逼迫商鞅起兵。于是，秦惠文王即位后的第一件大事，就是动用极刑，车裂商鞅。但他的智慧就在于，人可杀，法不可废，他转身又打压那些反对变法的宗族老朽，亲自主导商君之法继续推行，使秦国成为战国之世变法最深彻的国家。

其二是，芈八子陪伴秦惠文王将近20年，对惠文王杀其人、用其法的政治手腕，可谓耳濡目染。后宫女性，本就是离政治最近的人，只要她们愿意，愿意把视野跳出宫闱，愿意把注意力放到国事，愿意把才华和美德用到大事，她们就有了解政治的机会。即使两千多年后男尊女卑已到极致，在咸丰帝和兰贵人的圆明园里，枕边君王和案前老师也没有严格的界限。更何况芈八子，她可是生活在一切制度草创、一切学说争锋、一切文明崭新的战国时代。

所以，电视剧里设计了一场重头戏。芈月在大殿前的广场上，对秦国将士说："将士们，我承诺你们，从今以后，你们所付出的一切血汗都能够得到回报，任何人触犯秦法都将受到惩处，秦国的一切将是属于你们和你们的儿女的。今日我们在秦国推行这样的律例，他日天下就都有可能去推行这样的律例。你们有多少努力就有多少回报，你们可以成为公士、为上造、为不更、为左庶长、为右庶长、为少上造、为大上造、为关内侯，甚至为彻侯，食邑万户，你们敢不敢去争取，能不能做到？"台下将士山呼："我们敢！我们能！我们做得到！"

这一段台词的精华，就是商鞅变法的精髓——军功立身，也立国。夏商周三代，以贵族世袭、平民耕作、奴隶依附的阶层分野而立国，关中农家本来只能世代耕种。如今子弟只要上战场，凭借杀敌的数目就可以获得爵位官职，一举进入上层社会，这极大地激发了秦国"虎狼之师"的力量。芈八子在惠文王身边多年，能够领悟到这一要诀。

史册上也留下了可以佐证的记载。芈八子去世不久，秦国有一次重要的丞相更迭，范雎请辞，蔡泽接任，两人有了一次谈话。在这次著名的对话中，七次提及"商君"，都认为他"极身无贰虑，尽公而不顾私"。蔡泽甚至赞誉商鞅："明法令，禁奸本，尊爵必赏，有罪必罚，平权衡，正度量，调轻重，决裂阡陌……是以兵动而地广，兵休而国富，故秦无敌于天下，立威诸侯，成秦国之业。"这次谈话发生在秦国刚刚结束长达41年的太后主政之际，可见在芈八子主政的时代，对商鞅有高度肯定，并且怀有同情。

王 母

楚女芈月在秦惠文王的后宫中不显山不露水地待了至少15年。到公元前311年，45岁的惠文王去世了。一切后事有条不紊，王后的嫡子嬴荡即位，这就是秦武王。此时，芈八子的第一个儿子嬴稷只有14岁，而且不在她身边，在燕国做质子。

之所以说嬴稷是芈八子的第一个儿子，是因为按照史书的记载，芈八子至少还有两个儿子：嬴芾和嬴悝。电视剧把这两个儿子算作芈月后来和义渠君所生。固然，史书中没有明确说过，公子芾和公子悝的父亲是谁；也没有明确说过芈八子和义渠君的"两子"叫什么名字，于是留下了人们想象的空间。但从一个重大细节来判断，公子芾和公子悝应是秦惠文王之子——嬴稷登上王位后，芈八子组建了"四贵"班底，共同参与朝政。这四人是她的两个弟弟和两个儿子：异父的长弟魏冉、同父的幼弟芈戎、泾阳君公子芾、高陵君公子悝。可见，此时公子芾和公子悝都到了能料理政务的年龄，不可能是义渠王的新生子。

这样算来，芈八子在秦宫中就有三个儿子。长子嬴稷虽然远去燕国，但公子芾和公子悝一直在她身边长大，母子之情更为亲厚。这样的日子，对一个后宫女性来说也挺好。如果不是一场意外，芈八子也可以恬淡度此一生。

但意外来临了。公元前307年，秦武王执政的第四年，他与大力士比赛"举鼎"，发生了事故，胫骨骨折，随即去世。其实，秦武王并不是电视剧里那样孔武有力、蛮横无知的昏君。喜好武力本就是秦国的传统，武王在位的短短四年还做了几件大事：与魏王、韩王会盟；向西"伐义渠"；向东逼近周都城洛阳，第一次表现出“窥周室”的野心；设置左右丞相。“奋六世之余烈”中，秦武王算第三代。

年轻有为的秦武王意外去世，身后无子，只能传位弟弟。命运的转折陡然来到芈八子面前——只有她的儿子有机会。因为她的大弟弟魏冉颇有贤能，惠文王、武王两代君王都对他器重有加，现在他已经握有大权，能够强硬扶持自己的外甥上位。

人之常情，此时，芈八子更希望扶持自己身边的儿子，而不是远在燕国、多年未见的长子嬴稷。历史的真相永远如此残酷，电视剧里渲染的共患难、经生死的母子深情，是一种艺术加工。实情是，关键时刻，还是外人赵武灵王横插了一杠子，他派出代郡郡相赵固，将嬴稷从燕国先迎到赵国，再一路护送至秦国。

望着从天而降的长子，芈八子的心情应该是复杂的。身为母亲，她自然喜出望外；身为未来的太后，她却深感不快。赵武灵王是何许人也？19年前，一代雄主赵肃侯病逝，魏、楚、秦、燕、齐五国准备借会葬之机联手发难，战争一触即发。15岁的新君赵武灵王竟然沉静如水，机变无双，在会葬时不动一兵一卒就挫败了五国图谋。那年，芈八子刚入秦宫不久，想必耳闻了赵武灵王的大名。

这样一个雄才大略的邻国君王，亲自用计，把她的儿子护送回来，还能有什么图谋？无非是有大恩于年轻的秦王，以便赵国插手秦国内政。

芈八子绝不愿受牵制。她回答赵武灵王的，是一招釜底抽薪——以嬴稷年幼、尚未加冠为由，自己主政，并迅速组建“四贵”班底，共商朝政。你不是有恩于秦王吗？你不是算准他会回报吗？我现在让他一点儿机会都没有，你就一点儿机会都没有。其实，战国之世，英雄少年，已经19岁的嬴稷哪里还算年幼，哪里还需要母亲垂帘听政。

公元前306年，嬴稷正式即位，史称秦昭襄王。惠文后和武后，这一对伤心至极的婆媳，坚决反对嬴稷，她们联合嬴氏族长，推举秦武王的另一个弟弟公子壮即位。事情越闹越大，终于在第二年引发了“季君之乱”。大权在握的芈八子、魏冉姐弟，诛杀了所有作乱的公子、大臣、诸侯，惠文后“不得良死”，武后则被送回娘家，“出归魏”。至此，芈八子终于把她丈夫的王后、她最大的情敌清除掉了。

权力如罂粟，一旦在握，再难放手。芈八子获得“太后”之名，站到了秦国权力金字塔的最顶端，她目睹着儿子加冠、大婚、生子、渐长，甚至到老，都绝口不提还政之事。母子亲情，不过如此。

所幸，秦昭襄王是一个不卑不亢、举止有度的人，他的应对办法是：我虽然不主政，但我可以理政；只要我事事在场，“事事与闻”，大家自然还会问我的意见。在中国古代政治史上，凡是太后主政之时，太后与帝王的关系就是最大的权力难题，也是最大的亲情人伦难题。后世帝王，几乎再也找不到比秦昭襄王处理得更好的。

直至41年后，秦昭襄王已经60岁了，范雎对他说：“我从前住在山东六国的时候，只听说齐国有田文，从不知道有齐王；只听说秦国有太后和‘四贵’，从不知道有秦王。我看到秦王您孤单一人，暗自为您担心，只怕在您之后，拥有秦国江山的都不是您的子孙了。”秦昭襄王听罢大惧，终于下决心驱逐“四贵”，废太后，任命范雎为丞相，开始亲政。

太 后

“太后之号，始于此也。”多部历史典籍均明确记载，秦昭襄王之母加“宣太后”封号，是史上第一次。

公元前306年就成了她人生的分水岭。那个浪漫明艳的芈八子从后宫中消失了，取而代之的是主政秦国的宣太后。她确实有过人的政治才干。当时的七国君王中，大约只有赵武灵王能与她一较高下。在公元前298年，这两人有了一次奇妙的会面。

那时，赵武灵王已经完成了著名的胡服骑射改革，对外用兵屡战屡胜，赵国一跃成为顶级强国。赵武灵王想尽办法向宣太后施压，迫使她任命了赵国人楼缓为秦相。楼缓入秦时，胆量奇大的赵武灵王假装成随从人员，跟在楼缓的左右，进入秦国。一到秦国境内，他便仔细观察沿途的山川地貌，以便为将来攻打秦国所用。楼缓抵达咸阳后，连番会见秦国大臣，赵武灵王都站在一侧观察，对秦国大臣的贤、庸、强、弱，心里有了数。楼缓提心吊胆，总怕赵武灵王被秦人识破。偏偏使团临回赵国之前，赵武灵王还提出，要亲眼见一见秦昭襄王和宣太后，了解这对母子的性情，以利今后的对秦决策。楼缓哪敢不听？于是带着他这个“亲随”进宫求见。赵武灵王如愿以偿，见到了秦王母子，出宫后，他告诫楼缓：“这母子二人皆为人中龙凤，你在秦国为相，务必要小心应对。”说罢，毫不迟疑登车回赵。他深知今日这场露面，只能伪装一时，一旦宣太后回过神来，就会扣押他不放，他必须马上离秦。

果然如他所料，这场会面结束后，宣太后和秦昭襄王都觉得有点奇怪。

楼缓的那个随从，气度比楼缓高贵；看楼缓对他的态度，十分的客气里还透着十二分的恭敬。母子俩断定，此人绝非什么随从，肯定是赵国的极贵之人，专门乔装打扮前来窥探秦情的。于是，秦宫火速派出侍者，假意邀请楼缓和“随从”晚间再到王宫做客。

晚上，楼缓如约而来。随从呢？面对秦王母子迫不及待地追问，楼缓按照事先想好的答案说道：“哦，那个随从白日失礼，已被我遣回赵国了。”这瞬间坚定了宣太后的判断：那人就是赵武灵王！秦宫立即派出精骑，一路疾驰追到边境，守塞之人却告诉他们，赵国的使者刚刚离去。

赵武灵王竟然在她眼皮底下从容来去。这一面之缘，肯定让宣太后对这个年龄相当、胆识匹敌的赵武灵王印象极深。整个秦国朝野也意识到，将来赵国必为秦国第一劲敌，秦赵大战在所难免。

面对北方强赵崛起的格局，宣太后加紧了秦国东进、南下的步伐。在她的时代，秦国“数困三晋”“东破齐”“南拔楚之鄢郢”，可统计的“斩首”记录达到43万。最宝贵的是，多年以后将于长平之战杀戮40万赵军的一代将星白起，在宣太后时期冉冉升起了。

在电视剧中，也刻意想象了白起与宣太后的渊源——白起是“狼孩”，在狼群中长大，为芈月所救，从小唤芈月为姐姐。甚至还为白起设计了一套专属动作：狼性难改的白起，见到芈月，就会抽动面部，去闻芈月的味道，表达动物般最纯真的情感。

事实上，白起这匹千里马，是宣太后的哥哥魏冉这个伯乐发现的。公元前293年，他举荐白起为将，攻打韩、魏二国。白起采用避实就虚的战术，率领秦军主力包抄到两国联军的后方，打他们个措手不及。之后将两军包围于伊阙，让他们无处可逃，杀敌24万，彻底打垮了韩魏两国。白起一战成名。

若无名将，何来战国？齐有孙膑，才成东方霸主；燕有乐毅，才能破齐复仇；赵有赵奢，才成抗秦砥柱。芈八子见过秦惠文王用司马错取巴蜀，用樗里疾败楚国，等到她自己主政时，当然明白打造一代名将的重要性。公元前279年，秦国将一项重要的战事交给了白起：攻楚。

有人会奇怪，宣太后不是楚国人吗？怎么攻打自己的母国？

这就是宣太后能成为女政治家的原因了。战国乱世，七国各种联姻，每座王宫里都充斥着其他六国的绝色、柔情、血脉。母国和夫国的利益相争，是摆在后宫女子面前永恒的难题。许多人难舍亲情，维护母国，电视剧里就刻画了魏夫人一心救魏的桥段。而宣太后比任何人都清醒，从她踏进秦宫那一天开始，就是夫国的代言人。在白起攻楚的20年前，她的儿子秦昭襄王夺取楚国八座城池，写信骗楚怀王到武关签订盟约。楚怀王不敢不去，这一去就被秦国扣押，三年后身死秦国，只剩一副灵柩南归。比起把母国国君软禁而死，派白起攻楚又算得了什么呢？

白起不负众望，攻楚，取郢，迫使“楚王走”。这是战国时期秦军第一次攻陷敌国都城。凯旋之后，白起得到了“武安君”的封号。史书上说，是白起的累累战功，“使秦有帝业”，也被称为“昭襄业帝”。

秦昭襄王也确实称过帝。那是公元前288年，“秦自置为西帝”，然后派魏冉出使齐国，给齐湣王送去“齐为东帝”的称号。当然，这次称帝时间很短，两人很快都恢复了王号。但其中包含的秦齐合作的意图，以及试探称帝可能性的用意，离不开宣太后的设计和操作。

等到秦昭襄王60岁时，宣太后把政权移交给他，已经是“秦地半天下”的大好局面。“昭襄业帝”，其实主要是宣太后完成的。

情　种

楚魂的热烈，楚风的浪漫，一旦融入刚硬、粗犷的秦韵中，会有什么样的碰撞？也许，最明显的体现，就在一个情字。

芈八子与秦惠文王的情史，无迹可追。但《战国策》中记载了一个有名的黄段子——楚国围攻韩国数月，韩国派使臣到秦国求救，秦军就是按兵不动。韩国又派了一个名叫尚靳的使臣，他对秦昭王说出了著名的“唇亡齿寒”这四个字，宣太后听到后，感叹道：“使者来得多了，总算这回讲得还有道理。”于是召见了尚靳，对他说：“我以前服侍先王，先王把一条腿放到我身上，我都觉得很疲惫；但是他整个身子放到我身上，我却不觉得重，为什么呢？因为这对我有好处呀。如今我们帮助韩国，必须兵多、粮多，才能救成，一天就要耗费千金，这对我没有好处呀。”——贵为太后，在邦交场合大谈闺中秘事，这在史书上绝无仅有。难怪清代王士祯在《池北偶谈》中说：“此等淫亵语，出于妇人之口，入于使者之耳，载于国史之笔，皆大奇。”大奇归大奇，但至少可以照见当年的芈八子和秦惠文王是夫妇和谐的。

秦惠文王去世时，芈八子应该在30岁上下。4年后秦武王去世，她成为宣太后，也还不到35岁。按照当代人的看法，完全是个妙龄少妇。秦王新立，各方政治势力前来朝见，就是在这个场合，年轻的宣太后第一次见到了义渠王。

义渠是“西戎八国”之一，位于秦国的西北方。从春秋时期开始，双方的强弱、攻守就屡有变化。到秦惠文王时，国力上升，他多次攻打义渠，将其压制住了。秦昭襄王即位时，义渠王目睹新王年少，大概觉得自己翻身的机会到了，这个少年秦王怎么会是他的对手呢？

他的蠢蠢欲动，应该是被宣太后捕捉到了。此时，新王即位，内政不稳，她哪里能对义渠用兵？她得用最小的成本获得政治和军事的稳定。她选择了与义渠王私通。男欢女爱，两情缱绻，义渠这个最不安定的因素，反而变成了太后手上最有力的支撑班底。

当然，从人性的角度考虑，义渠王也是宣太后眼界所及之处，最能与她匹配的男子了。

他们的情人关系维持了34年，秦的西北后方也就稳定了34年。范雎入秦后，秦昭襄王有一次对他说，义渠之事是军国公务中最急的大事，无论时间早晚，他一获得消息，都要立即请示太后。直到公元前272年，“秦地半天下”，已无后顾之忧的宣太后才腾出手来，邀请义渠王到甘泉宫，诱杀了他。随后，秦军剿灭义渠残部，取得了陇西、北地、上郡，开始修建长城，北抗匈奴。这一成果，堪比她丈夫秦惠文王当年攻占巴蜀。

这真是半生奇情。当年能毫不避讳对方的异族身份，放纵私情，老来又能利用情感结束情人的生命，以谋取军事胜利，这个王族女子的多情与多谋、狂野与冷静真是令人惊异。

这还不算完。宣太后又爱上了一个男宠，名叫魏丑夫，临终前还恋恋不舍，公开下令自己死后，让魏丑夫殉葬。魏丑夫吓坏了，找到大臣庸芮求情，庸芮便去劝说宣太后：“人死了以后会有知觉吗？”宣太后说：“不知道。”庸芮说：“如果太后死后没有知觉，那让所爱之人殉葬又有什么用呢？如果有知觉，那先王在地下已经积怒很久了，太后自救还来不及，哪里又顾得上魏丑夫？”宣太后这才下了一道新令，不再要魏丑夫殉葬。

情之一字，宣太后真是至死奔放。也正因这些奇情，她的一生才如此多姿多彩，而不是后世那些木偶般的后宫女子的形象。从这个角度来说，战国时代的华夏第一太后，实在是“桃之夭夭，灼灼其华”，有着明烈的色彩、飞扬的性情和灼热的温度。

第二章

专家带你看「美人心计」

窦太后：当恩爱远，便权柄近

作为女人，窦太后从丈夫处得到的，并不是电视剧里极力渲染的『情有独钟』，否则，她的失明不会与失宠划等号，更不会成为她从贤良皇后到专权太后的转折点。作为政治家，窦太后参与并巩固了封建社会的第一个盛世——『文景之治』。从卑微宫女到汉宫太后，从帮儿子平叛到代孙子看管江山，她的人生路上，每一步的风景都不相同。

自从宣太后逝世，她开创的“太后”角色在政治舞台上沉寂了70年。70年，是那时高寿之人的一生，却是华夏大地的多少回天翻地覆——宣太后的玄孙嬴政统一六国，秦朝确立；传到嬴政的儿子却亡了国，项羽火烧秦王宫，天下再陷混战；没多久项羽又兵败于垓下，刘邦重新统一全国，汉朝开始；公元前195年，刘邦主政13年就病逝，他的妻子吕雉成了第一个相继拥有皇后、太后两大名号的女人，也是第一个临朝称制、正式掌握政权的女人。

当太后吕雉翻开第一份奏章的时候，长安以北的清河郡，有一名10岁出头的小女孩，姓窦，正经受着丧父之痛。她的父亲经历过秦朝的动乱，选择隐居乡野，渔耕为生，不再过问世事，却不幸坠河而死，留下女儿窦姬和儿子窦长君、窦广国陷入孤苦贫寒。

此刻谁也不会想到，这两个境遇如云泥之别的女人，将会命运相交，甚至相似。

她们的交集发生在两年后——吕太后下令，在各地挑选年轻貌美、品行贤淑的女子，送入汉宫，是为“良家子”。电视剧《美人心计》中，林心如扮演窦漪房，故事就是从这里开始的。只不过，剧中改称“家人子”。其实，在汉朝初年，对出身清白之家、选入军队的少年和选入后宫的少女，都统称为“良家子”。直到汉朝中晚期，才把“家人子”作为后宫侍妾的品级之一。当然，“漪房”这个名字也难以求证。翻遍同时代人所写的《史记》《汉书》，都没有窦姬的名字；直到唐朝人的记载中，才出现“漪房”之名。

我们只能说，公元前193年，大约十三四岁的良家子窦姬，从清河郡的穷乡僻壤走进了巍巍汉宫。从此，她的命运被一连串意外再三改写。

小宫女得大富贵

“非壮丽无以重威。”当年，萧何营建长安城时，对刘邦如此说道。于是兴建了皇帝主政的未央宫、皇后主掌的长乐宫，合起来是“长乐未央”，长欢久乐、永无尽时。

当窦姬走进吕雉的长乐宫时，却看不到多少欢乐。刘邦死后，吕雉把刘邦的宠妃戚夫人做成“人彘”，把戚夫人的儿子刘如意毒死，把自己的外孙女嫁给自己的儿子刘盈当皇后。凡此种种，生性纯良的刘盈无法接受，但也无法改变，只能不理朝政，一切任由母亲。于是，长乐宫由后宫之地变成了政治中枢之地，年幼的窦姬留在吕雉身边，终日所见的，便是太后忙碌政务、生杀予夺。

过了几年，吕雉决定从汉宫中挑选一些适龄的宫女，给刘邦其他早已封王的儿子们一人赏赐5名。这种赏赐，可以说是惯例，可以说是笼络，也可以说有美人计之嫌。电视剧《美人心计》中，代王刘恒和母亲薄太后一听到这个消息，就忧心忡忡，不知该如何处置汉宫美女才好。

窦姬很幸运，在赏赐出宫的名单上。她知道这是改变命运的一次机会，也许还是唯一一次。她离家数年，十分惦记母亲和兄弟，以她贫寒的出身，她不会去做飞上枝头变凤凰的美梦，她只想早日回家。她的家乡清河郡离赵国最近，于是她跑去哀求管事的宦官，务必把她的名字放到去赵国的队伍中。也许是见她可怜，也许是因为小事一桩，去哪国不过随手一写，宦官答应了她。

然而，意外发生了。主事的宦官后来忘了这档子事，把窦姬的名字写在去代国的5名宫女之中。名册上奏给太后和皇帝，通过了，而窦姬还不知情。直到队伍出发时，窦姬听到点名叫她去代国，才如遭雷击，顿时哭泣起来，埋怨宦官，说什么也不肯走。然而，她怎能违抗皇家的诏书呢？从长安到代国，她哭了一路，浑然不知这将是改写她人生的第一个意外事件。

代王刘恒，8岁就被封了王，带着母亲薄姬离开长安，来到晋阳，也就是今天的太原。在分封的诸国中，代国不算大，也不算富饶，足见刘恒母子不受刘邦重视。但正因如此，也就不被吕雉猜疑。当吕雉接二连三地试图监控、削弱、甚至加害其他皇子时，刘恒母子反而被她相对淡忘。在复杂的政治环境中，刘恒养成了谨慎、沉静的性格。他在代国充分发挥了这种天性，与民休息，宽宏简朴，鼓励农桑，代国在他的治理下很是安稳。

5个汉宫美人的到来，如石子击水，微微地打破了这种平静。《美人心计》中，刘恒和薄太后十分紧张地商量，要不要临幸汉宫美人？临幸几个？多久临幸？怎么做才不会让吕雉不高兴？而心思玲珑的窦漪房也在谋算，越是急着接近代王越有美人计的嫌疑，越是远离反而越能得到信任，于是她一到王宫就假装生病，故意很长时间不侍寝。

实情哪有如此曲折。代王一见五美，唯独看上了窦姬，完全是一见倾心，从此专宠。很快，窦姬就为代王生下女儿刘嫖；过一两年生下儿子刘启；又过四年，生下幼子刘武。这期间，刘恒的王后也相继生下四个儿子。但王后体弱，没多久就去世了。备受宠爱的窦姬并没有因此而当上王后。由此可见，刘恒不是寡情之辈，窦姬也不是媚惑之人。以刘恒的性情，能对一个女子如此偏爱，想必窦姬也是柔顺、安静、稳重的。

代国王宫里的小日子过得云淡风轻，外面已是另一轮权力之争。就在窦姬生下大儿子刘启时，年仅23岁的皇帝刘盈突然去世了，膝下有6个儿子，都不是张皇后所生——被迫娶自己的外甥女为皇后已是悲剧，如何还能让皇后生子。

可谁让刘盈的母亲是强硬的吕雉呢？皇后不生子也得生子。吕雉让皇后假装怀孕，然后强取刘盈与宫女所生的儿子，对外宣称是皇后所生，取名刘

恭，立为太子，再将那宫女杀死。于是，刘盈一死，4岁的刘恭即位，吕雉依然是皇太后，主理朝政。而那可怜的张皇后没有晋升太后，依然是皇后之名，这样在名分上就完全不会妨碍她的外祖母兼婆婆吕雉独自主政。

然而，刘恭长到8岁时，渐渐懂事了，知道自己不是皇后的亲生儿子，而且生母已死。他抱怨道："太后怎么能杀死我的生母？我现在还小，等我长大之后，一定要复仇！"这句话传到吕雉耳中，虽是童言，但吕雉见过了太多战乱、杀戮、野心，她不能无忌。她将刘恭囚禁在后宫的永巷中，宣称刘恭患病，任何人不得与刘恭相见。不久就废黜了刘恭，改立刘盈的另一个儿子刘弘为皇帝，她继续主持政务。

刘弘和他的哥哥刘恭一样，都只当了四年小皇帝。公元前180年，年过六旬的太后吕雉在临朝称制15年后去世了。消息传到代国，可以想见，薄太后长长地吁了一口气，她再不用害怕像戚夫人那样的下场了；刘恒也可以松口气，他再不必担心步其他兄弟莫名其妙死去的后尘了。

但窦姬，心情应该是不一样的。她从一个贫寒女子变成让代王一见钟情的汉宫淑女，关键的成长期是在吕雉身边度过的。薄太后看到了吕雉的善妒，刘恒看到了吕雉的多疑，但窦姬在长乐宫中，能够看到吕雉的智慧和操劳——那是一个和刘邦共定天下的女子，也忠实地继承了刘邦的政策，休养生息，使得"天下晏然，刑罚罕用，罪人是稀，民务稼穑，衣食滋殖"。

只是此刻的窦姬万万想不到，吕雉开创的大好局面，将成为她丈夫刘恒的基石。

选皇帝变成了选太后

吕雉一死，被她强行封王的吕家子侄就没了靠山，也没了约束，他们刀剑出鞘，准备夺取刘氏江山。跟随刘邦打天下的那些老臣，陈平、周勃、灌婴等人，当即诛杀了吕姓诸王。谁来重振刘氏江山呢？显然，刘盈的几个儿子不能指望了，一来个个年幼，二来都有吕氏的血缘。于是，小皇帝刘弘和其他几个弟弟都以“不是先帝刘盈亲生子”的借口被杀了，空着的皇位必须从刘邦的其他儿孙中找人来继承。

刘邦的孙辈里，齐王刘襄比较有名，但有人提出刘襄的舅舅嚣张跋扈，恐怕又是一个吕姓王的架势。刘邦的8个儿子，只剩下代王刘恒和淮南王刘长。有人说，刘长不行，太年轻就算了，关键是他母亲家人多势众，肯定不好办。再一看刘恒，母亲薄太后性情温顺，薄家更是人丁稀少，好，就是他了。

这是窦姬人生中的第二次重大的意外事件。正常选皇帝，都是考虑皇帝的贤能；而汉初平定诸吕之乱后，非正常时期选皇帝，第一要素竟变成了选什么样的太后。窦姬狠狠沾了一回婆婆薄家的光。

当然，刘恒自身的条件还是够格的。23岁的大好年龄，有15年治理代国的经验，还有宽厚仁善的美名。面对从天而降的皇位，他也没有欣喜若狂，而是谨慎地召集代国群臣商议。大臣意见有分歧，刘恒又跟薄太后商量，母亲也犹豫，最后干脆占卜吉凶。刘恒一占卜，卦象是“大横”，意思是卜卦人将做天子，像夏启延续大禹那样，将家族发扬光大。

有了这样的吉兆，刘恒还是不放心。他毕竟离开长安15年，对朝中的

局势已经很生疏，他派薄太后的弟弟薄昭前往长安，面见手握重兵的周勃。《美人心计》中，周亚夫成了男二号，与窦漪房恩怨纠缠，其实这时候根本没周亚夫什么事，一切还是他父亲周勃说了算。从周勃这里确定一帮老臣是真心拥立后，刘恒才带着文武心腹奔赴长安。

从长安城外到未央宫，刘恒上演了一场好戏，连续五次推辞众人的称帝请求。这固然是遵循“让而不受”的古典美德，但谦让五次之多，足以说明长安还有潜在的风险，毕竟是老臣私立新君，毕竟刘姓诸王还有那么多个。再仁善的人，也必须有这番心机和谋算，才能坐得稳那个帝位。

留在代国的窦姬和薄太后只能焦急地等待消息。终于，刘恒登基，史称汉文帝，他派出使者赶往代国，迎接家眷进京。当一家人终于在汉宫中团聚时，不幸的事情又发生了。代王后生的4个儿子，竟然相继病倒，又相继去世。如果按照某些宫斗剧的套路，这只怕要被编排成窦姬下的毒手了，幸好《美人心计》没有这样编排，守住了窦姬年轻时温婉、贤德的形象。

新皇即位而嫡子尽死，这实在不是好兆头，刘恒的心情也好不到哪里去。大臣们纷纷上奏，认为事已至此，窦姬生的刘启就成了陛下的长子，必须尽快立长子为皇太子，以安定人心。刘恒同意了。两个月后，大臣们又请求立太子之母窦姬为皇后。

窦姬与刘恒年龄大致相当，此时应在25岁上下。谁会想到，当年那个哭着不肯走的小宫女，如今竟以皇后的身份成为长乐宫的女主人？她曾经在这里侍奉吕太后，如今却在这里接受众人的朝拜。此时此刻，她已别无所求，只有一件心事：寻亲。

算起来，窦姬离家入宫已经十余年。在那个时代，贫寒之家的女子一旦入宫，家中父兄若无钱、无官、无见识，很容易就会失去这个女孩的音信。加上窦姬从长安到代国，从少女到少妇，落脚之地和容貌变化都太大，即使家人想找也找不到。做代王的宠妾时，身份还不足以让窦姬开口求代王帮她寻亲；现在做了皇后，情况则大不相同，为皇后寻亲是“以孝治天下”的最佳垂范。

皇宫的使者到了清河郡，好在窦长君一直没有迁徙，仍在原籍劳作为生。哥哥找到了，弟弟却下落不明。窦长君说，窦广国四五岁时，家里实在太穷，母亲和他为糊口奔忙，一不留神这个最小的孩子就被人拐走了，至今都没有找到。

窦姬闻讯，如遭晴天霹雳。此时，皇帝和薄太后能做的，只能是下诏追封皇后的父亲为安成侯，修建陵园，并划出清河郡的两百户人家守陵，又册封皇后仍然在世的母亲为安成夫人，以此宽慰伤心的窦姬。

过了一些日子，突然有一封民间来信。信中说，自己姓窦，是清河郡观津人士，小时候和姐姐一起采桑时，不小心从树上摔下来过。以此作为凭据，请求皇后与他姐弟相认。窦姬看完信，不敢做主，告诉了刘恒。刘恒知道她寻弟心切，下诏让写信人进宫相见。

见面时，一个是身份尊贵的皇后；另一个是满脸沧桑的大汉，彼此都认不出来。问他原本名字、家住何处，他对四五岁之前的事情已记不全了。又问他经历，他说自己被转卖过十余次，最后卖到了宜阳，白天为主人进山烧炭，晚上睡在山崖下，有一晚山崖崩塌，其他人都在熟睡中被压死了，唯独他逃脱出来。再问他如何知道皇后是他姐姐，他说逃出来后，卜了一卦，说他数日之后当封侯，他心想自己吃都吃不饱，哪里能封侯。然而跟着其他人来到长安后，听说新册封的皇后姓窦，也是清河郡观津人士，他顿时闪过一个念头：莫非这就是姐姐？于是把自己还记得的一些事写进信里，呈送给皇后。

最后，窦姬亲自问他，还有什么事可以证明自己的身份。他终于想起一事："姐姐离开家里，西去长安时，和我在传舍中道别，先找人讨要了洗澡水，帮我洗了个澡；又跟人讨了一些饭菜，喂我吃饱了，姐姐才走。"

听到这里，窦姬终于泣不成声。这的确就是她与弟弟分别时的最后一幕，难为一个四五岁的孩子竟牢牢记在心里。窦广国的身份再无可疑，满殿上下，无不陪着皇后落泪。刘恒和窦姬一向夫妻感情很好，刘恒当即下令，重重赏赐窦长君、窦广国兄弟，并且让窦家的亲戚都搬到长安居住，以弥补皇后多年与家人分离的缺憾。

这下可好，长安呼啦啦冒出许多姓窦的，个个都是新贵。刚从吕氏兄弟的刀尖下逃生的老臣们顿时傻眼了：当初选刘恒，就是看中他母亲薄家没人，这才过了多久，那个孤苦无依的皇后倒有了这么多同族兄弟！周勃、灌婴私下商量："我们将来是死是活，全都操纵在窦长君、窦广国两兄弟手上。这两人出身寒微，最好赶紧为他们选师傅，教导他们，以免重演吕氏之乱。"

刘恒和窦姬采纳了这个建议，挑选德行出众的长者为师，与窦氏兄弟一起居住。好在窦长君、窦广国本性还算质朴，逐渐被调教出谦谦君子的风度，不敢以富贵骄人。这是很能为窦姬加分的，可以想象，当时朝野上下对皇后的贤德十分满意。

在太子和窦家兄弟的读书问题上，窦姬有自己的见识。她朝夕陪伴刘恒，目睹刘恒推行黄老之道、无为而治的国策——废除严苛的刑罚，一再减免赋税，宫廷用度也节俭到"衣不曳地"的地步，官府尽量不干扰民间。于是，百姓能够自由耕作，恢复生产；经历了诸吕折腾的官场也平静下来，恢复常态。在刘恒统治下，国力大大提高，天下渐渐繁荣。身为皇后，窦姬见证了这一切变化，对黄老之道也衷心信服，她敦促子女和窦家兄弟好好读黄帝、老子的书。

失明与失爱，哪一种更痛

《美人心计》里有一场重头戏。刘恒病重，但吴王拥兵自重，朝局不稳，他不能透露病情，只能依靠冰雪聪明的窦漪房替他上朝处理事务。窦漪房悄悄找来与他身形相似的替身，戴着黑斗笠、黑面纱上朝，宣称“陛下得了怪病，无法说话，也不能见光”，让替身对大臣们的面奏只管点头、摇头示意。然而，女儿刘嫖为一己之私事吵吵嚷嚷，怀疑母后控制了父皇，几次要求看看面纱下是谁。忽有一日，昏迷已久的刘恒突然醒来，起身问事，又将调动军队的虎符交给了窦漪房，让她赶紧去上朝。目送妻子离开的背影，刘恒召内侍为自己更衣，心中默念：“漪房，但愿我还能为你做一些事。”果然，朝堂上，女儿刘嫖带着薄太后、太子刘启冲了进来，指责母后隐瞒父皇病情，图谋把持朝政，并冲上前去一把掀开了替身的斗笠，窦漪房大惊失色。然而面纱之下，赫然是刘恒本人，正冷冷地盯着闹事的女儿，扬手给了她一个耳光。在斥退女儿后，刘恒才气绝而亡。

电视剧把刘恒对窦漪房的深情延续到了他生命的最后一刻。感人是感人，但已经与史实背道而驰。刘恒对窦皇后的宠爱，在一场病痛面前飘然而逝——正值盛年的皇后突然双目失明了。

这是窦姬生命中最沉重的一次意外。她原本过着夫妻恩爱、儿女绕膝、兄弟懂事的幸福生活，一个皇后能享有这样的家庭幸福，在历史上是不多见的。然而，“日中则昃，月盈则食，天地盈虚，与时消息，而况乎人乎”，这句出自古老《易经》的话，再次一语成谶。

失明击碎了她的生活，史书中出现汉文帝与慎夫人相伴的记载。有一次，刘恒带着窦姬、慎夫人一起去上林苑游玩，入座时，上林苑的内侍知道慎夫人在宫中就与皇后平起平坐，因此把慎夫人的座位和皇后的并排放在上席。耿直的大臣袁盎见到，马上让内侍把慎夫人的座位撤到下席。慎夫人大怒，不肯入座；刘恒也生气了，起身就走。

回到宫中，袁盎向刘恒进谏："臣听说尊卑有序则上下和睦，如今陛下既已立了皇后，慎夫人就是妾，妾和主妇岂有平起平坐的道理？这样就失去了尊卑。陛下既然宠幸慎夫人，那就厚赏她。否则陛下给慎夫人宠幸，就是害了她。陛下难道忘了'人彘'二字吗？"

这句话的力量太强大了。戚夫人的"人彘"下场，对刘邦的儿子们来说，真是闻之心惊肉跳。刘恒把袁盎的话告诉慎夫人，慎夫人也转怒为喜，还赐给袁盎五十金。

又有一次，刘恒带着慎夫人出宫游玩，在霸陵桥上远眺。慎夫人是邯郸人，刘恒就指着新丰驿道对她说："从这里走去，就可以到你家乡邯郸。"慎夫人思乡之情顿起，刘恒便让慎夫人鼓瑟，自己引吭高歌，歌声尽诉悲凄。

这些琴瑟相伴的风雅之事，失明的窦姬无法陪刘恒去做了。她和刘恒相识时，一个是身份卑微的孤苦宫女，一个是随时面临诸吕毒手的落魄王子，可谓少年夫妻，识于微时，共过患难，也共过富贵。这与刘邦、吕雉的经历何其相似。站在吕雉和窦姬的立场上来看，这样的婚姻，绝不能跟寻常嫔妃的受宠相提并论，而是有情有义的。于是，当刘邦和刘恒离她们而去时，她们不是失宠，而是失爱。他们一转身，就成了她们人生的分水岭——此前，是恩爱夫妻中一心一意辅佐丈夫成就大业的聪慧女子；此后，是空旷宫殿里步步为营抓住权力主宰一切的铁腕太后。后宫太小，后宫的女人能拥有的只有两样东西，感情和权力。当恩爱远，便权柄近。这种痛苦，是后来的卫子夫、王政君等皇后都体会不到的，她们从一开始就是承恩受宠的小女人姿态，从未与不得志、未称帝时的丈夫并肩过。

除了慎夫人，政治形象良好如刘恒者，也过不了男宠这一关。《史记》

《汉书》都有一篇“佞幸传”——当然，司马迁和班固把一些靠裙带关系上位的外戚也称作“佞幸”——而其中明确记载“与上卧起”或者“幸之”的则有刘恒的宠臣邓通。有一年，刘恒身上长痈，疼痛不已，邓通常为他吮吸患处。刘恒问邓通：“天下谁最爱我呢？”邓通答：“应该没有比太子更爱您的了。”于是太子刘启来问候病情时，刘恒就让太子吮吸患处，太子一边吮吸，一边面露难色。后来，太子听说邓通经常为父皇吮痈，心中惭愧，也更加恨透了邓通。

值得庆幸的是，慎夫人无子，邓通则为人谨慎，他们虽然受宠，但没有动摇刘启的太子地位。和吕雉一样，当皇帝的恩爱远去时，太子才是窦姬立足的根本。吕雉是绞尽脑汁才保住刘盈不被废，所以对戚夫人和刘如意母子有那么刻骨的恨意；窦姬的幸运在于刘启一直是个让父皇满意的太子，她没有那么多的忧患和怨恨，这使得她后半生的心态远比吕雉平和、安详。

女儿的捣乱粉碎了母亲的偏心

公元前157年，45岁的刘恒去世了。刘启登基，是为汉景帝。父亲23年的无为而治，给刘启打下了良好的基础，一个生机盎然的“文景之治”成型了，中国进入有史以来的第一个盛世。

而窦太后的一个政治喜好，直接干扰了这个盛世的存续——她要立小儿子刘武为太子。

从留下的记载看，刘启品行和才能兼备，而刘武则有勇武好斗倾向，并不适合担当大任。或许窦姬出于一个母亲常见的偏好，就是疼爱小儿子。在刘启被立为太子的第二年，刘武被封为代王。刘恒把自己当年的封号给了这个儿子，可见也是青睐有加的。后来，刘恒又将他从偏僻的代国改封到富饶的梁国。

作为梁王，刘武已经是一人之下万人之上了。但窦太后并不满意。在她念叨了整整三年“立你弟弟为太子”后，公元前154年，刘武入朝，兄弟君臣宴饮，刘启喝多了，闲闲地说了一句：“我千秋万岁之后，传位于梁王你。”刘武虽然知道这不是哥哥的真心话，但也心中暗喜，坐在一旁的窦太后更是高兴。

哪知跑出个不懂事的，不是别人，正是窦太后的堂侄窦婴。他给刘启敬酒说：“这天下是高祖打下来的天下，父子相传是大汉立国的约定，陛下怎能擅自把皇位传给弟弟梁王呢？”窦太后一怒之下，革除了窦婴的族籍，不许他入朝觐见。

但这一年是多事之秋，吴、楚、齐、赵等七个诸侯国不满刘启削弱封国之举，举兵反叛。刘启深知，在皇族成员和窦氏兄弟里，没人有窦婴那样的贤能，平乱必须请他出马。国家危难之际，窦太后也为自己对窦婴的严惩感到惭愧了。于是刘启任命窦婴为大将军，赏赐给他黄金千斤。这些黄金，窦婴一个子儿都没拿回家，而是放在公堂和军营的走廊里、屋檐下，任何一个将士都可以自取。平乱期间，任凭齐、赵叛军压境，窦婴所率将士，无一不愿意为窦婴而死。

而牵制吴、楚叛军的，又恰好是梁王刘武。吴王和楚王的叛军从南边打来，必经梁国，才能西进长安。叛军主力攻击梁国的棘壁，杀死数万人。梁王坚守睢阳城，也就是如今的商丘。吴、楚叛军受阻于此，双方惨烈厮杀，梁王一再向朝廷求援。

统帅援军的是周亚夫，他的计策却是“不救梁国”，让吴、楚凶狠的主力与同样强悍的梁军正面作战，自己率汉军精锐之师阻截吴楚叛军的粮道，以求两面夹击，釜底抽薪。按照这个计策，梁国就成了主战场，承受的风险是最大的。

太后会同意吗?

这个方略，刘启不可能不向窦太后汇报。那么也就可以推断，是窦太后的支持，让周亚夫得以依计而行。苦苦厮杀三个月后，吴、楚兵败，梁国斩杀俘获的吴、楚叛军数目和周亚夫军队的一样多。叛乱之际，窦太后没有因私误国，而是深明大义；刘武也没有挟怨报复，而是向天下人证明了窦太后对他的偏爱是有道理的。

平乱之后，为安稳人心，立太子一事就正式提上议事日程。由于皇后薄氏没有孩子，群臣主张立栗姬所生的长子刘荣。谁去跟窦太后说呢？大家想到了袁盎。也许窦太后是念他当年撤下慎夫人席位的旧情，没有发火，而是安静地听他说了一个故事——春秋时期的宋宣公，传位给弟弟；弟弟死后，又把君位归还给宋宣公的儿子；弟弟的儿子们不干了，认为自己该即位，杀死了宋宣公的儿子；从此宋国大乱，祸患不断，绵延五代。

窦太后听罢，沉默不语。

最终彻底粉碎窦太后立梁王为储这一美梦的，却是一个完全不相干的人和一件完全意外的事——女儿刘嫖惹来了“金屋藏娇”。刘荣当上太子后，栗姬不可一世，拒绝了刘嫖结儿女亲家的提议。刘嫖气急败坏，正在此时，见到王美人和她的儿子刘彘。刘彘还很小，偏偏人小鬼大，对姑姑刘嫖说，他愿意取阿娇姐姐为妻，如果娶到了，要用金子盖一座房子给阿娇姐姐住。

刘嫖转怒为喜，跑去跟窦太后报告喜事。跟《美人心计》中母女失和的设定不一样，历史上，刘嫖和窦太后母女关系很不错。当刘武远在梁国、窦太后又因此怀恨刘启时，只有这个女儿常常陪在她身边。所以，刘嫖的话，对窦太后有很大影响。如此一来，窦太后越来越喜欢年幼的孙子刘彘，刘启正好又对长子刘荣日益不满，干脆一家人情两家欢，废刘荣，立刘彘为太子，并改名刘彻。

这个承欢窦太后膝下的孙儿刘彻，就是一代雄主汉武帝。

孙女的庄园最终打破了她的操控

公元前141年，刘启去世。窦太后第二次白发人送黑发人。喜欢的儿子刘武死了，不喜欢的儿子刘启也死了。作为母亲，她的悲痛无以复加；可是作为太皇太后，她还得为15岁的孙儿看好江山。

刘彻的性格，不像爷爷，也不像父亲，他飞扬跳脱，生机勃勃，锐意进取，倒是有曾祖父刘邦的某些特色。这样的秉性，当然不会喜欢无为而治那一套，而是从小倾向儒学。于是，太皇太后的另一个政治喜好，又直接干扰了武帝前期的朝局——她坚持黄老之道。

刘彻登基之初，丞相卫绾是他的老师。在刘彻下令全国各地举荐贤良的时候，他给刘彻上了一道建议："所举贤良，如果有主张申不害、韩非、苏秦、张仪学说的，都会乱国政，请陛下一律不接受。"刘彻批了一个"可"字。在一些人看来，这事大大不妙，卫绾今日能让皇帝罢黜法家、纵横家，明日就可以让皇帝罢黜黄老学说。于是，在太皇太后的干预下，卫绾离职回家养老去了。

丞相位置空了出来，当然还是交给窦家人最能让太皇太后放心。那位曾经被开除出窦家的窦婴又登场了。没办法，谁让窦家就他最有本事呢？刘彻这个选择很聪明，窦婴既是窦家人，又不怎么听太皇太后的话，还喜欢儒学。果然，窦丞相一上任，就让儒者赵绾做御史大夫、王臧做郎中令，组了一个明显偏儒家的班底。这伙人又把大儒申公从隐居之地找了出来，接到长安，让他给刘彻谋划设立明堂、改易服饰、废除关禁、清理宗籍、列侯就国

的事情。

这一下长安城炸了锅。那些被封为列侯的外戚，一个个早就娶了刘家公主为妻，在繁华的长安享乐多年，谁还想回到自己遥远的封国去呀！他们成天往长乐宫跑，跟太皇太后诉苦。太皇太后越来越反感这个“儒家内阁”了。

偏偏激进的赵绾还主动惹事，他上奏刘彻，建议政事不要再禀报太皇太后。太皇太后闻讯大怒，罢免并驱逐赵绾、王臧，两人随即自杀以明志。窦婴也被罢相，回家闲居。随后，许昌、庄青翟、石建、石庆等黄老学说的信徒，得到了太皇太后的任命。

一连串激烈的人事变动，意味着刘彻刚刚起步的新政彻底夭折了。太皇太后的雷霆手段，将大汉王朝仍然稳定在无为而治的道路上。郁闷至极的刘彻无所事事，终日游猎在外，直到一个偶然的念头引出的奇遇，才将刘彻引向韬光养晦、积蓄人才的道路——他心血来潮跑去姐姐平阳公主府，见到了卫子夫、卫青。

这也是太皇太后生命中最后一个不可控的意外。她处心积虑希望孙儿当个守成之君，以稳住汉室江山为第一要务，不要冒险，不要野心勃勃，但卫氏姐弟的出现完全打碎了她的这份希望。当然，那是另一个故事的开始了。

《美人心计》的最后一幕也就停在了这里。双眼复明的窦漪房和周亚夫对坐谈心，以“情有独钟，就在于一个独字”总结了自己一生的悲欢。儿媳王太后过来，请她去看新进宫的又一批“家人子”。窦漪房一眼就看到了卫子夫，像极了自己年轻时的模样，她的嘴角不由浮出沧桑的微笑……

公元前135年，在为刘彻照看了6年江山后，年约70岁的太皇太后窦氏与世长辞，与刘恒合葬于白鹿原上的霸陵，所有遗物都留给自己唯一活在世上的女儿刘嫖。窦姬一生，又是一个70年，一个太后角色由吕雉发扬光大、再

由她加以巩固的70年，一个以黄老之道迎来太平盛世的70年。在她死后，中国历史上再也没有独尊黄老学说的政治家了，历史平稳地向着儒家治国、有为而治在过渡，她参与的“文景之治”将被更加恢弘霸气的“汉武盛世”所代替。

第三章

专家带你看「大汉贤后卫子夫」

平阳公主，她在大汉群星后

与汉武帝时代那些仅凭美貌创造传奇的卫子夫、李夫人等女子相比，平阳公主成功地赢得了更多赞赏，无论在电视剧中还是在真实的历史上。她游刃有余地运用长公主的资源，将自身能量发挥到极致，政治上，通过举荐和守护名将，深刻地参与了『汉武盛世』的创造，爱情上，得到与自己完全匹配的男子卫青的爱情并相守数年。她不负时代不负自己，活出了皇家公主人生的新高度。

公元前139年的三月初三，上巳节，17岁的少年天子刘彻亲临长安郊外的灞水，主持了祓禊仪式，洗涤污垢，祭祀祖先。回宫途中，路过平阳侯的在京府邸，便心血来潮进去看望姐姐、姐夫——此前，年轻气盛的刘彻放弃了跟祖母窦老太太的斗法，带着他的一群贵族小跟班，终日无所事事地跑马狩猎，发泄精力。他当然不能用自己的身份胡闹，每次都以姐夫平阳侯的名义出门，马蹄所到之处狼烟滚滚、庄稼尽毁，惹得百姓怨声载道，大骂“平阳侯”混蛋，连官府也想抓捕这个惹是生非的“平阳侯”。冒名闯祸了这么久，他也该给姐姐、姐夫打个招呼，赔个不是了。然而在姐姐家里，他意外地认识了两个人：卫子夫、卫青。

所有演绎汉武时代的电视剧都要浓墨重彩地表现这一幕，2014年热播的《大汉贤后卫子夫》也不例外。因为它本来就是改写历史的一幕。不过，大多数目光都集中在一步登天的卫子夫身上，却忽视了同时亮相的另一个女性平阳公主。从这一刻开始，就在平阳公主的家里，注定了汉武盛世的到来。此后数十年的岁月里，汉武一朝群星璀璨，拱卫着强盛一时的江山，而平阳公主拱卫着他们中间最重要的几个人。

她是汉武时代一个隐形的主角。

她的母亲改嫁进了宫

和历史上许多公主一样，平阳公主的名字已不可考。“平阳”二字应是史家为便于记载而采用的称呼，在她未出嫁之前，她有自己的封号“阳信”。

汉初实行的是实封制，封王封侯，都是实实在在把那块地方划作你的封地，赋税人口都算在你的名下。阳信在今天的山东无棣，战国时属于齐国，是滨海之地，也是富庶之地。在周勃平定诸吕之乱时，“典客刘揭身夺赵王吕禄印”，立下大功，因而在汉文帝刘恒登基后被封为阳信侯，后来将侯位传到其子如意手上。公元前151年，如意获罪，汉景帝刘启废了阳信侯国。

没过多久，后宫的王美人为刘启生下了女儿，这是她的第一个女儿，自然格外受疼爱。按照汉家制度，皇帝之女，仪比诸侯。刘启便把阳信这块地方封给了女儿，她也因此得名阳信公主。

小阳信在汉宫的童年应该是无忧无虑的。她的母亲王娡堪称汉宫又一个奇迹。王娡的父亲出身低微，但母亲乃名门之后，是燕王臧荼的孙女，名唤臧儿。然而自从臧荼谋反被刘邦杀了之后，臧家的家境就一落千丈。臧儿长大后，只能下嫁老实巴交的平民王仲为妻，生下两女一儿，大女儿就是王娡，小女儿名叫王皃姁（xū），都长得如花似玉，给夫妻俩平添了不少安慰。可是王仲不幸病故，臧儿迫于生计，只好改嫁田家，又生下两个儿子。孩子多了，日子就更难，臧儿只好匆匆安排大女儿王娡嫁给一个叫金王孙的人，少一张嘴总少些负担。

王娡出嫁后，有个相士见到臧儿，抬眼看了看她，便说她是大富大贵之相。臧儿心中一动，把两个女儿的生辰都告诉相士，请相士掐算一把。相士说，两个都是贵人，但小女儿贵不及大女儿。若是寻常村妇听到这话，肯定把相士打发走了：大女儿都嫁给平民百姓了，还生了个女儿叫金俗，能贵到哪里去？这不胡说八道嘛！可臧儿不一样，她是燕王孙女，这几十年里，她见了多少成王败寇、命运起落啊，谁敢料定大女儿一辈子就这样了？

臧儿异常果决，当即去金家把王娡强行接了回来，送进了良家子的候选队伍中。天生丽质的王娡果然一选即中，被分到太子府，陪伴在刘启身边。王娡又向刘启称赞自己妹妹的美貌，把妹妹王皃姁也接进了太子府，姐妹二人同受宠爱。刘启登基后，王娡、王皃姁都被封为美人，恩宠不衰，王娡接连生下三女一子，王皃姁也生了儿子。

尽管对阳信公主童年、少年的记载缺失于史册，但回顾她的外祖母、母亲、姨母这番奋斗历程，至少可以推测出三点。其一，阳信公主应该很漂亮，她的母亲和姨母能承宠多年，首要因素是美，这种家族美貌自然会遗传到她身上。其二，阳信公主的性情应该是果敢、坚毅的，外祖母敢把嫁出去的女儿抢回来，母亲敢抛夫弃女奔前程，这种男子般的气概和野心是她们改变命运的关键。第三，阳信公主的爱情观和婚姻观应该深受母亲的影响，只要嫁对了人，再婚完全可以比初婚更幸福，这是母亲亲身示范了的，所以再婚对未来的平阳公主来说，毫无心理障碍，她只需要选好再婚的伴侣即可。

人们常说“强汉盛唐”，汉之刚毅，唐之锦绣，是这两个王朝的气质之别，王朝气质必然是通过政治舞台上一个个具体的人体现出来的，其中就包括公主们。所以，后世的人们才会看到，汉代的平阳公主一生与名将命运相连，而唐代的太平公主则广交天下士大夫。

公元前150年，小阳信迎来了人生的第一次重要转折。这一年，她的母亲王娡凭借贤德之名，战胜最受宠也最骄纵的栗姬，登上皇后宝座；她的幼弟刘彻才6岁，也以一句“金屋藏娇”战胜当了3年太子的刘荣，一举成为新太子。

曾经不可一世的栗姬母子如流星一样，从汉宫的舞台上消失了。小阳

信一家搬进了皇后的寝宫椒房殿——一座用花椒树的花朵磨成粉末，和入泥中，涂满墙壁的宫殿，既可保暖如温室，又可祈求多子，是只有皇后才能独享的尊荣。住进这座宫殿，意味着小阳信将在弟弟登基后获得“长公主”的身份。一个长公主有多大的能力？小阳信可以从现任长公主、姑姑馆陶身上看得清清楚楚，正是姑姑为女儿陈阿娇谋求皇后身份，才有了弟弟的“金屋藏娇”之诺，才有了姑姑在立皇后和太子时把关键一票投向母亲和弟弟。一个长公主，拥有影响皇帝家事和婚事的能力，进而能影响朝廷废立大事，这就是汉家制度赋予小阳信的巨大空间。

她的歌女成了皇后

推算起来，小阳信住进椒房殿时，最小也有9岁了。汉初久经战乱，人口锐减，经济凋敝，因此“文景之治”时期，与休养生息相伴的一条重要政策就是鼓励早婚，民间女子15岁前必须结婚，逾期不嫁会受到官府处罚。所以小阳信在椒房殿也没住几年，很快就出嫁了。

她的婚事，当然是在可以选择的范围内挑最好的贵族青年男子。从种种迹象来看，这个驸马——平阳侯曹寿很可能是太皇太后窦氏挑中的。

曹寿的曾祖父是开国功臣、名将曹参。当年，曹参追随他的沛县老乡刘邦起兵，一路攻城略地，定都长安后刘邦论功行赏，曹参排在功臣榜的第二位，仅次于萧何。刘邦封他为平阳侯，封地位于如今的山西临汾。曹参是最早积极执行无为而治政策的人，他被刘邦任命为齐国丞相时，齐王很年轻，纷繁国事都压在曹参身上，他不知如何是好，听说胶西有位盖公专门研习黄老学说，很懂得御民之道，于是他恭恭敬敬地请教盖公。盖公告诉他，治理国家的关键就是清静无为，让百姓自己安稳下来，才能兴盛百业。曹参依言而行，果然将齐国民生恢复了起来。

萧何去世后，曹参接任丞相，此时是汉惠帝刘盈在位。曹参上朝的风格是：凡是下属有什么小错，他就掩护；凡是官吏想要沽名钓誉，他就撵走；凡是不善言辞的老实人，他就提拔；而他自己，成日喝酒，不理政事，以此表明他的“无为”态度。刘盈看不下去了，问他丞相难道不需要做事吗？他反问：您比您父亲刘邦厉害吗？我比我前任萧何厉害吗？都没有对吧？所以一切遵循高祖和萧何留下来的规章，不要轻易变更，不就行了吗？这就是著

名的“萧规曹随”。曹参三年丞相当下来，果然与民无扰，大受好评。从这一点看，曹家和窦太后的治国思路是完全一致的。

曹参死后，儿子曹窋（chú）袭爵。诸吕之乱时，曹窋正好到吕产的府上办事，听见有人跟吕产汇报情况，提议他不要离开长安，要留下来夺取长安的控制权。曹窋立刻溜出来，把这个消息告诉了周勃，这才有了周勃派刘揭和郦寄前往吕家夺印，从而控制了诸吕，迎接代王刘恒登基。从这里看，曹家又对当年的代王宠妃、后来的窦皇后有特殊的恩义。

于公于私，第四代平阳侯曹寿都是太皇太后心目中最佳的驸马人选。但曹寿是不是阳信公主眼中的佳偶呢？只怕未必。汉景帝刘启在立刘彻为太子后，精心挑选了太子师傅，一个是儒学的卫绾，一个是黄老学说的汲黯。考虑到当时窦太后坚决维护黄老国策，刘启此举，可谓逆太后之意而行，他对太子的希望表面上是两学并重，实质上是明显倾向于儒学。

太子读书，公主在干什么呢？阳信公主既受父亲宠爱，又与弟弟感情很好，虽然不至于和太子一起受教，但读书发蒙不会少她一份。有这样的父亲和老师，儿女们潜移默化地离黄老之道远了，离儒家思想近了。古人择友尚且讲究“道不同，不相为谋”，何况择偶。一个崇尚黄老、清静无为的丈夫，不大可能是阳信公主自己选择的结果。

还有一个致命因素，曹寿的身体不太好。曹家虽以军功立家，但曾祖父曹参“身披七十一剑（伤）”的赫赫军威，到曹寿这辈已经荡然无存。曹寿大概是一个清净、淡泊的文士形象，而不是英武少年的形象。而后者，恰恰是阳信公主后来在她一生中所表现出来的喜好。

婚后，阳信公主成了平阳侯夫人，也被改称平阳公主。这个称号，在史书上伴随了她一生。但实际上，她自己一直在使用阳信这个名字——在她死后，她的陪葬器皿上刻着的依然是“阳信”二字。

当然，这段婚姻并没有留下不良的记载，想来平阳侯夫妇相处还是融洽的，他们有了独生子曹襄。公元前139年的上巳节，当刘彻心血来潮跑来看他们时，他们意外而欣喜。皇帝到臣子家里做客，是少有的荣耀。平阳公主表

现出惊人的把握机会的能力，把一件普通的好事办成了名垂青史的喜事。

她把家中十几个精心装扮的女孩叫出来，命她们拜见皇帝。然而刘彻并没有什么反应。于是她命这些女孩退下，摆上酒菜开筵，助兴的歌女便登场献唱了，卫子夫亦在其中。《大汉贤后卫子夫》里设置了复杂的场景：卫子夫负责击磬，发生意外摔倒了，却也因此引起闷闷不乐的刘彻注意。实情哪有这么复杂，刘彻听到歌声，一眼望去，便看中了卫子夫。

之后的桥段耳熟能详。刘彻起身更衣，卫子夫随之侍候，在更衣的轩车中得到刘彻第一次临幸。刘彻回到席上，异常高兴，赐给平阳公主千金。聪明的平阳公主趁机对弟弟提议："把子夫带回宫中吧。"刘彻欣然答应。临别上车时，平阳公主轻抚子夫的背说："走吧，在宫里好好努力，将来若是富贵了，不要忘记我的引荐。"此后，子夫入宫、得宠、怀孕，打破了整个宫廷对刘彻结婚多年仍然无子的焦虑，一举站稳脚跟。再之后，陈皇后阿娇被废，子夫重演了刘彻母亲的后宫经历，接连生下三女一子，终于当上皇后。

卫子夫走出平阳侯府时，并不会想到，有朝一日能成为皇后。可平阳公主目送她离去时，心里十之八九有废立皇后的目标。刘彻登基只有两年，但与太皇太后的政治分歧已经激化。一个锐意进取的少年天子，一个急切需要儒家、法家、兵家来壮大汉室的有为君主，正处于窦氏外戚的重重束缚之下。有外戚未必就是坏事，就看是什么样的外戚。如果是一支对皇帝本人忠心耿耿的外戚力量，那就可以打破窦氏的控制网。这样的外戚，陈皇后提供不了，她自己就管太皇太后叫外祖母。那就只能从皇帝的妃子中产生。恰好，陈皇后无子，平阳公主有光明正大的理由为弟弟献上佳人。如果卫子夫不能挑战陈阿娇的位置，平阳公主想必还会安排更多的美人进宫。

往更深的层次想，平阳公主献上卫子夫，不仅仅是对窦氏外戚的反制，更是对刘彻改革道路的明确支持。这一选择，进一步拉开了她和支持黄老之道的曹寿的距离，夫妻两人感情或许没有问题，但政治上已经分属两个阵营。

她的骑奴成了大将军

刘彻带着卫子夫离开平阳侯府时，还带走了一个人——卫子夫的弟弟、平阳公主的骑奴卫青。虽然卫青是公主的骑奴，但此时公主人在府中，不用骑马，皇帝又来了，闲杂人等更加不能露面，照常理，一个骑奴是没有机会出现在皇帝面前的。那么，是谁举荐了卫青？是卫子夫希望进宫后有个臂膀，于是跟刘彻提出带卫青一起走？还是平阳公主深谋远虑，要在后宫和朝廷都做好安排，因而一并推荐给了刘彻？抑或是刘彻无意间见到了卫青，觉得是个人才，所以主动带走？

这个细节，史书上没有记载。早年的历史正剧《汉武大帝》采用了第三种推测，刘彻看见比武的卫青，赞叹道："此人是谁？目光如炬啊！"而《大汉贤后卫子夫》采用了第二种可能性，平阳公主荐姐不忘弟，剧中卫子夫、卫青拜别平阳公主时，她还对卫青有一番殷殷叮嘱："卫青，你要尽职进取，记住不要辜负皇上的赏识，但愿你们姐弟的前途一片坦荡。"

卫青的前途有多坦荡呢？恐怕连平阳公主都想不到，他将会成为七战七捷、威震匈奴的大司马大将军。

平阳公主与卫氏姐弟的相识，始于她的新婚时期。曹寿从平阳封地带了自家奴仆来京侍奉，其中有一个被唤作卫媪。她的三个女儿卫君孺、卫少儿、卫子夫一个比一个漂亮。令人惊奇的是，这三个女儿都是她跟一个姓卫的男人私通所生。而且她私通的还不止一人。大约在平阳公主婚后没多久，有一个叫郑青的男孩从平阳封地千里迢迢找到长安侯府，他竟是卫媪早年在封地时和府中一个小吏郑季偷欢生下的私生子。

寻到母亲后，这男孩不愿意再回平阳，也不愿意再姓郑。他跟着父亲生活时，父亲没有把他当过儿子，父亲的妻子更是把他当奴隶看待，打发他去放羊。他留在了长安侯府中，还随几个异父姐姐姓了卫。卫青成年后，就做了平阳公主的骑奴。

两汉时期，还没有科举取士的制度，年轻男子最好的出身，莫过于习武从军。这一代平阳侯曹寿虽然文弱，但曹家毕竟是军功贵族，侯府奴仆习武强身自是寻常事。无论是平阳公主举荐了卫青，还是刘彻自己发现了卫青，有一点都可以肯定，作为公主骑奴的卫青应该骑术很好，与骑马相关的射猎、刀剑水平也不错。

以平阳公主至少比刘彻大3岁推算，当17岁的刘彻百无聊赖跑到姐姐、姐夫家里时，平阳公主至少有20岁，结婚应有五六年。那么，这五六年的时光，正是卫青的发蒙时光。后来总揽军政大事的卫青当然不会是文盲，可他跟着刘彻离开侯府就从了军，不可能到军中才读书识字，那么他接受启蒙教育的最大可能性，是在平阳公主身边。

如此看来，平阳公主的所作所为就很有深意。她不是一个无所事事的侯府贵妇，也不是一个只知道挑选美女、培养歌姬舞姬的公主，她反而在留意有潜质的青年才俊，给予他们读书发蒙、练武知兵的机会。此举颇有男儿气概，也颇见儒家积极入世之风——在造纸术还没有诞生之前，书简是贵族才能拥有的奢侈品，接受教育更是贵族的特权。卫青一介骑奴出身，日后竟能成为西汉王朝的顶梁柱，平阳公主的这番栽培是他平步青云的基础。

这位长公主的婚后岁月就变得清晰起来：一面训练能歌善舞的佳人，一面培养读书骑射的少年，为弟弟的亲政做好了充分的准备。她目送着卫氏姐弟离开，卫子夫进了后宫，卫青则去了建章营——这是刘彻自己拉起的一支军事力量，不为太皇太后所注意。在建章营，换上戎装的卫青开始了真正意

义上的军事训练，从此一待就是10年。

这10年里，人世几番巨变。先是第三年，卫子夫为刘彻生下了第一个孩子卫长公主，一跃成为汉宫的夫人，卫青也被封为大中大夫，成为刘彻的近臣，开始与闻朝政。接着第五年，太皇太后窦氏去世，刘彻全面亲政，调整国策，积极准备对匈奴的战事。到了第八年，平阳侯曹寿染上时疫，一病而亡，年约28岁的平阳公主成了新寡。但此时，刘彻和卫青大约都顾不上安慰平阳公主，因为后宫的废立到了箭在弦上的时刻。等到第九年，皇后陈阿娇终于被废，后位空悬，而卫子夫只缺一个儿子了。

第十年，匈奴兴兵南下，骚扰边境，刘彻一改西汉立国以来的怀柔政策，命卫青、公孙敖、公孙贺、李广四名将领各率一万骑兵，分四路反击匈奴。四路之中，两路失败，一路无功而返，唯有首次出征的卫青，直捣匈奴的祭天圣地龙城，俘虏700人。这是西汉立国73年来，第一次取得对匈奴作战的胜利，士气为之大振。凯旋之日，卫青被封为关内侯，是异姓功臣所能获得的仅次于列侯的爵位。

次年，卫子夫终于生下儿子刘据，刘彻毫不犹豫地册立卫子夫为皇后。一个炙手可热的新贵家族站到西汉王朝的中央。别说窦家成了明日黄花，就是刘彻母亲王太后的王家，也完全不能与卫家匹敌了。

“生男无喜，生女无怨，独不见卫子夫霸天下。”民谣唱遍了长安。而卫家的旧主人平阳公主，却在这样的热闹中隐身了。她并未现身于新的权力结构之中，仿佛在过着独自抚养儿子曹襄的孀居生活。史书上只是不经意地记载道，权倾朝野的卫青带着两名亲随任安、田仁去看望平阳公主。吃饭时，这两名亲随和公主府的骑奴被安排在一块儿，因此对卫青大为不满。这件事作为卫青为人的一个瑕疵被记录下来。然而换个角度看，卫青和平阳公主这对昔日的主仆，如今单独对坐吃饭，要谈的事情不会少：家中的、宫中的、朝中的、军中的，自然不方便有他人在场。

当然，没有人知道卫青和平阳公主的感情始于何时。如果以刘彻和卫子

夫同龄、卫子夫比卫青至少大1岁计算，则平阳公主至少比卫青大4岁。年龄的差距，再加上悬殊的出身、颠覆式的身份变化、错综复杂的关系，留给后世太多想象的空间。他们也成为《大汉贤后卫子夫》中比刘彻、卫子夫更抢镜的一条感情线。

她的再婚巩固了卫霍家族

28岁的孀居长公主必然是朝廷贵戚争抢的结婚对象。很明显，以平阳公主和刘彻的亲厚，娶了她，就能接近刘氏皇族；以平阳公主对皇后卫子夫的恩义，娶了她，又能讨好卫氏外戚。何乐而不为呢?

平阳公主的再婚，成了一桩政治大事。

偏偏在这件事上，《史记》和《汉书》的记载出现了矛盾。《史记》中说，平阳公主再嫁汝阴侯夏侯颇。这夏侯颇也是开国功臣的第四代，他的曾祖父夏侯婴，在刘邦的功臣榜上排名第八。改嫁夏侯颇也不算辱没长公主。然而这段婚姻并不幸福，夏侯颇后来和父亲的侍妾通奸，被人发现，于是畏罪自杀。《大汉贤后卫子夫》以戏剧性的手法夸张地展示了这段糟糕的婚姻——夏侯颇卷入淮南王叛乱一事，被刘彻叫来当面对质，夏侯颇哀求平阳公主开口救他："夫人，你是知道我的忠心的。"平阳公主甩开他的手，对刘彻悲愤道："这个人的心我不知道。我有我诗集书聚，他有他猎艳风流。我耳畔仿佛回响着他当日一番话：如果见到俏丽佳人在他的马车上，又或者在床榻上，劝我都不必惊讶，因为他与我各不相干。"在场的卫青还是首次得知平阳公主婚姻的真相，大为震惊，但他顾全平阳公主的声誉，劝说刘彻不要杀夏侯颇。于是刘彻让夏侯颇滚回汝阴，与平阳公主再无夫妻之名。

但在《汉书》中，对夏侯颇和平阳公主的婚姻，除了与《史记》相同的记载外，还多了一句话：夏侯颇所娶的公主，外家姓孙，因而被人们随娘家姓氏称作"孙公主"，后来夏侯颇畏罪自杀，夏侯家的后代就改姓了孙。这被视为现在孙姓的主要源头之一。如果《汉书》中增补的这一点属实，那

么嫁给夏侯颇的公主，就是景帝某个姓孙的妃嫔所生的不知名公主，而不是平阳公主。因为平阳公主的母亲姓王，外婆姓臧，绝不会冒出一个姓孙的外家来。

如此看来，平阳公主是否有过二嫁，成了一个历史的谜团。而同样成为谜团的，还有卫青的婚姻状况。

从公元前129年卫青首战龙城、一举告捷开始，又是一个波澜壮阔的10年——公元前128年，卫青率军出雁门，大捷；公元前127年，卫青取得河朔大捷，封长平侯，一举跨入列侯的行列，汉家制度，“列侯尚主”，卫青有了迎娶公主的资格；公元前124年，卫青出高阙，大捷，当即被拜为大将军，这是自韩信死后，空悬72年之久的大将军一职再现于世，卫青“襁褓中的三子”卫伉、卫不疑、卫登也都被封侯；公元前123年，卫青两次率大军出定襄，两次均大捷，平阳公主的儿子曹襄和卫青的外甥霍去病，都随同他出征；公元前119年，漠北大战，全歼匈奴主力，从此“漠南无王庭”，卫青成为主持内朝事务的大司马，依然兼大将军。

10年之间，卫青七战七捷，彻底解除了匈奴之患。他成就了刘彻的强盛天下。而平阳公主，以自己的独生子从军的姿态，表达了对刘彻主战国策的坚定支持，当然，也成就了卫青的事业。在这10年的前半程里，卫青显然有过一次婚姻，并且生下了三个儿子。这段婚姻的存在，或许是他成为长平侯、有了尚主资格后，并没有立刻迎娶平阳公主的直接原因。

宫廷惯例，公主不会下嫁有妇之夫。所以后世的女皇武则天把女儿太平公主改嫁给有妇之夫武攸暨时，还得先赐死人家的原配夫人。这种事，强悍如武则天，自然做得出来，刘彻却不是这样的皇帝。平阳公主能嫁给卫青，应该是卫青的原配因故去世了。

一边是谜团般的二嫁肯定结束了，一边是谜团般的原配肯定不在了，两人的谈婚论嫁水到渠成。可如此大事，仅有的记录是西汉末年褚少孙对《史记》的补记：平阳公主要择婿，问身边人列侯中谁最贤。大家一致认为，大将军卫青最好。平阳公主问道：“他过去是我的骑奴，真的合适吗？”左右

纷纷说："今非昔比，大将军如今尊贵无比，还有谁比他更配得上长公主呢？"此事传到皇后卫子夫那儿，卫子夫又告诉刘彻，刘彻也觉得再合适不过，立即下诏主婚，成就了"骑奴尚主"的一段史话。假设这是在卫青成为大将军当年的事情，那么此时平阳公主至少35岁，卫青至多31岁。

卫青与平阳公主的结合，是整个汉武时代一个有标志意义的大事件。帝后两家再次联姻，卫氏外戚的地位牢不可破。刘彻和卫青的关系，变成了互为姐夫和小舅子。

如果卫青在获封大将军之后就迎娶了平阳公主，那么他人生中最后三次重要的大战，都是在平阳公主的支持下完成的。换言之，婚后的第一次出征，他就带着平阳公主的儿子曹襄上了战场。

身为世袭的第五代平阳侯，曹襄完全可以过长安纨绔子弟的生活，但他一反父亲曹寿的病弱，他的出征并不是捞取政治资本，而是实打实地跟着卫青在打仗。在决定性的漠北之战中，曹襄是卫青所辖的后将军，和卫青一道出塞千余里，越过沙漠，与匈奴单于伊稚斜的主力作战。平阳公主对这个儿子的培养，再现了她的志向和襟怀。终她一生，她希望她的弟弟、她的夫君、她的儿子，都是英姿勃发的汉家儿郎，征战沙场，建功立业。

曹襄还为刘、卫两家的密切关系再添一笔，他娶了刘彻和卫子夫的大女儿、表妹卫长公主。两人生下一子，名叫曹宗。可以想见，在卫青结束对匈战事、马放南山之后，平阳公主有过一段家庭生活的幸福时光，夫妻和睦、儿孙俱全。

与曹襄一同走上战场的，还有一个比他略小几岁的年轻人，就是卫青的外甥霍去病。他是卫青二姐卫少儿与平阳封地的小吏霍仲孺私通所生。霍去病的身世和舅舅卫青十分相似，都是父亲不认这个私生子，便跟着母亲一家在平阳公主家里长大。但霍去病远比舅舅卫青幸福，他虽是私生子，但在他1岁时，三姨卫子夫就一步登天，跟着刘彻进宫了。之后不久，大姨卫君孺嫁给了将军公孙贺，母亲卫少儿嫁给了詹事陈掌，都成了长安的贵妇人。待他长到4岁时，三姨已经是宫中的卫夫人，舅舅已经是大中大夫；11岁时，舅

舅一战成名，做了关内侯；12岁时，三姨就当上了皇后。私生子霍去病的一生，完全没有体会过为人奴仆、小心谨慎的滋味，反而是按照长安公子、贵戚少年的方式长大。

于是，卫青的温和持重、霍去病的飞扬锐气，在战场上成为一时双璧。由于卫子夫的谦抑、卫青的周全，再加上卫青和霍去病的赫赫战功，历史上很少有一个外戚集团，能够像卫霍家族这样，拥有良好的形象与正面的声誉。平阳公主用她的慧眼和婚姻，为刘彻凝聚了一个军功卓越的外戚集团。

她的去世让卫霍家族再无依靠

这个外戚集团的薄弱环节，出现在宫闱。

公元前128年，卫子夫生下太子刘据后，就再无所出。后世认为，“汉皇重色思倾国”，卫子夫连生四胎，年华渐去，所以失宠于刘彻。对于一个昏庸的皇帝，当然可以这样说；但对刘彻这种雄才大略的皇帝，不会这么简单。此时，皇后和嫡长子是卫家的，冉冉升起的将星也是卫家的，权力的集中已成必然，任何一个正常的皇帝，要考虑的都是如何平衡权力。刘彻绝不昏聩，他没有在朝政上、军务上给卫青任何为难，他对卫青的信任是历代皇帝中少有的，他选择在后宫不再专宠皇后，扶持其他妃嫔及其母族。

当然，卫子夫不是赵飞燕那样妖冶动人、娇媚承欢的皇后，无法长留刘彻的心；也不像窦皇后和刘恒那样有识于微时、患难携手的感情基础，能够让刘彻常念夫妻情分。如果不看卫青和霍去病的显赫战功，卫子夫自身，其实是一个弱势的皇后。她有弱女子的贤德，却没有后宫的手段和政治的权谋。尤其是面对刘彻这样强势的君主，她没有太多的办法。《汉书》认为，在当了7年皇后后，也就是公元前121年，刘据被立为太子，卫子夫则色衰爱弛，此时她的年龄大约在35岁。

后宫的新宠是王夫人，她为刘彻生下了第二个儿子刘闳。卫青打仗回来，有个叫宁乘的人对他说：“如今皇帝宠爱王夫人，而王夫人的母族还不富贵，大将军可以把皇帝赏赐的千金送给王夫人娘家。”卫青接受了这个建议，但没送千金，而是折半送去了五百金。刘彻很快就知道了这件事，来问卫青，卫青据实以告，刘彻也没说什么，只是给宁乘封了个官，让他离开了长安。

继而得宠的是李姬，相继生下了皇三子刘旦、皇四子刘胥。公元前117年，霍去病牵头，安排他同父异母的弟弟、御史大夫兼尚书令霍光，联合了朝中重臣一起上奏，要求三个皇子封王、就国、离开长安。刘彻采纳了这道上奏，还询问了王夫人和李姬的意见，看她们希望儿子封到哪里。此时王夫人已经病重，要求将刘闳封到雒阳，也就是后来的洛阳。刘彻不同意："雒阳有武库敖仓，是天下要冲之地。从先帝以来，没有一个皇子封在雒阳为王的。除了雒阳，其他地方都可以。"最终他将刘闳封为齐王，刘旦封为燕王，刘胥封为广陵王。这是霍去病对表弟、年仅11岁的太子刘据直接出手相护。然而遗憾的是，做完这件事后，时年23岁的霍去病就英年早逝了。

此后宠冠后宫的，便是倾国倾城的李夫人。这是平阳公主亲手献上的。大约在公元前111年，后宫有个极擅音律、深受宠爱的宦官李延年，为刘彻唱了一首歌："北方有佳人，绝世而独立。一顾倾人城，再顾倾人国。宁不知倾城与倾国？佳人难再得！"刘彻听后感叹："世上真有这样的人吗？"平阳公主得知这个消息，专门进宫告诉刘彻，李延年的妹妹正是此等绝色。于是，刘彻召见，立为李夫人，生下了皇五子刘髆。

由上述三件事情来看，面对皇后卫子夫的失宠，平阳公主、卫青、霍去病等人的担忧程度在不断加深。第一次王夫人得宠，但战事未了，卫青、霍去病如日中天，所以卫青出面赠金，只是普通的示好；第二次李姬得宠，战事已毕，霍去病出面要求诸子封王，离开长安，是急于巩固太子的地位；到了第三次时，霍去病已故，卫青已老，形势大不如前，只能由平阳公主出面，进献美女李夫人，以求在后宫中安排一个受恩于卫霍家族的宠妃。

不过，连续三个宠妃都不长寿，年纪轻轻就相继离世。尽管王夫人死后刘彻不惜命方士招魂相见，尽管李夫人临终不让刘彻见她憔悴的容颜，以免刘彻失望而影响李家兄弟的前程，但这些听起来让人心荡神摇的爱情故事，都不能改变一个事实：她们死后，刘彻很快就淡忘了她们。加上她们的兄弟子侄实在没有争气之辈，也就无法和卫霍家族抗衡。

所以，平阳公主和卫青晚年的不安，主要来自于卫霍家族内部的变化。

一方面，卫青有君子之风，洁身自好，从不蓄养门客，这让他在站上道德制高点的同时，也面临家族利益无人可托的困境。卫青自己的三个儿子毫无建树可言，而家族中两个后起之秀霍去病、曹襄相继意外早逝，这个困境就越发明显。

另一方面，太子刘据的性情温厚，与生性霸道的刘彻不是一个路子，虽然刘彻对卫青说："汉室制度草创，外族侵扰不断，我若不出师征伐，天下就不能安定。但若后代也像我这样做，就会重蹈秦亡的覆辙。太子敦厚安静，还有谁比太子接班更合适呢？"虽然刘彻对反感征战的刘据总是笑笑说："我来打仗，把安逸的事情留给你，不是挺好吗?"虽然刘彻外出巡狩天下时，一切国事都交给刘据处理，表现出充分的信任，但是，隐约而强烈的不安始终萦绕在平阳公主和卫青的心头——子不类父，向来是储君大忌，刘邦传位刘盈的风波，汉室后人谁会忘记呢？刘盈还有个强硬的母后吕雉，卫子夫则明显担不起捍卫太子的重任。

在这种忧虑中，公元前106年，卫霍家族的顶梁柱，也是汉武一朝的顶梁柱卫青去世了，年龄至多不超过49岁。若以公元前124年卫青封大将军那年迎娶平阳公主计算，在度过18年婚姻生活后，平阳公主面对的，是丧夫、丧子的晚年。在这种巨大的痛苦中，平阳公主肩负起维护卫霍家族利益的最后责任。

她帮助卫青的长子卫伉继承了长平侯的爵位。卫伉在襁褓之中就被封侯，但仅仅过了8年，就因为"矫制不害"而被免侯，所谓矫制，也就是诈称君命，擅自行事，但好在没有造成恶劣的后果。如果说此事还是年幼无知，那么承袭长平侯爵位时，卫伉已是二十来岁的成年人，却仍然本性不改，短短五六年后，就因不带身份证明，擅自闯入皇宫，再次被免掉侯位。尽管如此，平阳公主在临终时，仍然决定把自己的封地交给卫伉继承，而没有交给孙子曹宗。汉家制度，公主以一县养，也就是公主的食邑是一个县那么大，无论如何，这都足以让卫伉过衣食无忧的日子了。

史书上没有记载平阳公主何时去世。但到公元前91年巫蛊之祸发生时，她肯定已经不在人世了。否则，她不会坐视皇后卫子夫、太子刘据、两个公主阳石和诸邑、继子卫伉、卫青大姐夫公孙贺及其子公孙敬声尽数死去。从

卫青之死到巫蛊之乱，隔了15年的时间，只要平阳公主活着一天，江充这样靠卖弄邪说而上位的臣子，就一天不敢打诬告太子谋反的主意。

巫蛊之祸以夺嫡史上极其罕见的惨烈方式，终结了卫霍外戚集团。一个历史上少有的不结党、不弄权、不功高震主的外戚家族，恰恰因为无党无权而蒙受冤屈，全体覆没，这是不是一个权力的悖论呢？以大将军卫青节制天下汉军长达18年的时间，以卫霍两人在军中的极高威望，竟然没有留下一支可供太子刘据从容调遣的嫡系精锐兵力，刘据不得不和母亲卫子夫双双自杀身亡，这是不是卫霍家族犯下的最大错误呢？

电视剧《大汉贤后卫子夫》完全回避了最后的惨烈和复杂的反思，转而以浪漫的方式处理平阳公主和卫青的生死之约。剧中，两人一马，寄情山野，许下十年花约："平阳，十年之后，这红豆杉开花结果，我再与你一起收获果实，种下更多红豆杉，用此生此世，静观山花烂漫。"然而话刚落音，刺客围攻，卫青保护妻子，杀死刺客，不幸牵动多年征战积下的旧伤，最后不治身亡。

历史上，卫青和平阳公主的感情是否如此真挚？他们到底是政治婚姻，还是因情结合？有两个事实可以部分地回答这个疑问，其一是平阳公主的独生子曹襄能够跟着卫青三赴对匈奴决战的前线，没有夫妻之间足够的信任，是做不到的。其二是卫青死后，平阳公主没有按照汉室公主的惯例随葬于父母的陵寝，而是选择跟卫青合葬于茂陵，没有平阳公主对卫青足够的思念，也是做不到的。

汉武时代是一个雄阔的时代，在这个时代里，男性的征战和热血照亮了历史的天空，女性并没有太多的位置。陈阿娇、卫子夫、李夫人，这些美丽的女子在史册上留下的"金屋藏娇""独霸天下""倾国倾城"的典故，都只是男性世界的点缀和附属。唯一一个具有政治能量，能够周旋于皇族和外戚之间的女性，就是平阳公主。她用自己的方式，守护了汉武时代和那个时代里的名将们。

第四章

专家带你看「大汉情缘之云中歌」

上官皇后和霍成君，同一个男人的权力祭品

『上官小妹』，6岁孤身入后宫；9岁目睹自己的母族剿灭父族；15岁成为寡妇；23岁母族被灭；35岁失去唯一的亲人——小姨兼侄孙媳妇霍成君。如果可以选，她应该宁愿舍弃一生曾拥有过的皇后、太后、太皇太后的尊荣，只求寻常的『岁月静好』。而霍成君，是一个被权力侵蚀、在权力旋涡中无力自拔也不想自拔的女子，她的悲剧，是一个资质平庸又浅薄贪婪的女子在集权时代被置于最高权力斗争中的必然结果。

秦都咸阳、汉都长安、唐都长安。

今日的西安被称作“十三朝古都”，其中最重要的莫过于这三朝。钟情于历史的人到了西安，自然会想寻找汉唐盛世的痕迹。但是有一位帝王钟爱的一处景致，却是无论如何找不到了，早在晋代人的笔下，它就已经“台无遗址，沟池已平”。

它就是淋池，他就是汉昭帝刘弗陵。

当年，刘弗陵游于淋池，作了一首《淋池歌》：“秋素锦兮泛洪波，挥纤手兮折芰荷。凉风凄凄扬棹歌，云光曙开月低河。”他命宫人拿去唱，又在歌中加了一句，“万岁为乐岂云多。”

2015年，一部电视剧《大汉情缘之云中歌》，据说就是取《淋池歌》中的两个字，组成了“云歌”这个名字，作为女主角，并把她设定为刘弗陵短暂一生的唯一挚爱，在刘弗陵早逝、刘贺被废、刘询即位的政局跌宕中，演绎了一出生死缠绵的故事。而那段历史中真实存在的女性——上官皇后、许平君、霍成君，都成为这个虚构女子“云歌”的陪衬。

在旷世雄主汉武帝死后、三个皇帝频繁更迭的风起云涌中，真正的女主角应该是上官皇后和霍成君。不仅仅因为她们是外甥女和小姨的关系，也不仅仅因为她们的皇帝夫君颠倒了两个辈分，是叔祖和侄孙的关系，还因为她们和他们的背后都站着一个权倾天下的人：霍光。

当霍光左右了这两对帝后的命运时，刘弗陵的后宫不可能有一个“云歌”。

8岁的皇帝

刘弗陵是汉武帝的幼子。公元前94年，62岁的汉武帝老来得子，取名弗陵。这个孩子的母亲是年轻娇媚的钩弋夫人。汉武帝的后宫从来不缺美人，更不缺传奇，从“金屋藏娇”的陈阿娇到“倾国倾城”的李夫人，一个个都自带惊艳史册的主角光环。这钩弋夫人又是如此——汉武帝晚年巡狩时，路过河间国，大概就是今天的河北一带，专门观天相、卜吉凶的宫廷人士对汉武帝说“此地有奇女”，汉武帝立即走不动道了，让人去找。一会儿工夫，随行官员就找到一个姓赵的奇女子，不光美艳动人，而且天生双手握成拳，从来没能打开过。汉武帝一见，便伸出双手，将她的拳头轻轻一掰，打开了，发现她手掌心里还紧紧地握着一只小玉钩。可想而知，左右都会啧啧称赞奇缘。

用今天的眼光来看，这番亮相，明显难逃“人造传奇”之嫌。她的父亲曾经犯法，被处以宫刑，成了宦官，在皇宫里做过中黄门，几年前死于长安。应该就是这段宦官生涯，让赵家女儿天生丽质的名声被一些官场中人知晓。汉武帝喜欢奇异的美女，这个爱好又是朝野皆知的秘密。所以很显然，当地官员让赵家女儿上演了这出“握拳藏钩”的“异象”，希望博得汉武帝的欢心。

汉武帝偏偏就吃这一套。他当即让人把这女子扶入随行的轺车，带回皇宫，一时专宠无二，还为她住的宫殿赐名为“钩弋宫”。于是人人皆知汉武帝有了新欢“钩弋夫人”。

钩弋夫人的第二个“人造传奇”就是怀胎14个月才生下刘弗陵。为什么是14个月而不是13个月或者15个月呢？因为古老的传说是这么讲的：尧母怀胎14个月才生下尧。这种毫无技术含量而且目的性极强的“传奇”，汉武帝竟然又信了。不但信了，还在钩弋宫的门口挂上了“尧母门”三个大字。

这时候态势就很清晰了：刘弗陵是要当太子的。

此时，巫蛊之乱刚刚过去3年。皇后卫子夫、太子刘据都被汉武帝逼得自杀了。汉武帝虽然坐拥众多传奇美女，但子息并不旺盛，总共才6个儿子。太子刘据和次子刘闳都已经死了；三儿子刘旦又蠢得可以，竟然在太子死后主动提出要回皇宫带兵保卫父皇，这是赤裸裸地要流氓想当太子，被汉武帝狠狠教训了回去；四儿子刘胥一身蛮力还喜好享乐，自然没有立储的资格；五儿子刘髆是李夫人所生，照说很有希望当太子，但碰上个没用的舅舅李广利，出征匈奴竟然兵败投降，后来刘髆也郁闷而死，走在了汉武帝的前面。

所以，除了刘弗陵，汉武帝也没有别的选择了。

这么一看，汉武帝真是一个运气很好的人。卫青、霍去病打下的如此江山如此盛世，被他晚年昏聩的巫蛊之祸狠狠折腾一番，连好好的太子都没了，国运很可能一蹶不振。但是他这个幼子刘弗陵，竟然从小能跑能跳、智商奇高。上天给了汉武帝一次翻盘的机会，他也抓住了这个机会，写下了著名的《轮台罪己诏》，停止穷兵黩武，恢复汉初“黄老”之道的经济政策，休养生息，以期涵养国力。

这为刘弗陵的即位做好了政策铺垫。但是，要立这个太子，汉武帝都不用去想吕后，想想小时候窦太后和窦家是如何控制自己的就够了。人事上的铺垫必然是要清除刘弗陵的母族。虽然班固在《汉书》中说，钩弋夫人是犯错受到汉武帝的斥责，所以忧郁而死。但后世更倾向于采信褚少孙在《史记》补记里写的，汉武帝是“杀母留子”——他有意斥责钩弋夫人，钩弋夫人摘下发簪、耳环，叩头请罪，但汉武帝不为所动，命人将她送到监狱中。钩弋夫人回头哀婉地看着汉武帝，汉武帝说：“快走，你活不成了！”不久钩弋夫人就死了。

此时，刘弗陵只有6岁。没有母族可以依靠，能靠谁呢？汉武帝想到了霍

去病的弟弟霍光。

说起来，霍去病的名声实在太大了，少年英雄，战功赫赫，又在23岁早逝，真像流星般闪耀。在他强大主角光环的遮盖下，霍光的名字两千年来都不为大众所熟悉。即便在当时，官场上对霍光的印象可能也就停留在颜值高，史书上说他身材高瘦、皮肤白皙、眉目疏朗、胡须很美，是有名的美男子。

然而，后来真正匡扶了汉室的，正是这个在哥哥的光芒下不显山不露水的霍光。他在汉武帝身边勤勤恳恳工作了20多年，谨小慎微到每天先迈哪只脚进门、进来后走几步才走到皇帝跟前，都从来不会变。在明星般灿烂的名臣名将俱已凋零后，汉武帝举目四顾，只有严谨周全、老成持重的霍光堪当大任了。

霍光还有一个潜在的优点，他和霍去病是同父异母，所以他身上没有卫家的血统。理论上讲，他不存在为卫皇后母子翻案的血缘动机，能够安心辅佐年幼的刘弗陵。

于是，汉武帝让宫廷画工画了一张周公抱着周成王接受诸侯朝拜的画，赐给霍光。意思再明白不过：你要以“周公吐哺”之心，来辅佐我的幼子刘弗陵。

第二年，汉武帝弥留之际，任命霍光为大司马大将军，与上官桀、金日磾、桑弘羊一起辅佐8岁的刘弗陵。所以，电视剧《大汉情缘之云中歌》里说，刘弗陵8岁时隐藏身份出宫远游，到了万里荒漠，认识了一名有异族血统的女子云歌，这是压根儿不可能的事，刘弗陵一生都没有离开过汉宫。更何况当时匈奴经过汉武帝连年打压，虽然衰乱但恨汉朝入骨，大漠是匈奴散骑极易骚扰的地带，刘弗陵身为幼年储君，又在父皇年迈病重之时，于情于理，都绝无可能远去大漠。

6 岁的皇后

8岁的刘弗陵登基，意味着霍氏的崛起开始了。这是霍光的霍，不是霍去病的霍。

霍光对刘弗陵，的的确确尽了“周公吐哺”的忠心。最先跳出来要左右刘弗陵后宫的，不是他，而是另一个托孤大臣上官桀。上官桀与霍光是儿女亲家。霍光的大女儿嫁给了上官桀的儿子上官安，两人生了一个女儿，据说名叫上官小妹。

转眼刘弗陵到了12岁，在汉朝算是适婚年龄了。他唯一还活着的姐姐盖长公主觉得，自己有责任为弟弟操心婚事，挑选一个合适的皇后。上官安一听到这个消息，主意就打到自己女儿身上，此时他女儿才6岁，他就琢磨着要送进宫去当皇后。他找岳父大人霍光商量，满以为霍光会夸他，怎么说也是霍家的外孙女嘛！但霍光觉得外孙女如此年幼，当场就拒绝了。上官安气得扬长而去，直接找到盖长公主，盖长公主觉得行啊，给上官小妹封了婕妤，一个月后就封了皇后。6岁而已，她成了历史上最小的皇后。

怎么回报盖长公主呢？喜气洋洋的上官家族提出，把盖长公主的情夫丁外人封为列侯和光禄大夫。这项投桃报李的人事任命当然过不了霍光这一关，他驳回了。这下好了，上官家族立即想起此前霍光多次阻止过上官氏其他亲戚封官，老账新账一起算，恨透了霍光。

还是孩童的上官皇后很快就变成了祖父的弃子。在她被册封的第二年，上官桀勾结那个蠢得要死的燕王刘旦，准备篡位政变。用的还是“清君侧”那套把戏，以刘旦的名义上书刘弗陵，捏造说：“霍光正在检阅长安兵备，

长安附近的道路已经戒严；霍光将被匈奴扣留19年的苏武召还长安，意欲借取匈奴兵力谋反；霍光还擅自调动所属兵力。所有这些，都是为了自立为帝。”结论是刘旦得进京宿卫。

出人意料的是，这封信送到刘弗陵手里后，刘弗陵扣压了下来，没有理睬。

第二天早朝，霍光站在画室里，面对着汉武帝赐给他的“周公辅成王图”，不肯上朝，以此表明心迹。刘弗陵见霍光没来，下诏叫他来，当着上官桀的面对他说：“我知道那封书信是在造谣诽谤，你无罪。”霍光很惊讶：“陛下怎么知道的？”刘弗陵淡然道：“如果你要调动所属兵力，用不了十天。而燕王刘旦远在外地，怎么能够知道呢？况且，你现在真要推翻我，都用不着调兵这么麻烦。”霍光和大臣们大吃一惊，这时的刘弗陵才12岁，但这份早慧和善断已经很有其父汉武帝的风采。

又过了一年，刘旦和上官桀还是按捺不住，发动政变了。幸而有人告密，刘弗陵和霍光先发制人，将上官家族满门诛灭。怎么处理9岁的上官皇后呢？刘弗陵怜惜她年幼无知，霍光也动了对这个外孙女的恻隐之心，君臣二人达成了默契，都没有提废后的事。

从6岁到9岁，一个寻常小女孩最天真烂漫的时光，上官皇后却被无情地卷入夺权、政变、灭族的悲剧中，甚至要目睹自己的母族剿灭自己的父族。史书上没有记载她的反应和心情。在激烈的政治变局中，谁会考虑到后宫里未成年的皇后呢？总之，她的祖父和父亲抛弃了她，现在看起来，她的外祖父打算保护她了。

然而，外祖父对她的保护是另一种枷锁。此时，霍光已经取得刘弗陵的全面信任，又借机铲除了其他托孤大臣，在朝廷上已经是一人独大。他对上官皇后一事的态度也变了。既然外孙女已经封后，既然她已经慢慢长大，那为什么不好好利用呢？

他给上官皇后下达了指令：生下皇储。

为了达到这个目的，霍光不择手段。大臣和御医轮流给刘弗陵上书，说他身体不好，除了皇后外，应当少近女色，才能保证健康。即使是宫女，也让她们一律换上特殊的裤子，前后都系着复杂的带子，很难解开，这样宫女也无法“勾引”皇帝了。算起来，大约从刘弗陵十六七岁开始，除了上官皇后外，后宫佳丽没人能去侍寝。

在这样的情况下，别说电视剧里虚构的大漠女子云歌了，就是汉宫里任何一个女子，都不可能靠近刘弗陵。设想和编织刘弗陵的后宫秘事，实在是没有什么空间。

指挥外孙女专房独宠，这大约是霍光一扫早年谨言慎行、走向大权独揽的转折性一步。不过，终汉昭帝刘弗陵一朝，霍光虽然控制后宫，但在朝政上还是君臣同心的。对内，休养生息，大赦天下，使得汉武帝后期消耗殆尽的国力逐渐恢复；对外，缓和汉匈关系，不再用兵，转而恢复和亲，一时边境也稳定下来。有人把这段时光和后来的汉宣帝刘询主政时期合称为“昭宣中兴”。

可惜的是，刘弗陵在位只有13年，在21岁的大好年华就病逝了。更可惜的是，逐渐长成花季少女的上官皇后专房独宠多年，却没能为刘弗陵生下一儿半女，15岁就成了寡妇。

她一生中最安稳的时光，大约只有刘弗陵专宠她的这几年。无论刘弗陵是真心还是屈从于她外祖父的压力，至少，少年夫妻常相伴。而此后，寂寂深宫，再无伴侣，只有她外祖父掀起的无数匪夷所思的风浪在等着她。

故剑情深

刘弗陵去世，上官皇后无子，谁来当霍光的皇权代理人呢？

霍光从汉武帝的孙子辈里搜索了一遍，选定了李夫人的孙子、昌邑王刘髆的儿子刘贺。然而刘贺也是个浑不吝的人，到了长安，对汉昭帝的灵柩毫无敬意，对丧事也不遵礼仪，反而在后宫里跟宫女淫乱起来。短短27天后，霍光便请上官太后下旨，废了刘贺——没错，刘贺唯一干的一件正经事，就是尊了上官皇后为太后，还没荒唐到去打这位15岁的太后的主意。

废皇帝那日，上官太后盛装华服，坐在置有兵器的帷帐中，帷帐外有数百名手持兵器的武士。她召刘贺跪到帷帐跟前来听诏，尚书令大声诵读霍光与群臣写的奏章，历数刘贺荒淫无道和僭越之罪行。随后，上官太后下诏书，废黜了刘贺。此后，刘贺被一迁再迁，最终移居今天的江西，以海昏侯的身份去世。

随着2016年海昏侯墓的发掘和文物展出，人们对刘贺其人有了更多正面评价，认为刘贺的荒淫无度可能是霍光为了擅权而夸大其词。但此说也经不起推敲。霍光后来选择的汉宣帝刘询是个非常优秀的皇帝，如果霍光只想擅权，昏君难道不比明君更好用吗？刘贺自身若无严重的问题，短短27天就被废掉，霍光是堵不住朝廷悠悠众口的。

无论如何，霍光借上官太后之手，废掉了一个皇帝，又立了另一个皇帝。这意味着霍光达到了权力的巅峰，可以行废立之事。这大概是外孙女唯一一次对他有政治上的利用价值。

霍光选择的新皇帝刘询，不是别人，正是卫子夫所生太子刘据的后人。

刘据有一个姓史的太子良娣，生了一个儿子刘进，刘进又生子刘病已。巫蛊之乱发生时，刘病已还在襁褓之中，因而幸免于难，成为卫皇后唯一的血脉。他跟着太子府的下人们一起被关进监狱里。直到4岁时，才得到赦免出狱。此时，他不见容于刘氏皇族，而显赫的卫家又已遭灭顶之灾。狱中的看守见这孩子孤苦无依，无处可去，就试着去找他祖母史家，好在史家还愿意收留他。等到汉武帝临终时，除了任命霍光等人为托孤大臣外，还有一道诏令，就是把这个曾孙从史家接回掖庭养育，恢复了刘病已的皇族身份。

掖庭，是新入宫的良家子、未得宠的妃嫔、普通的宫女以及罪人家属幽居的地方。虽在后宫，却不是什么光鲜地带，年幼的刘病已过的日子可想而知。成年后，他出了掖庭，居住于中下级官吏和平民之中。

霍光在这时候来到了17岁的刘病已面前，从此刘病已成为汉宣帝刘询。

很难说霍光为什么选择刘询。是因为汉武帝的子孙不多，他没有太多的选择余地，还是因为刘询在汉武帝的曾孙辈里最聪明、最沉稳、最有明君的潜质？反正，他再次打出上官太后的旗号，接刘询进宫侍奉太后。

公元前74年，刘询即位。霍光表态要把朝政大权归还给新帝，但刘询是个聪明人，他刚刚回到汉宫，毫无政治根基，如何理政？他没有接受，仍然命霍光主政。每次霍光前来汇报朝政要事，他都十分尊重，以礼相待。

如此谦和的一个新帝，唯独在立后的事情上，有不寻常的主见。

此时，霍光的原配已去世，续弦妻子显夫人膝下有一女儿，名叫霍成君。论辈分，是上官皇后的小姨；论年龄，与刘询正相当。显夫人就和当年的上官安一样，越看越觉得自己女儿适合当皇后，便跟霍光说了。

当年，霍光拒绝送外孙女当皇后，是因为觉得过于年幼；现在，看着适龄的女儿，霍光找不出什么理由反对。大臣们一看霍家的夫人有这个意思，私底下就议论开了，觉得霍成君很适合登上后位。虽然还没有谁正式跟新帝刘询提议，但舆论声势越来越大。

可刘询已经有了结发妻子。在电视剧《大汉情缘之云中歌》里，云歌到了长安后，把年龄相近的刘询误认为刘弗陵，目睹了刘询和许平君在长安街头粗茶淡饭、恩爱甜蜜的一幕，因而黯然神伤。后来，云歌与刘弗陵相认，一年除夕夜，刘弗陵邀请刘询、许平君夫妇和皇亲国戚一起到未央宫过节，许平君因为没有华服、不知礼仪而惴惴不安，后来果然被宴席上的贵妇们嘲笑了。

对许平君的这些设定，大体符合历史的真相。许平君是刘询在掖庭中结识的一个普通官吏的女儿，两人识于微时，共同患难，情真意切。在被霍光迎进皇宫即位的前一年，许平君为他生下了儿子刘奭（shì）。即位后，刘询按照当时的惯例，先给许平君封了婕妤。面对立后的暗流汹汹，刘询也不明言，他只是下了一份诏令，说自己在民间时有一把旧宝剑，如今不见了，请大臣们帮他找回来。大家都是聪明人，一看皇帝这诏书就明白了，是糟糠之妻不下堂的意思，连忙上奏请立许平君为皇后。

这就是著名的“故剑情深”。

史册上并没有描述许平君美貌如何、学识如何，想来这位出自中下级官吏家庭、久居民间的皇后也不是皇室鉴赏体系里的美女和才女。但有一个细节，足见许平君的善良。按照辈分，上官太后已经被尊为太皇太后，许平君每五天都会去一次长乐宫，给上官太后请安，平日送汤，病时送药，风雨无阻。其实，许平君比上官还大一岁，阅历也比自幼困在深宫的上官丰富，她名为请安，实如长姐，照顾着这位可怜的太皇太后；然而在礼仪上，她持晚辈之礼，从无僭越。

有许平君相伴，这几年时光，应该是上官太后生命里一段尚算温暖的日子。

毒药换封后

然而，许平君仅仅当了3年的皇后，就猝然而死。

“故剑情深”没能打消霍家母女对后位的觊觎。3年后，许平君再度怀孕，即将分娩时生了病。当时进出皇后椒房殿治病的，是女医淳于衍，此人与显夫人关系不错。恰好那段时间，她还有求于显夫人，希望霍家能把她丈夫从掖庭调到安池监任职。

显夫人听了，心生一计，叫左右之人回避，神秘地对淳于衍说：“你有事相求于我，我也有事相求于你，可以吗？”淳于衍说：“夫人对我还有什么不可以说的！”显夫人说：“霍大将军很爱我们这个小女儿成君，想让她成为皇后，这件事看来得靠你了。”淳于衍很惊讶：怎么会靠她一个女医呢？显夫人侃侃而谈：“妇女生育，是九死一生的事，如今皇后快要分娩，正好可以乘机下毒给她，这样成君就能当皇后了。如果事成，你我就是姊妹，同享富贵。”淳于衍起初觉得有点为难：“药很多，而且御医都要先尝一次，再送给皇后喝，不好下手呀。”显夫人说：“这就看你的本事了。霍大将军现在主理朝政，就算御医尝药尝出了问题，又有谁敢说个不字？只怕你是不愿意鼎力相助吧？”话说到这个份上，淳于衍当即表态一定尽力而为。

淳于衍将一味药材附子捣碎成汁，这是一种毒性很大的药，一旦剂量过大，就会出现全身麻木、肢体颤抖、呼吸困难、面色苍白、心跳紊乱等症状，往往在一个时辰内就会突然死亡。淳于衍把附子带入宫中，等许平君分娩之后就拿出来，混在御医开的药里给许平君服下。没多久，许平君就头

昏脑胀，十分难受，她问淳于衍：“药中不会有毒吧？”淳于衍回答“没有”。此时许平君更加气促，很快就死了。

淳于衍赶紧出宫，向显夫人报喜，显夫人高兴极了，但还不敢擅自进行重谢。而宫里已经闹翻了天，刘询痛失爱妻，将御医、女医统统逮捕入狱，严厉追究他们在护理皇后一事上的失职。显夫人这才将指使女医投毒杀害皇后的事情告诉霍光，并且满不在乎地说：“既然已经到了这种地步，就不要让酷吏去拷问淳于衍了。”

霍光错愕当场，久久不语。他再怎么宠爱小女儿，也没有动过加害皇后的念头，这可是谋逆大罪啊！这大概是霍光一生中做出的艰难决定之一。最终，他选择为妻女隐瞒此事，进宫劝说刘询不要再对淳于衍等人问罪。

而此时，显夫人已经欢天喜地地筹备起女儿的嫁妆了。皇后的国丧，霍家母女倒是当喜事在办。

第二年，霍成君如愿进宫，册立为皇后。

从此，汉宫变了一个风格。许平君素来轻车简从，侍从、车马、服饰、用度都很节俭；霍成君则讲究排场，挥金如土，对身边人的赏赐动辄上千上万钱。许平君性情温和、宽厚；霍成君则骄奢、任性。在《大汉情缘之云中歌》里，霍成君被设定为一个工于心计、不择手段、以美色博取荣华富贵的蛇蝎女子。这个形象，基本上是对她在史书上真实形象的再放大。

就以侍奉太皇太后为例，虽然有许平君五天一请安的惯例在前，她不好荒废，但是她到了上官面前，并没有遵循皇后对太皇太后的礼节，而是仗着自己是小姨、上官是外甥女，摆起谱来，上官太后反而要起身相迎，好生接待她。

可是，凡此种种，刘询好像选择性失明了，他什么都看不到听不到，对这个新皇后百般宠爱。究竟是新欢迷人，还是动了真心，抑或是深不可测的逢场作戏？谁也不知道。历史的不着墨处，往往也是耐人寻味处。

冷宫与灭族

霍成君的好日子，也只过了两年。公元前68年，她的父亲霍光死了。

霍光这个人，是权臣，更是能臣，而绝非奸臣。他一生忠于汉室，从接过汉武帝那幅“周公辅成王图”开始，就不改其志，忠诚地执行汉武帝在《轮台罪己诏》中提出的国策：与民休息，恢复国力。通过辅佐三代帝王，终见成效。这份远见与才干，在同时代，确实无人能及。正因如此功勋，他的葬礼哀荣备至，刘询和太皇太后上官一起亲临治丧，还仿照开国丞相萧何死后的殊荣，采取了超乎臣子、近乎帝王的各种规制，将他安葬在汉武帝的茂陵，与他战功赫赫的哥哥霍去病同享陪葬茂陵的殊荣。

然而，霍光辅佐了三代帝王，也就左右了三代帝王，其中还包括一次废立。所以，聪明如刘询，虽然坚持霍光主政，虽然保持君臣和睦，虽然让霍光与他同车出行，但心里，早已是“若有芒刺在背”。这君臣二人性格都不坏，霍光谨慎，刘询宽厚，史书上说刘询因为不忍看见天下那么多人为他的原名刘病已避讳，于是才改名刘询，但这种“如芒在背”的感觉跟性格没什么关系，只跟权力的本质有关。若世上有什么东西比爱情更排他、更不能与人分享，那就是权力了。

其实，霍光死得很是时候，短短6年的君臣相处，矛盾还未激化，皇帝还愿意用最高规格厚葬他。但霍家的高智商、高情商好像都被霍光一个人用完了，他的女儿霍成君在他死后的所作所为，简直就是唯恐霍家不倒。他去世的第二年，刘询立许平君所生的长子、8岁的刘奭为太子，又封许平君的父亲为平恩侯。故剑情深，依然深刻。显夫人的反应异常激烈，她故技重施，教

霍成君毒死太子。霍成君欣然听从母命，几次召见刘奭，并赐给他预先下毒的食物。幸好刘奭身边的侍从大概是经历过许平君之死而心有余悸，每次太子吃东西前都会先验毒，所以霍成君的下毒均告失败。

换一个聪明的皇后，肯定明白，家里那只能够遮天蔽日的手没有了，皇帝对自己又不是真爱，母亲还欠着一条天大的人命，这个关口上务必谨言慎行，但求平安过关，怎么还能惹是生非，下毒给太子呢？可是霍成君就敢这么做。

宫廷风向的变化微妙而迅速。先是有当年的当事人透露，许平君之死是显夫人下的毒。这个口风一露，霍家就无路可退。愚蠢而颟顸的显夫人与儿子、女婿、亲信开始密谋造反。还没来得及起兵成事，就被人告发。刘询当即下令，将显夫人等人诛杀。

霍光全族被灭了，此时，离他的风光大葬仅仅两年。

几个月后，霍成君谋害太子未遂的事情也被告发，刘询毫不犹豫地下了一道命令给霍成君：你居心不良，生性狠毒，与你母亲同谋暗害太子，毫无为人母后的仁德，不配再当皇后，现在收回皇后玺绶，命你从此迁往上林苑的昭台宫居住。

上林苑远离皇宫，位于长安郊外。霍成君在那里度过了12年冷宫岁月。其间，刘询另立了第三位新皇后。公元前54年，刘询再度下令，将霍成君迁往云林馆居住。这一次，霍成君终于忍受不了，她选择了自杀。死后，被草草埋葬于蓝田县。

霍成君死去3年后，匈奴归降，刘询的文治武功达到了巅峰。他在未央宫中抚今追昔，想起那些辅佐过自己的有功之臣，便叫画工过来，画了11名功臣的肖像，藏于麒麟阁，以示怀念。排在第一位的就是霍光。但是，其他功臣人人都有名字，唯独霍光没有，只在画像下称“大司马、大将军、博陆侯，姓霍氏”。

这个历史的细节耐人寻味，有人说是刘询尊重他，有人说是刘询不愿提起他。不管怎么说，霍光以拥立刘弗陵、刘询两代皇帝的功勋，在霍氏灭族

的灾难中，仍然保有了完整的陵墓和身后名。这是他的幸。而他的不幸，由他的女儿、他的外孙女承受了。当霍成君在荒郊野外绝望自杀时，年仅35岁的太皇太后上官失去了她在这个世界上的最后一个亲人。之后，她在长乐宫里，又孤独地走过17个春秋，才终于去世。她虽然贵为太皇太后，可她跟长安街头一个孑然一身、无依无靠的孤老婆子又有什么区别呢?

公允地说，在霍光的权力图谋里，一开始并没有上官小妹和霍成君什么事，是他的女婿、他的妻子把两个花季少女拉了进来。但是，霍光初时的默认与放任、后来的乐见其成甚至加以利用，直接加剧了外孙女和女儿的命运向悲剧滑落。从那以后，历代史书，但凡提及外戚作乱，必言汉之吕、霍。这是霍光的霍，不是霍去病的霍。

她们是他最不应该摆上祭台的权力祭品。

第五章

专家带你看「太子妃升职记」王政君：『超长待机』，超常悲喜

这是一个在汉宫中霸占皇后、太后、太皇太后三大名号61年，在世时历经七任皇帝，娘家举族封侯的女子。她曾与王昭君同处一朝后宫，是班婕妤和赵飞燕的婆婆、王莽的姑姑。她的一生见证了西汉由盛转衰的全过程，经历了这个过程中无数匪夷所思的历史真实，即使不说出她的名字，你也一定想知道她的故事。

多年以后，上至“80后”下至“00后”，回想起2016年的元旦，肯定不会忘记神剧《太子妃升职记》。此剧虽然只有35集，但脑洞清奇，迅速爆红。说的是一个现代花花公子穿越到古代，一睁眼发现自己竟然变了性别成了太子妃，男儿心还对后宫佳丽垂涎三尺，女儿身却陷入太子、九王和赵王的夺嫡浑水，一番相爱相杀后，太子妃最终升职为太后，一切happy ending。

这剧情酷炫至极？不不不，历史远比电视剧更精彩。想看真人版太子妃升职记，请移步大汉朝，那里有个奇女子，升职记录无人能比——两汉史上唯一走完太子妃—皇后—太后—太皇太后完整职业链条的人；“超长待机”无人能比——霸占三大后座61年，六任皇帝都死了她还熬到第七任，这记录放眼史书难有人比；当然经历风雨也无人能比——她婆家从盛世的巅峰掉进了衰落的大坑，最后剩一点基业还被她娘家篡了去。这要是原版翻拍，可以拍N个35集，集集都能惊天地泣鬼神。

她就是王政君。

都克夫了，还能升职“良家子”

王政君升职第一招：“克夫”。

怎么样？就凭这职业履历上的第一步，足以遇神杀神、遇鬼杀鬼。

王政君出生于公元前71年，虽说那时社会风气开放，女性地位还可以，但一个女孩子有了“克夫”的名声，还是不好办的。王家可是累世名门，祖上是战国时期齐国的王族田氏，后来因为秦灭齐，怕王族姓氏会招来杀身之祸，索性改姓王。王政君她爷爷王贺，是汉武帝的绣衣御史，相当于从事现在的纪检工作。王政君她爹王禁，子承父志，从小就在长安学法律，当过廷尉史，做的是司法工作。

但王禁这个人最出名的是嗜酒好色。他的正妻李氏怀孕时“梦月入怀”，多吉利的兆头啊！可是在她生下这个又漂亮、又讨喜的宝贝女儿王政君以及两个儿子后，王禁照样花天酒地。李氏一怒之下与王禁离婚了，还改嫁了。没错，那个年代的女子还享有主动离异权。但孩子不能归她，得在老王家长大。这就苦了王政君，她爹妾室多，孩子也多，膝下四女八男，王政君夹在中间，谈不上多受重视，性格只好“婉顺”起来，一点儿都没随她娘亲的强势。

她爹给她订的第一门亲事是嫁给许家。可是还没过门，未婚夫就死了。过了一段时间，堂堂东平王要聘王政君为姬妾，也是新郎没当成，就薨了。王政君克夫的名声就这样传出来。王禁觉得这事不妙，找了个术士来给女儿相命，术士批了六个字，你女儿“当大贵，不可言”。

是个人都要震惊了：一个女孩能“贵不可言”，那是什么身份？再挑

明一点说：连东平王都能被他女儿克死，那就只有皇帝和未来的皇帝不怕克了！如此一来，克夫“刷”地就变成了优势。王禁喜滋滋地开始教女儿读书，又习鼓习琴，总之好一番调教，等到女儿18岁，出落得亭亭玉立、多才多艺、温顺懂事，就送进后宫，当了良家子。

就这样，王政君认识了第一个皇帝、她未来的公公汉宣帝刘询。此时刘询38岁，正是励精图治的时候，国力蒸蒸日上，对内轻徭减赋、恢复农业、吏治清明；对外大破匈奴、平定西羌、设立西域都护府，将西域正式纳入版图。这就是有名的“孝宣之治”，史家说他比曾祖父汉武帝还牛，他这会儿才是西汉版图、经济、国力的巅峰。听起来有点儿像后来唐代李世民和李治的关系，虽然名气最响、气势最强的是李世民，但版图最大、实力最强却是李治当皇帝时。这或许也是因为，汉武唐宗这样的霸主，他们开拓的伟业过于庞大，要变现为可统计的土地、人口、经济利益，还得有一个延宕期。

换句话说，18岁的良家子王政君，见到了西汉最为强盛的一段时光。

穿对一件衣服，从此升职太子妃

王政君升职第二招：穿红衣。

是的，你没看错，就跟电视剧中的太子妃一身红衣、明艳无俦一样，王政君在人生的关键时刻也穿对了颜色。

那是她进宫一年多后，太子刘奭最宠爱的司马良娣得了重病，不久就死了。良娣这个头衔，是仅次于太子妃，在所有姬妾里排第一的。这位司马良娣临死还不忘跟太子说："我是非正常死亡啊！是那群妒忌我的妻妾天天诅咒的啊！"太子哪里受得了这么刺激的爱妃遗言，从此对那帮姬妾一个也不见。

这事情慢慢传到汉宣帝耳朵里，他觉得既然这样，那就顺着太子的意思，不见就不见吧，不见旧人，选新人总可以。于是他通知自己的第三任皇后王皇后，安排新来的良家子去陪伴太子。

皇后选了5个美女，王政君位列其中。

等到太子来拜见皇后时，皇后就让5个美女上殿相见，并且暗示身边的女官暗矬矬地问太子："你喜欢哪一个啊？"太子对这种把戏完全没有兴趣，但又不能对皇后失礼，只好马马虎虎、勉勉强强地回答女官："呃……其中一个还可以。"

基本上，按照今天的人情世故，我们都能想到，说这句话的人纯属敷衍，但保媒的人十分惊喜——你看你看，我安排的果然对上眼了！于是不管你的话有多含糊，都能找出一个对应者来。当日皇后和女官大概就是这种心情，举目一看，五位美女中，王政君坐得离太子最近，还穿着大红色的鲜亮衣服，最是抢眼，太子说的肯定是她了。

皇后马上吩咐：把王政君送到太子宫里去。

人都送上门了，太子只好临幸。这一临幸可好，太子跟妻妾们相处了七八年，没一个怀孕的，偏偏王政君一来就怀孕，一生就是儿子。这可是汉宫的大喜事。汉宣帝刘询对这个嫡孙爱不释手，亲自取名叫刘骜，字太孙，意思是“这就是我家皇太孙了啊”，恨不得成天带在自己身边。

还用说，王政君立马晋升太子妃。

升职皇后，“情敌”都很有名

王政君升职第三招：靠公公。

按理说，刘奭和王政君也算良配。他比她大3岁，一个是当朝太子，一个是名门闺秀，又有了独生爱子。而且两人应该也能玩到一起去，刘奭能写一手漂亮的篆书，弹琴鼓瑟、吹箫度曲、辨音协律无所不精，正好王政君在家时也学过这些东西。但感情的事，就是无法用常理来衡量，刘奭这一生都没怎么喜欢过王政君。

汉宣帝这时候身体已经不太好。他早年流落民间，甚至进过牢狱，尝尽人世辛酸。他如此宠爱嫡孙，也是觉得后继有人。但另一方面，他对太子并不那么满意了。

刘奭的性格“柔仁好儒”，而汉宣帝是王道、霸道并用。尤其在吏治上，汉宣帝的主导思想是严。大臣杨恽是司马迁的外孙，和司马迁一样，是个敢于进谏的人，也是个说话不太注意的人，结果被人检举“背地里拿皇帝开玩笑，语气十分悖逆”，汉宣帝便将他罢官。大臣盖宽饶是个清廉的人，但有个毛病，老喜欢抓同僚的小辫子，而且说起这些来语气刻薄，后来汉宣帝觉得他诽谤朝廷的毛病是改不掉了，也罢官吧，谁料他竟然自杀。

这两件事，汉宣帝的处置并无明显的失当，毕竟臣子有错，处罚的分寸在皇帝手上，罢官也不算过分。但是刘奭对父亲的做法不以为然。一天，他陪父亲用餐时，委婉地说：“陛下使用刑罚略有点过分了，应该多多重用儒生。”汉宣帝的脸色顿时变了，厉声说：“大汉自有大汉的制度，本来就是王道、霸道兼而用之，怎能像周代那样单纯地使用所谓的‘德政’呢？更何况那些迂腐的儒生不能洞察世事变化，就喜欢厚古薄今，连‘名’与‘实’的区别都分不清，怎能把治理国家的重任交给他们？”

这是史书上一段著名的对汉家制度的论述。经过这件事后，汉宣帝已经明白：“乱我家者，太子也！”但是，刘奭是与他患难与共的结发妻子、已故许皇后所生，他不忍心废掉，还是将江山社稷交到了自己并不满意的太子手中。这种因帝后之情而生的不忍，与后世的康熙皇帝两立两废太子何其相似，只不过康熙比汉宣帝长寿、多子且刚毅，太子终究还是被废了。

这是刘奭的一大幸运，也是王政君命运的决定性一步。在当上太子妃3年后，公元前49年，汉宣帝刘询驾崩，刘奭即位，就是汉元帝。王政君理所当然地被册封为皇后，儿子刘骜被立为太子。

王政君当皇后时，后宫办了一件盛大喜事：昭君出塞。

昭君也是以良家子的身份选进后宫的。然而运气远没有王政君好，后宫佳人众多，昭君埋没其间。此时，宫外的世界发生了一件大事——风雨飘摇的匈奴起了内讧，其中一支的呼韩邪单于决定归附汉朝，跑到长安说想给汉朝当女婿。这种亲事，汉朝当然很欢迎。想当年，开国高祖刘邦的皇后吕雉，受到的是匈奴单于何等的调戏，写封信来让她改嫁过去。现在可好了，变成匈奴单于低声下气求着做女婿。汉元帝心中的舒畅可想而知。

汉元帝挑了昭君，将她赐给了呼韩邪单于。另一种记载是，昭君因为得不到宠幸，心生“悲怨”，主动请求出塞。“赐”也好，“请”也好，两种情况都有可能。最不靠谱的就是后世编造的那个广为人知的故事——画工毛寿龙索贿不成，就给昭君多画了一颗痣，所以汉元帝选妃时，在一堆画像里没选她。等到呼韩邪求亲，昭君盛装打扮一番，来到汉元帝面前，请求出塞。那一瞬间，汉元帝心头飘过无数个“怎么回事？这美女是谁？我竟然不知道？”就想据为己有，群臣劝他以汉匈大局为重，于是他恋恋不舍，忍痛割爱，把昭君送给了呼韩邪——这已经纯属小说家言。

王政君、王昭君，名字一字之差，命运天壤之别。在汉宫，她们是皇后与宫女；如果汉元帝临幸了昭君，那她们会是情敌；而历史最终让她们成了

汉朝皇后和匈奴阏氏，在长安和草原，各自拥有女人最高的名号，也各自承受这个名号下一生的悲欢。

昭君出塞是王政君主理后宫时的一件大事，而她真正的情敌是另一个女人傅昭仪。如果说当太子妃的时候，刘奭对她冷淡，那也罢了，因为刘奭那时对后宫妻妾都很冷淡。然而现在，这种冷淡因为傅昭仪的专宠变得不堪忍受。

傅昭仪是个在宫里长大的女子，早年在上官皇后身边当女官，算起来，她年纪轻轻就见过三朝后宫变化了，所以她有个突出的优点：会说话、会做人。在汉元帝的后宫里，上上下下里里外外的关系她都处得很好，没一个不夸她漂亮、善良、温柔的。这么一比，王政君就显得太木讷了，在舆论上也被动了。

当然，关键是傅昭仪也生下了儿子，名叫刘康。汉元帝对这个儿子真是百般宠爱，“坐则侧席，行则同辇”。他嫌弃大儿子刘骜喜好饮酒和宴乐——其实他自己不就是这样的人吗？——甚至动了改立刘康为太子的念头。于是，王政君面临人生最大的一次危机。

多亏了一个大臣，才守住后位

这时候只能找娘家人商量了。

自打王政君当上皇后，她爹王禁就封了阳平侯，可惜如今已经死了。好在王家兄弟姐妹多，四女八男，其中王凤、王崇还是王政君的一母同胞。王凤这个做舅舅的，陪着皇后、太子一起着急。谁都知道，在拥立太子这种事情上，历朝历代都要找靠得住的近臣说话。王家找了谁呢？史丹。

史丹这个人，貌似放荡不检点，内心却谨慎周密，而且跟汉元帝沾亲带故，他祖父的妹妹不是别人，就是废太子刘据的史良娣，也就是汉宣帝刘询的奶奶、汉元帝刘奭的太奶奶。有了这层亲戚关系，汉元帝很信任他。

史丹保太子的办法很简单，就是不停地跟汉元帝灌输“太子好、太子好、太子就是好”。还别说，这种洗脑战术，对汉元帝这种生性柔弱的人，真的管用。

有一次汉元帝不舒服，懒得过问政事，在宫中玩音乐。大殿下立着一个鼙鼓，他则站在栏杆外，扔铜丸到鼙鼓上，发出各种节奏。这种高难度的玩法，后宫懂音律的人都玩不出来，可是刘康能做到。汉元帝便称赞他有才艺。史丹马上就唱反调了：“所谓才艺，是敏而好学，温故知新，皇太子就是这种人。如果用丝竹、鼙鼓的技巧来衡量人的才具，那就是陈惠、李微之流比‘凿壁偷光’、苦读经书的匡衡才艺高，可以取而代之担任丞相了。”汉元帝听了也没生气，只笑笑，不说话。

没过多久，汉元帝的幼弟、中山哀王刘竟去世，汉元帝和这个弟弟一起长大，感情深厚，就派太子刘骜前往吊丧。一天，汉元帝远远看到刘骜吊

丧回来，忍不住又悲从中来。可是刘骜走到他跟前，一点儿哀伤的表情都没有，汉元帝很失望，对史丹说："哪有人不慈仁而可以供奉宗庙、作民父母的！"史丹立刻脱下帽子向汉元帝请罪："这事怪我，是我看到陛下连日哀痛中山王，到了哀极伤身的地步，所以今天早上太子准备觐见，我就私下嘱咐他不要哭，免得让陛下再伤心。陛下，是我该死。"汉元帝听了，也就原谅了太子。

后来汉元帝病重，傅昭仪和刘康整天守在他病榻边，病中的汉元帝多次拿汉景帝废掉长子刘荣，改立幼子刘彻，才有了汉武盛世的旧例跟大臣唠叨，意图再明白不过了。这时候王政君和刘骜已经很难见到皇帝一面，但史丹能见到啊！史丹特意等汉元帝单独一人休息时跑去看他，跪在地上哭着说："皇太子以嫡长立，如今已经十来年了，名号被百姓熟知，天下没有不认定他的。如今陛下宠爱刘康，民间各种流言到处传播，都以为您有动摇太子的打算。如果真的要废太子，恐怕公卿以下的大臣都会死谏，我也是其中一个，您就先赐死我给群臣看吧！"

汉元帝心肠软，看不得史丹这样痛哭，又被他的至诚感动了，于是叹息到："我一天天精力不济，太子和两个皇子都年幼，我是恋恋不舍，怎能不念叨他们呢？哪有什么动摇太子的想法。皇后为人谨慎，先帝又很爱这个长孙，我不会违背先帝的意思的。"说完，又叮嘱史丹："我的病恐怕不能好了，你要替我好好地辅导太子啊！"史丹哭着答应了。

刘骜的太子位置就这样保住了。王政君有惊无险地跨过这道坎，在升职路上继续前进。

升职太后，儿媳个个不省心

王政君升职第四招，毫无悬念：靠儿子。

公元前33年，汉元帝刘奭病死了。提心吊胆很多年的太子刘骜终于名正言顺地即位，就是汉成帝。王政君从一个需要看皇帝脸色过日子的无宠皇后，晋升为一个可以拎着皇帝耳朵训话的亲妈太后。

这大概是王政君一生里最舒服的一段日子。娘家人过得舒服，王凤成了大司马大将军兼领尚书事，王崇成了安成侯，其他异母兄弟也都封了侯；恩人过得舒服，史丹封侯拜将，辅佐皇上；连后宫都很舒服，儿子这时候最喜欢的女人是班婕妤，一个出了名的才女。

班婕妤这个儿媳妇，真是没话说，出身名门，父亲班况是抗击匈奴的将领，四个兄弟的学问、品行名噪天下，自己更是琴棋书画、诗词歌赋样样精通，而且特别爱读史书。我们知道，大美女很难得；大美女要是有音乐、歌舞的附加技能就足够刷满分，比如杨贵妃；如果大美女能歌善舞还饱读史籍，美女+艳女+学霸，这是什么配置水准呢？中国两千年帝王后宫，大概也就一个班婕妤吧。

所以汉成帝刘骜一见到班婕妤就倾倒了，专宠了好些年。为了博得佳人欢心，他还让人造了一辆豪华辇车，巴巴地邀请班婕妤跟他一起上车游玩。班婕妤仪态万方地……拒绝了！她说：“我看史书上的古画，那些贤明的君王身边，坐的都是良相和名将，只有亡国之君的身边坐的才是妃子。陛下让我坐上这辇车，那我不是变成坏妃子了吗？”这话说得，七分深明大义，三分娇嗔动人，汉成帝能不心情愉快地纳谏吗？班婕妤的高智商高情商，可见一斑。

这件事传到太后王政君耳朵里，王政君很高兴，说“古有樊姬，今有班婕妤”，把这个儿媳妇比作春秋时期楚庄王的夫人，那可是以聪明劝谏帮助楚庄王成就了一代霸业的女子。可见王政君对刘骜、班婕妤这对有情人寄望之高。

可惜，这种岁月静好的日子，在后宫里不会长久——赵飞燕、赵合德姐妹进宫了。班婕妤什么都有，就是不会有放纵的风情。一旦汉成帝从赵氏姐妹身上体会到这种风情，那就是食髓知味，再不会回头了。

后宫的风波从此无休无止。以前，不管是许皇后得宠，还是班婕妤得宠，她们都是淑女做派，不会恃宠而骄，不会逾规越矩。赵飞燕、赵合德不同，她们出身贫苦之家，从小没受过什么教育，后来又当歌女为生，受到的训练就是摄人心魄。多年以后，班婕妤的侄孙班固写《汉书》，写到赵氏姐妹这一段时，给了她们两个字：骄妒。

这两个字，淋漓尽致地刻画了赵氏姐妹的面目。过了几年，赵飞燕向汉成帝告状，说许皇后和班婕妤诅咒她们姐妹。这种“巫蛊”之术，一向是后宫倾轧的常见伎俩，汉成帝早已被飞燕、合德迷得神魂颠倒，哪里想得到调查一下，他当即废了许皇后，又来拷问班婕妤。这大概是漫长的冷落过后，班婕妤唯一一次见到汉成帝。昔日的恩爱不复、贤明不复，只剩下气势汹汹的兴师问罪。班婕妤平静以对：“我听说‘生死有命，富贵在天’，人一生行善，都不一定会有福报，更何况是做奸邪的事呢？如果世上真的有神，他们会听善良的祈祷；如果世上没有神，做这些诅咒又有什么用呢？这种事，我不会做。”

汉成帝看着班婕妤，突然生了怜惜之情。很难说他是念旧情，还是相信班婕妤的品行，总之，他没再追究班婕妤了，还赐给班婕妤“黄金百斤”。

对班婕妤这样的女子来说，又怎会把黄金放在心上？她知道和赵氏姐妹相处越久越危险，聪明如她，随即请求搬去长信宫陪伴太后。这既是宣告退出后宫的争宠，也是宣告投身太后的庇护。汉成帝马上同意了。

王政君当然很欢迎班婕妤的到来。她一生都没有享受过父母、丈夫的陪伴，如今有个知书达理、多才多艺的班婕妤相伴，委实是一段好时光。在长信宫里，婆媳二人平静度日；在长信宫外，赵飞燕图谋当皇后。王政君的态度很明确：不行。她的理由是：赵飞燕出身太过卑贱。

汉成帝此时绝不会再听母亲的话，他曲线救国，先把赵飞燕死去的老爸封了个成阳侯，相当于给赵飞燕洗白了底，几个月后就敲锣打鼓昭告天下，册立赵飞燕为皇后了。而那个比赵飞燕还要妩媚妖冶的赵合德，也成了昭仪，夜夜专宠。

儿子后宫的这一场风浪，比起当年王政君自己经历的，有过之而无不及。但幸运的是，飞燕、合德都没有生孩子，省了夺嫡这场更大的腥风血雨。

但不幸，也就在此。

升职太皇太后，昔日情敌归来

刘骜纵情声色，最终也死在声色上。不知道王政君看着儿子的遗体时，有没有好好想想，她的儿子怎么会搞成这个样子。

刘骜还是太子时就沉迷酒色，这固然是他的本性。不过，王政君这个当妈的，在儿子登基后，把娘家人看得比儿子还重，一门七侯，权力都到了王家人手上，儿子坐在皇帝宝座上，什么也做不了，就是个摆设，你说，他不变本加厉地贪杯好色，还怎么打发时间？

要说刘骜也不是颟顸到一无是处，他还是动过脑子的，想着用别的势力节制王家，可惜，这套高难度的政治游戏，没有他祖上汉武帝那种天赋异禀，还真是玩不转。汉武帝用母亲的王家平衡了奶奶的窦家，再用妻子的卫家平衡了母亲的王家，最后还想着能不能用妻子外甥的霍家来分分卫家的权力……今天说起来都跟绕口令一样，当年汉武帝却玩得十分顺溜。

相比之下，刘骜的玩法，真是让人着急。他先是利用外戚打击宦官，成功了；然后用母亲的王家打击父亲妃子冯昭仪的冯家，成功了；接着用母亲的王家打击妻子的许家——等等，难道不是用妻子的许家来平衡母亲的王家才对吗？没办法，人家刘骜就是不走寻常路。最后，只剩下母亲的王家和爷爷母亲的王家了。到这时候，刘骜也看出问题了，他得扶持爷爷母亲的王家才行啊！可是，你还管得了母亲的王家吗——舅舅王凤诬告另一个王家的核心人物、丞相王商。刘骜说这事很难查证，算了吧。王凤吼道，不行，必须查！刘骜吓坏了，只好免去王商的丞相职务。王商气得吐血而死，王凤大获全胜，一人独大。

这时候，王政君又出来凑热闹了。她八个兄弟，最小的弟弟盛年早逝，没能封侯，她觉得怪可怜的，那就封这个弟弟的儿子吧。刘骜说行，母后您这个侄子叫什么名字呢？哦，叫王莽。

这一刻，她公公手中的鼎盛王朝，被她打开了覆亡之门。

凭借着王凤、王莽的喧天权势，儿子死了没有孙子也不要紧，王政君照样稳当地走出了升职第四步：太皇太后。

谁来当皇帝呢？后宫走马灯一样折腾了一圈，当年那位老情敌又杀回来了——傅昭仪的孙子刘欣继承皇位，这就是汉哀帝。

这下后宫就好玩了，总共有四个太后：太皇太后王政君，帝太太后傅昭仪，皇太后赵飞燕，刘欣的亲妈帝太后丁姬。三个女人就一台戏，这都四个太后了，戏还怎么唱啊？就算赵飞燕和丁姬掀不起风浪了，这傅昭仪身为皇帝的亲奶奶，还会让她王政君有好日子过？她跟王政君说话，张口就叫她“老妪”，相当于当代人见面打招呼：“嗨，老太婆。”王政君能受得了吗？

王政君这是一面升职成功，一面跌入谷底。

走上权力巅峰，一波三折成悲剧

谁也没想到，王政君她长寿啊，竟然熬到了傅昭仪和汉哀帝先后去世。

汉哀帝刘欣在位 7 年就去世了。作为贡献了“断袖之癖”这一大典故的皇帝，他当然不会有儿子。王政君听到他去世的消息，一分钟也没耽搁，直接闯入了皇帝正殿未央宫，把传国玉玺掌握到了自己手中。

王政君逼死“断袖之臣”董贤，逼退太后赵飞燕、哀帝傅皇后，铲除傅昭仪和丁太后的娘家势力。一连串清洗过后，她把丈夫的另一个孙子、9岁的刘衎（kàn）立为皇帝，这就是汉平帝。她自己垂帘听政。

太皇太后王政君登上了权力的顶峰。

然而权力这东西，不是你想玩就能玩得转。王政君其实是个资质平凡的女人，绝不是吕后、窦后那种有大智慧、能成大事的女人。她的垂帘听政，哪里是听皇帝的政，完全是听大侄子王莽的政。

这时候，王莽已经身居大司马了。百官上朝不过是个形式，本质上是听取王莽的指示。王莽此人，也算一代枭雄，他当时的表现是：谦恭俭让，礼贤下士，对姑母王政君十分孝顺，朝野上下对他的印象很好；而且他办事精明强干，被视为能挽救危局的不二人选，有人把他视作老天赐给汉室的第二个霍光，有人甚至把他比作“周公再世”。

反正枭雄的路数都差不多，王莽控制汉平帝的手段也和霍光一样，把自己的女儿立为皇后。那时候汉平帝才12岁，不知道反抗。后来长到14岁，懂事了，心生怨恨，想反抗，然而又哪里做得到？结局不过是“暴毙”。当时的官方说法是心脏剧痛而死。后来北宋的司马光在《资治通鉴》里说，其实是王莽在汉平帝酒里下了毒。

至此，王莽不再需要姑母王政君了。他挑选了2岁的刘婴当皇帝，而自己出任“假皇帝”。数一数，这已经是王政君经历的第六个皇帝了。当王莽跑到王政君那索要传国玉玺时，平庸了一辈子的王政君终于看清楚了王莽的野心，她怒斥道：“你们受汉家的恩惠才有今天，怎么能忘恩负义？你想当皇帝，就自己去刻玉玺。我是汉家的寡妇，等我死了，我就用这个玉玺陪葬！”说完，把玉玺狠命一摔，砸碎了一角。

王莽只好尴尬地捡起玉玺，拿去镶补了一块。3年后，王莽篡汉，建立新朝，王政君眼睁睁看着汉朝覆灭于自己侄儿之手，内心苦不堪言。王莽为了讨好她，拆掉汉元帝的宗庙，为她建了一座长寿宫，落成之日请王政君去赴宴。王政君看见自己的宫殿金碧辉煌，而丈夫的宗庙被拆得一塌糊涂，真是心如刀割，悲从中来：“宗庙都有神灵的啊，你竟然让我在先帝的宗庙上饮酒作乐？！”她悲愤而去，5年后以84岁高龄去世，遗命是：与汉元帝合葬。

在她死后10年，王莽被杀。再过两年，刘氏子孙重建东汉。在这场汉室震荡、王朝更迭的乱局中，王政君是关键一环。66年汉宫生涯，历经七朝风雨，完整通关良家子—太子妃—皇后—皇太后—太皇太后，演绎了最彪悍的太子妃升职记；但她也一生不曾得到过家庭的温暖、亲情的呵护、爱情的甜蜜。她见过了太多人，太多事，太多命运的沉浮，最终还是过不好这一生。

她是一出漫长的悲剧。作为女人，她甚至不如班婕妤、赵飞燕，她们起码被爱过。作为政治中人，她甚至不如卫子夫、上官皇后，她们起码是头脑清醒的皇后。在帝王的后宫中，女人有很多种活法，如果没有主政的天赋，置身事外就是最好的自我保护。何必，去谋取自己支撑不起来的举族显赫呢?

所以，电视剧《太子妃升职记》再荒诞搞怪，那结局是可爱的：已经升职太后的太子妃离开了宫廷，去了适合她的地方。

第六章

专家带你看「琅琊榜」

冼夫人，沙场上的红颜

历史真的比电视剧更精彩！冼夫人身为女子，而兼具将相之才。她上马能冲锋陷阵，入府能治理地方，在南北朝时期政权频繁更迭、各族混乱交战、叛臣屡出的大背景下，始终实际执掌一方政权，保百姓安宁。此等心胸韬略、政治作为，足以使她进入中国历史上第一流人物的行列。更难得的是，她还比霓凰郡主得到了更多的亲情爱情，以及家庭的温暖。人生如此，已然圆满，无悔无憾。

“兄长不要忘了，你答应过我，要带我一起寄情山水，周游天下。待战事终了，你一定要先来云南。我知道，兄长胸怀家国，只要天下还有狼烟纷争未了，你我就不能像平常儿女般厮守。”

“都说缘许三生，希望来世我们都可以生在平常人家，可以平淡安稳地携手终老。”

“兄长此诺，来世也一定要记得。”

“此生一诺，来世必践。”

一部架空古装剧《琅琊榜》，不仅是2015年的“良心之作”，更堪称近年来最轰动一时、最触动人心的古装电视剧。没有低劣的后宫缠斗，没有扭曲的价值观，只有干净明亮的灵魂、深沉辽阔的家国情怀和燃烧生命的理想主义。在大结局处，男主角林殊（梅长苏）和女主角霓凰郡主盔甲加身，各自带兵赴沙场，明知此去就是死别，却仍然勒马含笑许来生。此情此言，不知令多少人动容洒泪。

所谓架空古装剧，是指有意将历史背景虚化、模糊。不过，《琅琊榜》还是有大体对应的年代。国为“梁国”，皇族为“萧氏”，定都在“金陵”，境内有“江左梅郎”，境外是“四面临敌”，这些设定，无一不指向南北朝时期的南梁。

在中国古代史上，大分裂与大一统交替，乱世与治世轮换。其中三次漫长的大乱世，就是春秋战国、三国两晋南北朝、五代十国。南梁，以及由此衍生出的《琅琊榜》，就处在这样的乱世中——南北分裂，连年厮杀，南方在短短169年中连续换了宋、齐、梁、陈四个王朝，其中梁国的存续时间只有55年。

在这55年里，并没有一个机智无双的“江左梅郎”来为梁国谋划天下大计。但是，却真有一个“豪阔宏量，霁月光风”的南境女帅，能以一人定江山。

晚 婚

她姓冼，是岭南俚族首领之女。字虽是“冼”，但用作姓，就读“冼”，所以当代人往往以讹传讹写成“冼夫人”。她的名字，史无记载，民间流传她芳名一个“英”字，那么姑且叫她冼英好了。

从秦始皇统一岭南，到汉武帝平定南越，远在咸阳和长安的天子们，其实也搞不清楚南边那一堆大大小小的部族，所以笼统叫他们百越。到底有没有100个部族这么多？估计也是有的。冼英的娘家是俚族人，位于高凉，也就是今天的湛江，属于当地部族中权势最强、地盘最大、队伍最多的，正所谓“跨据山洞，部落十万余家”。所以《琅琊榜》里，当梅长苏生死攸关时，霓凰郡主说要回南境去，带兵反了皇帝救出情郎，那是真正有家底才敢说的。

在电视剧里，霓凰郡主因为父亲早亡，弟弟年幼，不得不撑起南境大军。这与冼英的情况有相似之处。冼英大约出生于公元512年，年幼时就聪慧过人，善于谋划，小小年纪能帮助父母安抚部众，其他部族闹事了，她还能带兵行军，压服诸越，可见她少女时期就参与了部族军政事务，而且分量不轻。女儿主政，在少数民族地区，也不算稀奇。

可惜的是，她的父亲早早亡故，梁国指定冼英的哥哥冼挺做了当地的南梁州刺史。冼挺可不像电视剧里那位穆小王爷，懂得体谅姐姐霓凰的苦楚与压力，逐渐成为青年才俊；相反，身为兄长的冼挺是欺邻霸市的“官二代”风格，仗着冼家的家势，一上任就欺凌族人，侵犯其他州郡。冼英自然看不惯，约束自己的手下和听得进她说话的亲戚，对外行事友善，而且多次劝谏哥哥。可见，在父亲死后，洗家兄妹出现了严重的分歧，甚至有过剧烈的夺权斗争。

家族夺权的结果，是洗英赢了。因为洗挺的做法，给岭南各地造成无尽痛苦；而洗英的怀柔和仗义，赢得了百越部族的人心，连隔海相望的海南部族也来效忠于她。年轻的洗英成了岭南部落的实际掌权人。

一个青春年华、英气过人的少数民族女子，在哪都是招人喜爱的。这不，广东一带的另一位刺史——罗州刺史冯融看中了洗英。当然，他可不是为自己张罗什么艳遇，而是正经为儿子冯宝选媳妇。他这一提亲，就成了岭南乃至梁国的一件大事。为何？只因冯家的来头也太大了点儿。

冯家祖上并不是岭南人，而是北方的汉族人。西晋末年，八王之乱，雄踞北方草原上的五个胡人部族匈奴、鲜卑、羯、羌、氐，趁机南下，建立政权，劫掠中原，杀戮汉族，这就是沉重的悲剧“五胡乱华”。此时，汉族百姓只能匆匆迁往江南一带，以求自保，悲壮的“衣冠南渡”由此而来。冯融的祖先冯安却没有走，他先是投靠了鲜卑的慕容氏，做了部将，接着又杀了慕容氏，自立为燕王，成了“五胡乱华”时唯一挺立于北方的汉族政权。

冯安病危之际，弟弟冯弘夺取了王位。这时候，鲜卑族的拓跋氏已经强大起来，前来招降，冯弘不从，但又打不过，只好带领亲随逃往东北方向的高丽。然而他和高丽王的关系一直不好，所以出逃计划兵分两路，由儿子冯业带300人出海南下，去投奔南方的汉族政权。冯业漂泊海上，辗转到了广东，安顿下来，他就是冯融的祖父。

这冯家从大将，到帝王，再到刺史，当真是文武君臣，什么滋味都尝过了。如此一个传奇家族，在岭南扎根三代，却依然施展不开手脚，发布的政令没人听，想管的事也管不好，原因还是那个原因——当初在北方，胡人反客为主，中原人士无计可施；如今在岭南，原本就是越人故土，秦汉数百年的历代明君尚且不好治理，中原来的冯家自然是“他乡羁旅，号令不行”。怎么办呢？冯融是个聪明人，从前汉匈和亲维系了百年和平，如今冯家也可以跟越人联姻，共同维系一方稳定。

所以，冯家看中了冼英。

这时候，冯宝和冼英的年龄都堪称“晚婚中的晚婚”。冼英在24岁左右，冯宝大约比冼英年长5岁，已经年近三十。如此算来，电视剧中霓凰和林殊以“兄长”“小妹”互称的年龄设置，倒与史实巧合。在剧中，林殊是家族蒙冤，七万赤焰军背负叛军之名被全歼，自己身受奇毒与重伤，不得已废尽武功，重拾文采，以麒麟才子梅长苏之名，重返政治舞台。而冯宝一家，是从北至南，海上漂流，千里坎坷，到他这一辈，也已经弃武从文了。他从小学习儒家典籍，长大后被父亲送到京城的太学读书，交游广阔，20来岁就考取了功名，被梁武帝萧衍封为高凉太守，回到岭南，在他父亲手下做官。

值得一提的是，在南北朝时期，像梅长苏和冯宝这样的翩翩文士，只能出自门阀世族。从东汉年间开始，豪强大族吞并土地，垄断了财富；只有他们才能送子弟读书，又垄断了文化；进而子弟入仕做官，再垄断了官场。如此三位一体，终于形成了一个全新的阶层：门阀士族。所以，两晋南北朝留下了两种看来截然不同的气质：一面是平民们的乱世流离、战事悲辛；一面又是士族们的兰亭雅集、田园牧歌。《琅琊榜》中所涉及的，就有扶风苏氏、代郡穆氏、兰陵萧氏、陈郡谢氏等世家大族风雅、趣致、安逸的生活。

所以，冯宝这样的世家才子，按惯例，自当迎娶门阀大族的闺秀为妻。但审时度势，他若不娶一个百越部族的女首领冼英，就不可能有效治理岭南。在这样一桩具有强烈政治色彩的婚姻里，冯宝之于冼英，是否如林殊之于霓凰，是最耀眼的青年、最可靠的兄长、最真诚的情人呢？

历史没有对冼英的婚姻生活留下任何记载，但从他们治理岭南的情况来看，这段婚姻应当是愉快的。冼英陪同冯宝参与各种官司诉讼的裁决，每当有部族首领犯法，即使是冼家的亲戚，冼英也绝不姑息，从此部族的离心力大大减弱，冯家的威望则大大提高了。

救　梁

洗英出生时，萧衍建立的梁国刚好进入第十个年头，彼时萧衍励精图治，亲自写《春秋问答》给群臣解释国策，在他统治下，江南重新兴盛。然而到洗英结婚时，萧衍在位已经34年，又是72岁的高龄，猜疑之心渐重，皇子之乱渐起。这一切，与《琅琊榜》中的梁帝十分吻合。

萧衍年少时，南方还是齐国的天下，他诗词歌赋、书画琴棋，样样精通，更难得的是文韬武略，胆识过人。他与范云、沈约几个少年好友游学于名家门下，被人称作“竟陵八友”。后来，他们都做了齐国的大臣。齐国几代皇帝昏聩不堪，范云、沈约一再劝说萧衍自己称帝，并且在关键时刻屡屡推动他往前走。萧衍也说，成就自己帝业的就是这两人。然而，范云在萧衍称帝后不久就去世了，而对仅存的少年知交、拥戴功臣沈约，萧衍反倒变得越来越不放心，不但不让沈约主持朝政，还常常下旨斥责沈约。就这样，梁国仅仅建立12年，沈约就忧惧而死。《琅琊榜》里的言阙和林燮，就有范云和沈约的影子。

后宫也生出变乱。萧衍称帝时，把齐国末代皇帝一个姓吴的妃子据为己有，封为吴淑媛。她跟了萧衍7个月后，就生下了萧衍的第二个儿子萧综。萧衍这倒是没疑心了，爱母及子，很宠爱这个儿子，又是封王，又是封将军。当然，太子还是立的长子萧统。这位太子不是别人，就是有名的昭明太子，以仪态俊美、才华横溢、理政仁爱而著称于史，还编著了中国第一部诗文总集《昭明文选》。然而太子母亲死后，萧衍身边的宦官为了吃回扣，怂恿萧衍把太子为母亲选的墓地改换了，这块新的墓地“于帝吉”但“不利长

子”。太子便听了一个道士的建议，在墓地一侧埋进了蜡鹅等东西辟邪。宦官立刻向萧衍诬告太子有巫蛊的行为。幸好大臣们阻止，萧衍才没有追究太子，只杀了道士。但没过多久，太子就带着无法辩白的悲愤，在一次荡舟采荷时意外地溺水而死。

此后，萧衍专宠吴淑媛。可吴淑媛也有年老色衰的一天，她失宠后，心怀怨恨，就把怀胎七月的事告诉了儿子萧综，萧综大惊，觉得自己不是萧衍的儿子。不久，梁和北魏在边境发生冲突，萧综领兵作战，趁机投奔了北魏，还公开为齐国末代皇帝服丧，认为那才是他的生父。萧衍大怒，把吴淑媛废为庶人。后来，萧衍听说萧综有回来的意思，又让吴淑媛给他送去小时候的衣服，但萧综还是没回来。不久，吴淑媛病逝，萧衍又不忍了，给吴淑媛追加了谥号。

《琅琊榜》里的祁王和誉王，就有萧统、萧综兄弟的痕迹。不过，诛杀太子、重臣和七万大军的事，萧衍倒是没有干过，《琅琊榜》里改写了林殊一生的赤焰冤案，要找历史参照物的话，比较接近的应该是汉武帝的巫蛊之乱。

在遭受一连串变故后，萧衍雄心消磨，转而一心向佛了。“南朝四百八十寺，多少楼台烟雨中”，便是萧衍晚年的写照。他四次出家为僧，后面三次都是靠群臣捐赠寺庙上亿钱，才把皇帝“赎”回来。如此荒唐，自然会激发兵乱。

公元548年，原本就是投降而来的侯景起兵造反，第二年就攻陷了皇宫，还把萧衍活活饿死在宫殿里，立了个傀儡皇帝。“侯景之乱”是一次空前的劫难，原有12万人口的都城建康，也就是《琅琊榜》中的金陵和今日的南京，最后只剩下2000多个活人，富庶的江南“千里绝烟，人迹罕见，白骨成聚”。

侯景还觉得不够，给广州刺史元景仲递话，叫他一起造反，元景仲马上就在岭南反了。此时，岭南有一员大将，就是高要太守陈霸先，他看不惯这套做法，出兵阻止叛军，迫使元景仲自杀。随后，陈霸先带兵北上建康救

援，请高州刺史李迁仕帮他征兵。李迁仕态度暧昧，说自己病了，不见陈霸先，反而写信叫高凉太守冯宝来一趟。

冯宝接到信就打算出门，冼夫人马上拦住了他："你不能去，李迁仕是刺史，你是太守，他没有事情不能随便叫你去见面，这次肯定是使诈，要威胁你跟他一起造反。"冯宝想了想，反问夫人："你是从哪里看出来的？"冼夫人说："陈霸先请求刺史去救援都城，刺史一边称病，一边却召集人马、点齐兵器，然后才叫夫君你过去，只怕这一去就会被他扣做人质，目的就是要夫君你手下的军队。我们今天先不去，看看再说。"

果然，几天之后，李迁仕就反了。这下岭南一带就有了陈霸先和李迁仕两支大军，一支支持梁国，一支谋反梁国。坐拥岭南部族最大兵力的冯家势必无法回避，怎么选择？冯宝跟夫人商量。冼夫人出了一条妙计："夫君你若带兵前往，一定会和李迁仕正面作战。为今之计，最好是我们使诈，夫君你派人送一封信和一份厚礼给李迁仕，言辞谦卑，就说自己不敢出门，所以让家中的妻子前去相助。他听到我一介女流去，肯定不会起什么疑心。"

冯宝依计而行，李迁仕见冼夫人带着一千来号人，挑着各种物资，说说笑笑地来了，既没有军队又不带兵器，果然大喜，毫不设防。就在此时，冼夫人的队伍陡然变脸，近距离击杀李迁仕的叛军，大获全胜，李迁仕仓皇逃走。冼夫人随即整顿兵马，亲自去见陈霸先，表示冯家愿意支持他救援梁国。

这一次见面，冼夫人对陈霸先的印象极其深刻。回家后，她对冯宝说："我看陈霸先这个人，很得人心，将来肯定能平定叛贼，夫君可以多多资助他。"

这是冼夫人第一次对国家大势做出明确的判断，果断、机智而又深明大义，是"得人心"而不是什么愚忠决定了她的选择。此后的一生中，她都没有愚忠观念。在天下大乱，人人都可以拥兵自重，当几天皇帝过把瘾的时候，一个部族女子有这样的见识，实在是灿若明珠。这份光彩，《琅琊榜》中的霓凰郡主同样具有，很容易看出霓凰不是忠于梁帝，也很难说霓凰后来

一定会忠于靖王萧景琰，她和林殊一样，只忠于自己的理想和心中的正义。

在冯家的支持下，陈霸先举兵北上，驰援梁国都城。但是，梁国已经无法救了，梁武帝萧衍饿死后，他的子孙们各自割据，争做皇帝，整个南方再度陷入分崩离析。与此同时，北方的几个政权北齐、东魏、西魏纷纷向江南扑来。《琅琊榜》最后，梁国四面来敌，尤其是北方大军压境，逼得梅长苏不得不放弃自己的生命，恢复林殊身份，重率大军返回北线战场，与南下平乱的霓凰生离死别，就应该是发生在这个时候。

谁也救不了梁国了。公元557年，陈霸先代梁，自立为帝，这就是南朝最后一个政权陈国。

兴 陈

陈国存续的时间更短，只有33年。

陈霸先立国，暂时保住了江南不继续受战乱的破坏，经济恢复到较好的状态，但安全形势却不妙，内有萧家子弟不甘心，外有北朝政权不服气。此时，又是冼夫人站了出来，明确支持陈霸先。她让年仅9岁的儿子冯仆率岭南各部族首领到建康朝见陈霸先。

不要以为这只是一个姿态，一个仪式，它实际上意味着整个岭南的兵力和财力支持。对于脆弱的陈国，冼夫人有雪中送炭之功。

陈霸先在位只有两年，就一病而亡。此时，他唯一的儿子陈昌还被北周政权扣押着当人质。于是，由他的侄子们相继当上皇帝。在他死后10年，又一个广州刺史欧阳纥造反了。这个人的名字很陌生，但他儿子的名字如雷贯耳，就是后来唐朝大名鼎鼎的书法家欧阳询。

欧阳一族从梁国起就在岭南立足，而且一直是陈霸先的铁杆下属，在岭南部族里人脉很广。所以欧阳纥反陈，朝廷大为震惊，立即派出大将章昭达南下平叛。

欧阳纥还想拉上冯家一起造反。此时冯宝已经去世，冼夫人也已经年过半百，冯家主事的是当年那个九龄童冯仆，他如今已是阳春太守。欧阳纥要冯仆前去讨论造反事宜，冯仆派人回家请示母亲的意见，冼夫人坚决地说："我为忠贞，今已两代，不能惜汝，辄负国家。"于是冯家举兵抵抗欧阳纥，冼夫人又召集部分部族首领迎接章昭达，章昭达从海上进攻，冼夫人则率百越酋长在陆上断欧阳纥的后方，两面夹击，成功平乱。

这一次陆海结合的夹击战，很容易让人想到《琅琊榜》里霓凰郡主在南境的水战。冼夫人是否谙熟水战？史书上并未提及。那时的岭南，包括今天的广东、广西、海南一带，如果冼夫人要从广东前往海南巡查，自然是要渡海的。但是否带兵渡过海、打过仗，无从得知。

就在冼夫人平乱这年，陈国立了太子，名叫陈叔宝。后人读史，往往会读到这样的吊诡时刻——一个人在倾力保护的，在同一个时刻，已经被另一个人注定是徒劳的——当冼夫人带兵平乱时，亡国的陈后主已经登场了。

13年后，陈叔宝即位，此时，隋文帝杨坚已经在北方登基两年了。那一头是励精图治，这一厢是声色犬马。贵妃张丽华色艺双绝，一头青丝，长逾七尺，黑亮如漆，光可鉴人。陈叔宝为她做了一首《玉树后庭花》，“丽宇芳林对高阁，新妆艳质本倾城。映户凝娇乍不进，出帷含态笑相迎。妖姬脸似花含露，玉树流光照后庭。花开花落不长久，落红满地归寂中。”偏偏张丽华还记忆力惊人，有过目不忘、过耳成诵的本事，于是陈叔宝让她来读百官奏折，发展到后来，一切政事都听张丽华一张嘴怎么说，国家大事“置张贵妃于膝上共决之”。至于隋军南下的紧急军情，陈叔宝从来只有一句话：不是有长江天险吗？怕什么！

他在位6年时间，陈国便灭亡了。负责攻陈的杨坚次子杨广，派出大将韦洸，率2万大军继续南下，直到兵近岭南，才“逡巡不敢进”。在这样急转直下的形势中，冼夫人将何去何从呢？

安　隋

岭南的陈国官员已经分成三派，拥陈的、拥隋的、浑水摸鱼拥自己的，闹成一团，一片混乱。已是古稀之年的冼夫人暂不拥立任何一方，在自己势力所及之处，采取“保境安民”的措施。一时间，岭南人人渴望生活在冼夫人统治之下，好些郡县共同尊她为“圣母”。

杨广很快就明白了，岭南的关键就在冼夫人一人。他让沦为阶下囚的陈叔宝写一封亲笔信给冼夫人，告诉她陈国已亡，让她归顺隋国。随信还附上了陈叔宝的犀杖和兵符，表明这信绝不是冒充的，或者被逼写的。

这一招确实稳准狠。以冼夫人和陈霸先的渊源，对陈国覆亡绝不会像对梁国覆亡那样淡然，所以必须陈后主自觉自愿的亲笔信才能触动她；以冼夫人的机智果敢，对隋统一全国的大势必定了然于心，最关心的莫过于日后岭南的权力问题，兵符就是一个微妙的暗示。

冼夫人接到信后，把事情处理得十分圆满。她看到犀杖，确认陈国已亡，便召集数千首领，痛哭数日，为故国尽完情义和心意；之后，她点齐兵马，响应隋军，攻打其他不愿投降的州郡，很快就基本平定岭南各地；最后，她派孙子冯魂前去迎接韦洸进入广州——此时她的儿子冯仆已经去世。

杨坚、杨广父子派出两万兵马都不敢前进的难题，在冼夫人这儿，解决得易如反掌。她以一人定江山的能耐，再次让新王朝的统治者吃惊。

韦洸就地当上广州总管。然而岭南实在是多事之地，没有一个新王朝不遇到反叛的。这一回，是俚族的另一个首领王仲宣不满隋朝削弱世族豪门的举措，起兵反叛，杀死了韦洸。隋朝高度紧张，调兵遣将，进入岭南。关键

时刻，又是洗夫人出面，她派出孙子冯暄前去救援韦洸的部下，谁料冯暄与王仲宣的一个下属关系很好，行军就走走停停，迟疑不决。洗夫人知道后，勃然大怒，大义灭亲，以雷霆手段拿下冯暄，关进监牢，改派另一个孙子冯盎前去救援，很快就平定了叛军。

事后，洗夫人披战甲、骑战马，亲自陪隋朝使者巡视岭南各州郡，与各大首领逐一会面，确保岭南全境安然无虞后，才返回家中。此时，她已是八十高龄。隋文帝封她为谯国夫人，并且开谯国夫人幕府，给她配置官员，让她名正言顺地处理军政事务。独孤皇后也送给她一批贵重服饰。

这次平乱，仍然不是她最后一次露面。10年后，她90岁时，又干了一件轰动全国的事。她上书朝廷，痛陈广州总管赵讷贪污腐败暴虐，以致岭南民不聊生，要求朝廷撤换官员，重新制定对岭南的安抚政策。接到她的上书后，隋文帝立即派人到岭南调查此案，随后就把赵讷处死了，委派洗夫人全权办理善后事宜。洗夫人带着诏书，虽不能再上马，仍乘车踏遍岭南十几个州郡，讲述朝廷的安抚措施，稳定了岭南的人心。

在几百年的分裂、厮杀、生灵涂炭后，她为隋朝重新统一全国立下了两次大功，一次在战场上，一次在战场外。

第二年，91岁的洗夫人与世长辞。她这一生，真正配得上圆满二字。比起前辈奇女子，如宣太后、窦太后，她生于百越部族，能见天地，见众生，不必困于深宫，不知自由了多少倍；比起后来的奇女子，如武则天，她长在军旅沙场，热血从未冷，英姿从未老，不必陷于尔虞我诈的旋涡，不知自在了多少倍；比起今天《琅琊榜》中惹人千行泪的霓凰郡主，她婚姻和睦，儿孙绕膝，解下盔甲便有一室温暖在等她，不知幸福了多少倍。林殊对霓凰的诀别之言，“希望来世我们都可以生在平常人家，可以平淡安稳地携手终老”，所包含的愿景，也不过就是洗夫人这样吧？

建 唐

洗夫人死后，她的孙辈继承了偌大家业，曾孙冯智戴更是成为隋朝皇帝的侍卫近臣，进入了中央政权核心。然而“福兮祸之所倚”，隋灭唐兴，冯盎、冯智戴父子没有洗夫人那种当机立断做出政治选择的魄力，岭南另一大家族宁氏趁机崛起，取得了李渊、李世民父子更多的信任。

也许，拥有少数民族血统的女性，的确更容易在战场上熠熠生辉。洗夫人这颗百越部落的将星在岭南逝去后，具有胡人游牧血脉的李氏家族开始在北方征战，并且有了属于自己的沙场红颜——平阳昭公主。她是李渊的第三个女儿，李世民同父同母的亲姐姐。

李家和柴家是世交，而且在隋朝同朝为官，所以李渊把自己的女儿嫁给了柴绍为妻。柴绍在长安为官，李渊在太原打算起兵反隋时，女儿还随着丈夫住在长安。问题就来了，如果柴绍夫妇不去太原，李渊这边造反，杨广那边就可以杀了他女儿女婿泄愤；如果柴绍夫妇去太原，那李渊还没造反，杨广就会警惕了：你们家想干什么呢?

李渊送来的口信是叫柴绍一个人去太原帮他。柴绍百般舍不得娇妻：“我现在既不能带你走，又怕你留下来有危险，怎么办呢？”这平阳昭公主也真不是平常女子，答道：“你赶快走吧，我是个女子，很容易藏起来，而且我还有自己的打算呢！”柴绍依依不舍，只得留下一个非常得力的家奴马三宝照顾妻子，然后从一条小道悄悄离开长安，直奔太原。

她的打算是什么呢?

她躲到了长安附近的一处庄园，散尽家财，开始招兵买马。她听说有一个胡人经商犯了点事，害怕出名残暴的杨广会追究他，也躲在了附近，还拉起了一支上万人的队伍保护自己，顺带自立为王。于是，她派马三宝前去跟这胡商接洽：你干脆投奔我们李家吧。

马三宝口才过人，说动了胡商。这胡商自己也明白，如今已经不是“五胡十六国”、胡人政权林立的光景了，他想在中原自立为王，根本不可能，还是得投靠中原的大户才有保障。况且胡风开放，女人当家，那是常事，投奔李渊的女儿对他来说也没什么心理障碍，于是他很干脆地跟着马三宝去见了平阳昭公主，还留下一百精兵给她做警卫。

就这样，平阳昭公主有了自己的第一支人马，她开始带兵领将，与叔叔李神通配合，专门在关中一带打击隋军，也顺手清除其他小股起义军。渐渐地，“李娘子”的名气越来越大，投奔她的人也越来越多，竟有了七万之众。

等到李渊大局已定，渡过黄河，准备进入关中时，平阳昭公主亲率一万兵马，前来接应父亲。李渊听到后，特意叫女婿柴绍去迎接女儿，“遣绍将数百骑趋华阴，傍南山以迎公主”。一对爱侣，在胜利的战场上相聚了。他们并辔齐驱，勒马南山，在久别重逢的喜悦中憧憬着未来：如何攻下长安城呢？这一仗由李世民统帅，姐夫柴绍和姐姐各领一军，各开幕府，平起平坐，既分兵又合围，在渭北平原上浴血作战，一起攻下了长安。如果《琅琊榜》的霓凰郡主有什么心愿的话，一定不会是林殊那句“今生一诺，来世必践”，而是像柴绍夫妇这样，并肩沙场，直至凯旋。

李渊对这个女儿十分赏识，甚至都没有取消她兵马的建制，继续让她独立带兵，从此，这支军队就得到了“娘子军”之名。唐朝建立后，每当有什么赏赐，李渊给这个女儿的，都比给其他人的多。然而仅仅六年，她就不幸早亡，李渊悲痛难当，下令配以军乐，为女儿风光大葬。有些讲究礼法的大臣就跳出来跟李渊说：“这可不行，妇人哪能用军乐下葬呢？”李渊大怒，吼道：“我这个女儿是一般的妇人吗？她战功赫赫，是我唐王朝的开国元勋，她不配军乐下葬还有谁配？”在她死后，柴绍又远征突厥，征战十五

载，病重而去，没有再娶。

此时，已经是李世民的贞观年间。有一次，李世民打猎归来，陪太上皇李渊在汉朝旧殿未央宫里设下酒宴，席间，李渊让突厥颉利可汗起舞，又让冼夫人的曾孙、南蛮酋长冯智戴咏诗，李渊心满意足地笑道："胡汉一家，自古未有啊！"李世民也很高兴，给李渊祝酒说："如今四夷臣服，都是父亲的教诲和感化之功。这未央宫里，当年汉高祖刘邦也陪太上皇刘太公喝过酒，边喝边说自己的功业。如今看来，他的功业不过是妄自尊大。"满殿大臣纷纷叫好。

李世民这番"天可汗"的盛世景象，自有冼夫人家族和柴绍夫妇的贡献。终李世民一朝，北方有胡汉融合，南方有汉越融合，像冯家这样的百越部族首领，逐渐失去了存在的意义。又过了两代，在武则天时期，不知道什么原因，冯家遭受了沉重的打击，几近家破人亡，冯智戴（或者冯智戣）的孙辈被送入宫中，孙女冯媛后来出家为尼，孙儿却成了宦官，被武三思手下一个姓高的收做养子，连姓都改成了高——没错，你可能猜到了，唐朝姓高的、大名鼎鼎的宦官，只有一个高力士，他正是冼夫人的直系后人。他要目睹的，却是另一个女人杨玉环的传奇，一种"天长地久有尽时，此恨绵绵无绝期"的后宫传奇，而他祖上冼夫人征战沙场、英姿飒爽的传奇，连同那个时代，都彻底远去了。

"以义断恩，以智决策，斡旋大事，视死如归，几于烈丈夫"，这般豪情与柔情并存的巾帼英雄，在南北朝到初唐年间集中闪耀过。她们生于乱世，长于马背，性情豪爽，自由奔放，她们何止是霓凰郡主的原型，还是花木兰的原型、樊梨花的原型。是那样的尚武时代造就了那样的红颜。此后，宋的立国，让女性的地位急遽转折，能出现一个追随丈夫抗金的梁红玉已是十分难得，至于杨门女将，不过是后世文人对宋朝"三千将士齐解甲，竟无一个是男儿"的亡国命运的痛愤，以及由此而生的对沙场红颜的神往。

《琅琊榜》里那一曲悲怆的《红颜旧》，是唱给霓凰郡主和林殊的悲伤情歌。但从女性征战的历史看，它也是唱给需要想象中的杨门女将来拯救的那种孱弱时代的哀歌——“西风夜渡寒山雨，家国依稀残梦里，思君不见倍思君，别离难忍忍别离。狼烟烽火何时休，成王败寇尽东流，蜡炬已残泪难干，江山未老红颜旧。忍别离，不忍却要别离，托鸿雁南去，不知此心何寄。红颜旧，任凭斗转星移，唯不变此情悠悠……”

第七章

专家带你看「贞观之治」长孙皇后，她的深情与盛世

长孙皇后一生真正的精彩，在影视作品着重渲染的『贤德』之外，她富有大智慧，在封建时代成功地处理了女性与政治的关系，对起兵反隋、玄武门之变和贞观之治都起到了实质性的作用。她作为女子的美好，常被人忽略，但事实上，如果一味庄重，她不可能赢得李世民的一世深情，让他至死念念不忘。长孙皇后在贞观时代里展现出自信、健康、有尊严的女性人格，这与大唐盛世本身一样，令人于千载之下，心折不已。

公元636年，贞观十年，十一月末。

38岁的李世民神情哀伤，站在太极宫新修的高台上，久久遥望着西北面的九嵕（zōng）山昭陵。

他的结发妻子、仅仅36岁的长孙皇后，已经被安葬在那儿。他强忍悲痛，亲手写了碑文："皇后节俭，遗言要我将她薄葬。她对我说：'盗贼喜欢的是珍奇宝物，如果我的墓里没有这些东西，盗贼就无所求。'皇后的想法正是我的想法，天子以天下为家，何必在乎陵墓陪葬之物？如今，我以九嵕山为陵，只用一百来人花了十天工夫，开凿出一间石室，将皇后安置在此。里面没有金玉，没有珠宝，仅有的人、马、器具，都是木头做的。或许这样，普天下的盗贼就会对皇后的墓地断了念想吧。"

这碑文十分哀切。大臣们心想，反正皇帝是个性情奔放、感情外露的人，皇后去世已经有5个月，他能为皇后做的最后一件事也就是凿石安葬、撰写碑文了。等时间久了，他的心情就会好起来吧？

然而，此后的13年间，李世民常常站在这高台上，远眺昭陵，无语凝噎。有一次还拉上魏征，问魏征是否看清楚了。魏征装作看不见，李世民顿时着急了："你怎么会没看见呢？那是皇后的昭陵啊！"魏征来劲了："哦，我还以为陛下看的是先帝的献陵，原来是昭陵啊？"李世民被他气得半死：我思念亡妻也要你管？

然而，魏征的劝谏也没错。皇帝若能这样思念父亲，是一大美德；思念妻子，就有点儿女情长、荒废正事的嫌疑了，你公务之余悄悄思念没关系，动不动当着大臣的面公开思念，似乎不大妥。

李世民当然明白魏征的意思，于是哭着下令拆掉了高台。

高台拆了，但李世民对长孙皇后的思念并没有停止，反而越发深切。有一次他给魏征回诏，又忍不住倾诉起自己的丧偶之痛："又缺嘉偶，荼毒未几，悲伤继及……心虑恍惚，当食忘味，中宵废寝。"

李世民再没有册立第二位皇后，死后，亦合葬于昭陵。

今天，无数关于李世民的电视剧，都选择无视长孙皇后是他生命里的女主角这一史实，热衷于将杨妃、武媚娘，甚至高阳公主之母、安康公主之母演绎成他的最爱。事实上，这对中国帝王史上少有的恩爱夫妻，共同成就了令人神往千年、追慕千年的贞观盛世，他们的情路与政道，才是真正值得我们研究的。相较而言，电视剧《贞观之治》是最贴近那段史实的。

她把生死荣辱，投入不能回头的争天下中

长孙，是一个鲜卑贵族的姓氏。在南北朝200年的乱世里，北朝前后5个政权，都是鲜卑人创立的。其中最有名的当数北魏孝文帝。而长孙家族，就是随着孝文帝迁入洛阳的。

到了洛阳后，著名的孝文帝改革开始了。他一声令下，让所有鲜卑贵族都改为中原籍贯。长孙家族就改成了洛阳籍。待到长孙皇后出生时，父亲长孙晟已经带着家人迁居长安。所以，有人说长孙皇后是洛阳人，有人则说她是长安人，都有道理。

长孙晟是声名赫赫的一代大将。彼时是北周政权，皇帝派他出使突厥。以突厥之强悍，长孙晟此去风险极大。一日，突厥可汗带着长孙晟去打猎，看见两只雕在空中夺食，便问长孙晟：你能把雕射下来吗？长孙晟坦然道：当然可以。突厥可汗便递给他两支箭，长孙晟一笑，只抽出一支，扬手张弓，一箭疾飞，两只雕被同时射穿，跌落下来。

“一箭双雕”这个词，就是长孙晟贡献的。这个典故后来被金庸用到了武侠小说《射雕英雄传》中，于是凡有华人处，皆知射雕英雄。却很少有人知道，历史上这真正的射雕英雄，便是长孙皇后的父亲。

多年后，北周被隋取代，隋文帝攻打突厥，长孙晟下马能出谋划策，上马能杀敌无数，一时威震突厥。因为他说话的声音很大，还得了雅号：“霹雳堂”。

这样的门第，这样的父亲，嫁女儿时，当然要挑选一个相匹配的骁勇子弟。他们选的，就是世交李家。

李家也有鲜卑血统。当年，西魏政权封了8个人做柱国大将军：宇文泰、元欣、李虎、李弼、于谨、独孤信、赵贵、侯莫陈崇，他们出则为将、入则为相。后来的事，看出来了吧？北周皇族宇文氏、隋朝皇后独孤氏、唐朝皇族李氏，都是从这8个人里延续而生的。李世民就是李虎之后。

然而，长孙家看上的，却不是李世民的“李”字，而是李世民的母亲窦氏。这得从长孙皇后的伯父长孙炽说起。长孙炽早就认识窦氏，那时候窦氏还是个小姑娘，去北周的皇宫里看望自己的舅舅、武帝宇文邕，发现舅舅不喜欢和亲嫁过来的突厥公主，于是跑去给舅舅提意见：您要以大局为重呀，多宠爱突厥公主，才不会得罪突厥。一个小丫头有这等见识，把她舅舅和群臣都震惊了。窦小姑娘的名声顿时传遍朝野。

长孙炽念念不忘这件事，他跟弟弟长孙晟说：这个女子不一般，她已经和你的老朋友李渊定亲了，将来生下的孩子肯定不是凡人，你得跟他们家联姻。

过了些年，长孙晟有了女儿，小名叫观音婢。他想起哥哥的话，一打听，窦夫人生的二公子李世民正好只比观音婢大3岁，赶紧定下来再说，于是拿出他的霹雳性格，上门“倒提亲”。

长孙晟万万想不到，这是他为女儿做出的最后的、也是最好的安排。不久，长孙晟突然去世，他前妻的儿子、身为兄长的长孙安业要起了泼皮无赖，把8岁的小长孙，还有她一母同胞的哥哥长孙无忌赶出了家门。

一双小儿，何去何从？幸好，舅舅高士廉来了，把兄妹俩接到自己家中，悉心抚养，又把自己的出众文采无所保留地教给他们，还敦促李家早日跟自己的外甥女完婚。然而，舅舅家自有舅舅家的一摊家务事，无论如何这都是寄人篱下，小长孙大约是从这个时候开始，养成了多慧而包容的性情。

倒是比她大7岁的长孙无忌，不用拘在高家，可以在外面谋求自己的一番事业。长孙无忌最好的朋友，不是别人，正是准妹夫李世民。尽管未婚妻家中遭受变故，但李世民丝毫没有嫌弃长孙兄妹。他和长孙无忌，两个生机勃勃的少年，一武一文，并肩行走在天下大乱的隋朝末年，真是光芒夺目。

这乱世中，有三支精英势力，左右着历史的走向，除了长孙家和李家所属的发迹于陕西关中、甘肃陇西的“关陇集团”，还有长江中下游的“江南华族”，黄河中下游的“山东士族”。大体而言，有才华的，是江南华族；有门第的，是山东士族；而有实力争天下的，还是关陇集团。他们打了几百年江山，再打一次，不过轻车熟路。

公元613年，13岁的长孙和李世民成婚了。真正是“十三为君妇，羞颜未尝开”，而等待她的，何止是寻常新妇要面对的公婆小姑、大伯小叔，还有轰轰烈烈的命运抉择。在她婚后第三年，公公李渊被隋炀帝任命为太原留守，而各地反隋的旗帜已经纷纷打了出来。反，还是不反？李世民的态度十分坚定，一再劝说父亲起兵，同时，他在外面广交豪杰，招纳义士，已是风云乍起。

第二年，李渊终于举起了反隋大旗。从这一刻起，17岁的长孙把自己的智慧、荣辱、生死，全都交给了李世民。当然，包括她的哥哥，她的舅舅、她的家族，全部投入这一场不能回头的争天下中。

少年夫妻，携手走向玄武门

战事节节胜利。从公元618年建唐开始，当年就平定西北，再两年李世民东征王世充，又一年李世民俘获窦建德。强敌已灭，李唐王朝统一全国已不在话下。

然而，一颗将星的升起，尤其是皇帝自家一颗将星的升起，换来的未必是举家欢庆。就算李渊做父亲的不会猜忌儿子，其他做兄弟的又会怎么想呢？长子李建成已经被立为太子，李世民虽是秦王，却是兵权在握的秦王，这叫李建成如何放心？

一个在立嫡和立贤之间态度暧昧的皇帝父亲，一个娴熟政务但兵权旁落的太子大哥，这些，长年征战在外的李世民顾不上了，他把问题统统留给了妻子。

幸好，年轻的秦王妃拥有周旋于李家各路人马之间的机敏与智慧。换了才具平凡的女子，只会整天担心征战沙场的丈夫，但长孙对李世民的军事才华很有信心，她并不担心丈夫在外的安危，她把全部的精力留在了家里。她怕的是，一旦丈夫回来，反而会不安全。

当时，李建成派太子妃不断出入后宫，贿赂李渊的妃嫔们，因为李渊性情优柔寡断，很容易被枕边风吹动。要是妃嫔都说秦王不好，李渊自然会嫌弃李世民。聪明的长孙当然也想到了这一点，于是，她也设法在深宫中走动，见到李渊，她就尽心竭力地孝顺，博取父皇的欢心；见到父皇的宠妃，她就多加笼络，化解她们对秦王的不满；见到太子妃和其他妯娌，她也温柔相待，弥合兄弟之间的裂痕。

可以从常理推想，长孙绝不愿自己的丈夫走到兄弟相残那一步。

然而，那一步终于到来了。唐王朝建立的第九年，公元626年，突厥侵犯唐朝的边境，太子李建成提议，由齐王李元吉率兵出征。东宫的一名官员是李世民安插的眼线，他悄悄递消息给李世民："太子想借此机会，控制秦王的兵马，并准备在昆明池设伏兵杀秦王。"

已是图穷匕见。

秦王府的谋士和将士都明白，必须杀死李建成、李元吉了。但是，疏不间亲，人家毕竟是亲兄弟，谁敢跟李世民说"我给你指条明道，你去杀了亲哥哥吧"？

谁也不敢，只有一个人可以讲：长孙无忌。他也是李世民的兄弟，姻亲兄弟，绝对不会背叛的兄弟。他第一个说出这句话，所有人都松了一口气。

剩下的就是谋划了，什么时间杀，在哪里杀，用什么方式杀，杀了之后怎么面对老皇帝。这里面，数房玄龄出的奇谋秘计最多。多年以后，房玄龄惹李世民不高兴了，差点被贬斥，长孙皇后就对李世民说：房玄龄是个老实人，当年玄武门之变，他给你出了那么多主意，但是这些年来从没有人知道，可见他是何等的忠诚谨慎，你还有什么事不能原谅他？——房玄龄那些烂在肚子里的计谋，天下人都不知道，长孙皇后却偏偏知道得这么清楚，足以见得，当时还是秦王妃的她，是何等深刻地卷入了玄武门之变的策划中。一切密谋，她都陪在李世民左右。

秦王妃是柔和而坚毅的。用今天的话说，她不想惹事，但事情来了她也不怕事。

公元626年，六月初四的凌晨，她穿好了戎装，备好了战刀，牵出了战马，跟着丈夫到数百死士的面前。她发表了简短的演讲，亲自慰勉每一个将与丈夫并肩血战的将士。

可以想见，在那个血色黎明，秦王妃的出现，是多么意外又多么热烈的力量。她翻身上马，走在李世民的身边，走在将士们的前面，到玄武门去，去面对生存还是死亡的抉择。

城门开了，李世民举起弓箭，亲手射死了李建成。随后部下杀死了李元吉。这一切，秦王妃勒马城门，亲眼见证。

三天后，她成为太子妃；两个月后，她成为皇后。

站在今天来看，玄武门之变当然是一次残忍的皇权之争，对峙的双方并无正邪可分。但是从政变的后果来看，玄武门的鲜血是值得的，它开启了一个灿烂的时代；不仅如此，一个女性的身影在冷酷的政治决斗中温暖了冰冷的铠甲，开启了那个时代里一个激荡人心的政治形象——长孙皇后。

母仪之美，盛世之音

中国的盛世有很多，为什么贞观之治、大唐盛世会成为历史上最让人倾慕、神往的？

答案有很多。君明臣贤，纳谏如流，开放多元，文治武功……可有一种气质，是贞观独有的：春风和睦，灿烂愉悦。这种气质，很大程度上是长孙皇后带来的。

在皇后位置上，长孙的第一件事不是“做”，而是“不做”。

玄武门之变已经让李世民看到了妻子的聪明和判断力，所以他散朝之后，习惯性地拿一些赏罚之事来问皇后的主意。奇怪，皇后不理他；再问，还是笑而不语。你怎么了？长孙皇后这才对他说了一句《尚书》里的古语：“牝鸡之晨，惟家之索。”这句话的意思是，如果母鸡变成早上打鸣的，这个家就会破败。言下之意，我这个皇后不管政事。李世民估计也就一乐，根本没听进心里去。第二天散朝还是跑来问她某某的事该怎么办啊，长孙皇后干脆把脸扭过去，给他一个后脑勺。李世民只好尴尬地走掉了。

当代人当然会反感“牝鸡之晨”这种话，难道长孙皇后是“直男癌”的支持者吗？不，当然不是。她一生中都没有那种自我压抑、自我贬低的所谓传统女性的美德，她有的是大智慧。

从西汉到北朝再到隋朝，外戚干政的例子太多太多，固然也有过卫子夫与卫青、霍去病那样成大业的，但更多的是吕后之乱、霍光之乱、王莽之乱。现在，她是皇后，她哥哥长孙无忌是凌烟阁第一功臣，她若是继续参与政事，长孙家族会是什么结局？就算她能自制，她哥哥呢？就算她哥哥也能自制，群臣会怎么想？最后，皇帝会怎么想？

所以，这些政务，她不去听，不去管。

另一件她不做的事情，就是享受荣华。长孙皇后以节俭著称，准确地说，她不是搞穿破衣服、用旧东西那种节俭，那是王莽之流的虚伪矫情，她只是取所需，不过度。华服她也穿，珠宝她也戴，宫殿她也布置，大唐皇后的气象还是有的，但恰到好处就够了，多的她就不要。这是一种内心的淡然。

她对子女的吃穿用度也是如此。有一次，太子李承乾的乳母来找她，说东宫的东西太朴素了，请求添加一点。长孙皇后一听就不对劲。你做太子的，缺了什么必需品，应该找父皇去要啊，东宫的体面不能丢。但是你让一个乳母来找我，说明你不是缺东西，而是想要更多东西，那就不行了。她沉下脸，对乳母说："太子要担心的，应该是德不立、名不扬，怎么会担心东西少呢？到底哪个重要？"乳母讪讪地回去了，李承乾再也不敢跟母亲提这事。

后来，女儿长乐公主要出嫁了，李世民特别钟爱这个女儿，一心想让女儿风光大嫁。结果就出了问题，魏征发现，长乐公主的嫁妆超过了她的姑姑永嘉长公主。李世民懒得理他：我偏爱一个女儿还要你管？回到后宫，他还把魏征的大惊小怪当作趣闻，一股脑告诉了长孙皇后。长孙皇后听了，也陪着他笑，但心里就另有盘算了。她亲自去安排女儿的婚礼，最终女儿只带走简单的嫁妆，而魏征却收到她赠送的500匹绢。

这就不得不提到魏征了。他和李世民真是"相爱相杀"了一辈子，从前魏征是李建成、李元吉的谋士，后来坦然认输，投向李世民的麾下。两人的心都挺宽的，彼此不计旧怨。但两人的脾气就有点针尖对麦芒了。李世民直率，但是急躁，甚至有点暴躁；魏征也直率，但是倔强，甚至有点死心眼。这对君臣凑到一起，擦枪走火倒是平常事，从善如流就未必了，时常得靠长孙皇后当调停人。

最著名的故事就是，有一次魏征把李世民给惹急了，李世民气得抓狂，回到后宫暴走：我要杀了这个乡巴佬！长孙皇后就轻言细语地问：这是谁惹了你呀？其实聪明如长孙，能不知道除了魏征，别人也没这个本事惹到李世

民嘛，她明知故问，就是要引李世民把怒火宣泄出来。果然李世民说：就是魏征那个家伙，总是顶撞我，总有一天我要杀了他！吼完，不对，怎么这么安静，皇后人呢？过了片刻，才看见皇后换了隆重的朝服，款款走来，笑着向他道贺："古人说'主明臣直'，今日魏征的直言，正是因为陛下你的圣明呀。"

这调停人当得实在是妙，明明是要救魏征，却拍了拍皇帝丈夫的马屁。李世民当即转怒为喜，心情愉悦地跟魏征和好了。

漫长的宫廷历史上，并不缺少魏征这样的谏臣，但是缺少长孙这样的皇后。在君父臣子的制度下，少了柔和的女主人，政治便少了缓冲地带；在"后宫不得干政"的教条下，少了有大智慧的女主人，后宫便少了应有的气度。贞观时代的纳谏如流，固然是因为李世民立志开创盛世，洗刷他上台的非合法性，也固然是因为魏征等人立志成就事业，不辜负这样一个时代，但也离不开长孙皇后的温柔和煦。她不问政务，但大节、大是、大非来临时，她从不旁观，而是用自己的方式参与其中。

有一次，李世民喜欢的一匹骏马突然死掉，他一怒之下要杀了养马人，长孙皇后并没有直接求情，而是跟李世民回忆起过去两人一起读书的时光："陛下，你还记得吗，我们以前读书时看到过一个故事。齐景公因为马死了要杀人，晏子就自告奋勇，要求为国君列出养马人的罪过，说：'你养的马死了，这是你的第一条罪；让国君因马死而杀人，老百姓知道了，必定埋怨国君，这是你的第二条罪；诸侯听到这个消息，必定轻视我们的国家，这是你的第三条罪。'齐景公听了恍然大悟，就赦免了养马人。"李世民一听就明白了，立即免了养马人的罪。后来，李世民忍不住对房玄龄炫耀道："皇后在各种事情上都能启发我，对我极有好处。"房玄龄只好笑而不语，他们都已经习惯了李世民这个"晒妻狂魔"。

弃一个英明兄长，却保一个混账兄长

当然，最重要的大节、大是、大非，还不是魏征等谏臣，而是她的哥哥长孙无忌。

历史上的每一个盛世，都是群星涌现。从隋末到贞观的群星中，真正决定了历史走向的一组关系，始终是李世民和长孙无忌。他们少年相识，文武相得，于是有了李家和长孙家族的合力反隋；他们盛年共谋，发动玄武门之变，于是有了李世民的贞观之治；他们晚年互信，共同确立太子人选，于是有了后来李治的永徽之治。

皇帝与小舅子的关系，很难有这样正能量的。他们比汉武帝和卫青的关系，更加真诚而持久。

这中间，长孙皇后再次起到了关键作用。

“我有天下，多赖无忌之力。”玄武门之变后，李世民甚至当着众人的面，表示长孙无忌就是他的姜子牙、管仲。这意思已经很明确：宰相是长孙无忌的了。果然，之后长孙无忌出任右仆射和礼部尚书，拥有相权。长孙无忌干了一年，干得还不错，又是精简机构，又是削减宗室，又是怀柔外交，基本把贞观朝的架子搭起来了。但是一年后，长孙皇后非常坚定地跟李世民说：不行，我哥哥不能再用了，你必须撤掉他。

好好的，撤什么职呢？李世民当然没答应。长孙皇后坐立不安，转而去做哥哥的思想工作，苦口婆心，我们长孙家不能重蹈汉代吕雉、霍光家族的悲剧啊！长孙无忌饱读诗书，当然明白妹妹这句话的分量，当然也害怕那样的结局，于是自己主动辞职。

到了贞观七年，李世民要重新起用长孙无忌，任命他为司空，长孙皇后再次拒绝，长孙无忌也坚辞不受。李世民觉得很委屈，于是写了一篇《威凤赋》赐给长孙无忌，并让众大臣传阅。赋中，他把自己比作立志于翱翔九天的凤凰，但却受尽猜忌和陷害，几乎活不下去了，“幸赖君子，以依以恃”，才能重新翱翔。所以，全都是因为你才有了我的今天，你的功劳我不会忘记，我会好好报答你，我们君臣会善始善终，你的贤德也会万古流芳。

话说到这份上了，长孙皇后无可奈何。她能做的，就是对哥哥时不时敲打一下，耳提面命，让他不要拥权自重，得意忘形。

和长孙无忌相反，当年那个把她赶出家门的长孙安业，却得到了她的庇护。这听起来是件匪夷所思的事情。长孙安业一直是个不务正业的混混，长孙皇后先是帮他求了个官职。后来长孙安业竟然混账到去参与谋反，按说得杀无赦，但长孙皇后亲自出面，保住了他的小命。

李世民肯定也惊讶于她的做法。她对李世民是这样解释的：“长孙安业这个人对我不好，天下人都知道，如果今天陛下把他处死了，人们会说，是我仗着陛下宠爱我，故意在报复他，这不是连累了陛下的名声吗？”

这个顾虑委实超出常人，她要保一个混账哥哥，跟要弃一个英明哥哥，都是为了李世民。做皇后做到这个地步，真是夫复何求。李世民赦免了长孙安业的死罪，只将他流放到四川。

长安远望，余生相思

当后世习惯于用“贤德”二字定义长孙皇后时，其实应该看到她的更多面：她的美丽，她的姣好，她的情深。否则你无法解释，一个只有贤德的乏味女子，怎么可能得到李世民一生的爱恋。

她的美貌，可以从一首据称是她所做的诗里看出来。那是《全唐诗》卷5收录的一首《春游曲》：

上苑桃花朝日明，兰闺艳妾动春情。

井上新桃偷面色，檐边嫩柳学身轻。

花中来去看舞蝶，树上长短听啼莺。

林下何须远借问，出众风流旧有名。

后世很多人认为，这首诗不会是庄重的长孙皇后所写，因为用词轻佻。然而，如果不是先入为主地认定长孙皇后就那么端着、那么无趣呢？一个沉浸在爱情中的妙龄女子写这样的诗，不正是活泼奔放的大唐女子所为吗？要知道，她至死也不过36岁，一直很年轻。

如果这首诗真是长孙皇后所写，那么，“新桃面色”“嫩柳身轻”已足见她的美。哪怕后宫妃嫔众多，哪怕李世民有的是机会“花中看蝶”“树上听莺”，她也是那样的自信，“林下何须远借问，出众风流旧有名”。

李世民的蝶与莺当然很多，其中不乏佼佼者。比如杨妃，这是当代电视剧最喜欢演绎的一个妃子，总是把她设定为隋炀帝的公主，与李世民有灭国之仇，爱恨交加纠缠一生，为李世民生下最有才干的一个儿子李恪；李世民想立她为皇后，却因她有隋炀帝血统而受到群臣反对，于是她成了除皇后外最尊贵的贵妃；李恪看到母妃的痛楚，毅然谋逆，后来被长孙无忌害死……总之，剧情怎么狗血怎么来。

而实际上，李世民有好几个姓杨的妃子。毕竟杨姓是当时的世族大姓。身为隋炀帝女儿的，是吴王李恪、蜀王李愔的生母；当了贵妃的，是赵王李福的生母，死后以贵妃之尊陪葬昭陵；被考虑过立后的，是曹王李明的生母，她原是李元吉的姬妾，后来跟了李世民，关于立她为后的记载，在史书里是一句没头没尾的话，而实际上她一生都没有得到后宫封号，死后的封号还是跟着李元吉走。

总而言之，在史书上，哪都看不出来，这几个杨妃有多受宠。留下记载的，始终是李世民和长孙皇后之间的恩爱。

长孙皇后的自信，正是来自于夫妻终生的相爱。古代男子三妻四妾是正常的制度，不能用当代人的心态去代入长孙皇后，以为她会难过、会吃醋、会失宠。在那个时代，李世民拥有后宫佳丽和钟爱长孙皇后，并不矛盾。

平时，她更多的是大唐的皇后；但李世民生病时，她就是痴情的妻子。有一年，李世民突患重病，久久不愈。长孙皇后衣不解带，没日没夜地守在李世民身边照顾他。一天李世民稍微清醒些，蓦然发现，长孙的衣襟上系着一瓶毒药。李世民非常震惊，长孙只回答了八个字：“若有不讳，义不独生。”

贞观八年，两人生死相依的情景再度出现。在巡幸九成宫时，一天深夜，驸马柴绍突然来报，说是宫中有变，李世民立刻穿上盔甲出去查看。同房就寝的长孙皇后，当时已经抱病，身体虚弱，但她立即紧跟李世民出门，无论大家怎么劝她以身体为重，她都只顾跟着丈夫走，绝不让丈夫独自冒险。

贞观九年，太上皇李渊逝世，她操办葬礼；贞观十年，诸子封王，她操持行装。多次劳累之下，病情一再加深，已是回天乏术。

她病危之时，太子李承乾哭着说，要请求父皇大赦囚犯，广度僧道，给母后祈福祛病。长孙皇后制止了太子：“如果做善事就可以延长寿命，那我

平时并没有作恶；如果这样做无效，那现在你去做这些事又有什么用呢？囚犯的事情，度僧道的事情，国家都有制度，不可为我一人擅动天下法度。”

这段记载很是让人感慨，如果长孙皇后再活10年，如果有她的管教，太子李承乾是不是就不会变得那样不成器，谋逆造反？或者换个角度看，长孙皇后没有活着看到自己儿子重演玄武门一样的悲剧，也是她的幸运。如果说她的人生有瑕疵，有遗憾，那就莫过于此。作为7个孩子的母亲，她还是没能让子女走出权力的血腥。

贞观十年，带着对李世民的无限眷念，长孙皇后长逝于立政殿，年仅36岁。李世民无法掩饰巨大的悲痛，他为长孙皇后取“文德”二字为谥号，这是历史上第一次为皇后取两个字的谥号。在李世民心里，一个字已经无法道尽长孙皇后的美好。

在长孙皇后死后，李世民才发现她写了一本小册子，名叫《女则》。他一边看一边痛哭，对大臣说：“我岂不知道皇后之崩是天命而不能割情？只是想到失去贤妻良佐，仍然克制不住悲伤啊！”从这句“贤妻良佐”看来，《女则》不是什么三从四德之类的书，很可能是一本记录、分析历代女性与政治关系的书，一本后宫版的《资治通鉴》。所以，到了宋明理学兴起以后，女性地位急剧下降，后宫不得过问政治，这本长孙皇后所著的《女则》也就失去了存在的意义，渐渐失传。

此后的13年里，李世民站在宫中高处，常常眺望昭陵，伤感流泪。除此之外，在许多大事上，他都毫不避讳提到长孙皇后——

他多次交代，自己死后要和皇后合葬一穴，从贞观十年起就陆续让功臣、后妃陪葬在昭陵，还把自己钟爱的六匹战马原样雕刻于石上，放到昭陵，做好了各种合葬准备。

太子李承乾被废，他只想在长孙皇后生的几个儿子里挑选新太子，完全没有考虑过其他人选。

高士廉去世，他痛哭流涕，前去吊丧，房玄龄和长孙无忌坚决不准已经病重的他近丧事，他大哭道：“朕爰在弱龄，早敦姻戚，绸缪眷遇，多历年

所。”念念不忘高士廉为他和长孙主婚的恩情。

而对大臣们来说，长孙皇后的早逝，是贞观时代一个能够安抚皇帝、约束皇帝的力量过早地逝去了。此后，李世民不再如早年那样节俭、那样开明，他自己晚年时也承认，自我约束能力比贞观前期减弱了。这是长孙皇后之死留给一个王朝和一段盛世的莫大遗憾。

第八章

专家带你看「大明宫词」
太平公主，
大明宫的爱情与政变

作为武则天的女儿，太平的人生体验可谓冰火交融。她曾肆意享受大唐公主的特权，主动请求赐附马，选择高颜值的第二任附马，甚至于养男宠，要多任性有多任性。可一旦与母亲的权力野心发生抵触，她的幸福总要被迫让位。她曾参与了数次政变，大明宫里，一次次推翻一个亲人，再扶上另一个亲人，她都是中坚力量。这些权力斗争及期间的镇国辅政，是她挥洒政治能量的舞台，也留下她生命燃烧的痕迹。而最终死于政变，应该是她自己没有想到的结局。

说起古装剧，就不得不提《大明宫词》。它并非历史正剧，却收获了几乎和历史正剧一样的赞誉，历久不衰。这或许是因为它美，外景、造型、道具都满足了人们对瑰丽大唐的想象；或许是因为它奇，皇族奇情、公主奇缘、朝野奇变，又满足了人们对宫廷政治的想象。更大的可能在于，它塑造了活泼浪漫的少女太平和端庄深沉的成年太平，人物气质的变化总体吻合历史上太平公主的命运。

不过，真实的太平公主，不会有《大明宫词》里的忧郁、凄凉。她有过两情相悦的美满婚姻，也有过春风得意的镇国辅政，她的一生，无论从小女人的角度看，还是从大女人的角度看，都活出了大唐公主该有的恢宏壮阔。

初嫁薛绍，“共赏万年春”

“韦姐姐！韦姐姐！”在长安热闹的上元节夜市上，小太平和一起溜出宫的韦氏走散了，着急得一边哭，一边喊。迎面走来一个戴着同样昆仑奴面具的人，小太平欢呼一声“韦姐姐”，伸手掀开了面具。然而，面具底下，是一张好看的、年轻男子的脸。小太平挂着一脸泪痕呆住了。男子微笑起来：“你是不是认错人了？”见小太平发呆，他又一笑：“我可以走了吗？”

这是《大明宫词》里最经典的一幕，上元佳节，小太平和薛绍在面具下明媚的相遇。其实在这件事上，历史比电视剧更浪漫——太平公主和薛绍是表兄妹，很可能是两小无猜、青梅竹马，就跟《红楼梦》里黛玉宝玉的关系一样。

关系亲归亲，结下美好姻缘，确实是太平公主自己争取来的。史书上记载，朝廷第一次谈及太平公主婚事，是在她十二三岁的时候，吐蕃人前来求婚，要求公主和亲。这一下，给唐高宗李治和皇后武则天出了个大大的难题。当时李治只有三个女儿，前两个年龄大的女儿是已经被武则天斗垮、整死的萧淑妃所生，也早就嫁人了，唯独帝后二人最心爱的太平还待字闺中，而且刚好进入适婚年龄段。难道真的要把小太平嫁去吐蕃和亲？

李治和武则天当然舍不得，他们忽然想到一个好理由：太平出过家当过女道士呀！想当年，太平六七岁时，武则天的母亲杨夫人去世了，武则天万分悲痛，很想依照李唐皇族自命老子李聃后人、尊崇道教的习俗，入道修行，为母亲积些冥福。然而，此时武则天已经和李治临朝听政、合称“二圣”六年了，由于李治患有家族遗传病“风疾”，常常头痛目眩，处理政务的很大一部分担子压在武则天身上，她怎能入道呢？最合适的办法，就是她唯一的女儿太平公主代母奉道，为外祖母修福。于是，年幼的太平换了道服，到了道观，行了仪式，还得了“太平”这个道号，后来成了她一生的名号。

让六七岁的太平公主奉道，武则天多少有点“作秀”的味道，太平还太小，哪里懂得道观里的修行呢？不过是表达一份孝心罢了，很快她又回到宫中，在父母身边生活。但是，一个公主奉道是要记载在文献上的，到了吐蕃求亲这个关键时刻，就可以拿出来作证：你看，我们公主早就出家了。李治还干脆抢修了一座太平观，让女儿去那里举行了当观主的仪式，这也是跟吐蕃人强调：你看，我们公主都有自己的道观了。

吐蕃当然不能逼一个女道士和亲，只好作罢。《大明宫词》里那段小太平切假手指吓跑突厥王子求亲的情节，应该是从这里大胆改编的，用以表现小太平的聪明。其实，少女时期的太平公主，虽然活泼伶俐，但有万般宠爱她的父母在，她完全不需要自己面对风浪。

此后很长时间，李治和武则天都忘了太平的婚事。唐朝人的婚嫁年龄都很早，小太平长到十七八，终于有点忍不住了：爹妈是把我忘了，还是一直把我当小孩呢？太平的聪明果决第一次得到了体现。李治举行宴会，她换了一身男装，紫袍玉带黑巾，还带着弓箭，跑到宴会上说：“父皇母后，儿臣跳舞给你们助兴吧。”李治和武则天看着女儿一身青年武官的衣裳，哈哈大笑，问她为什么打扮成这个样子。太平马上回答：“我穿这身不合适吗？那请父皇母后赐给未来的驸马穿，合适吗？”

李治和武则天这才反应过来，宝贝女儿是着急婚姻大事了。事不宜迟，赶紧从功勋世家、贵族少年、青年将领中挑选合适的未婚男子。这挑中的正是李治姐姐的儿子、李治自己的外甥薛绍。

薛绍出生于公元663年，虽然太平公主的出生时间没有记载，但根据她最小的哥哥李旦出生于公元662年来推算，太平公主最早也就是公元663年出生，最大也就跟薛绍同岁，年龄正相当；薛绍的母亲城阳公主和李治是一母同胞，同为长孙皇后所生，李治对她“友爱殊厚”，从这点看，是亲上加

亲；当年李世民为城阳公主选婿，也是千挑万选，虽然城阳公主是再婚，但选出来的薛瓘也是“神宇辉杰，高标朗秀，达学成盘，通才应物”，可谓有才有貌，薛绍的才貌想必也出众；薛瓘又出自河东薛家，讲究世家门第的风气沿袭到了唐朝，薛家属于高门大姓，与皇室足够匹配；此时薛瓘和城阳公主都已去世，薛绍只有两个哥哥，太平嫁过去还不用处理复杂的家族关系。当然，这种种优点都是外在条件，薛绍最核心的优势应该是和太平公主自幼相识，一起长大，有良好的感情基础。

这桩美满姻缘选在公元681年七月举行婚礼。李唐王朝还从来没办过如此盛大的婚礼。想当年，李世民想风风光光嫁女儿，是要被魏征等人的唾沫星子淹死的。而现在，经过贞观之治和李治的永徽之治，国家财力已大为富足，李治能够倾其所爱地嫁女。婚礼的地点选在长安的直辖县万年县县衙，唐朝习俗是晚上婚嫁，婚车队伍从长安城东北的大明宫出发，一路火把逶迤，亮如白昼，浩浩荡荡地走到长安城东南的万年县衙。婚车太大，县衙的门进不去，那就拆掉县衙的墙进去。李治唯恐女儿的婚事不够隆重，还特意好事成双，给第三个儿子、太子李显同日举行纳妃仪式，太子妃正是未来的韦皇后。

“方期六合泰，共赏万年春”，这是为人父者的李治在目睹儿女们的盛大婚礼后，十分欣慰地写下的诗。他当然不会想到，他的女儿女婿将会生离死别，这一晚的两个新娘也会变成你死我活的政敌。

此时，只有洞房花烛下明媚的相见。太平公主和薛绍开始了恩爱的生活。《大明宫词》里对这段婚姻的悲剧处理尽管富有艺术感染力，但绝非史实。没有什么前妻慧娘，没有什么白绫赐死，更没有什么慧娘之子叶儿，薛崇简当然不会是叶儿，他是太平公主和薛绍的亲生子——八年之间太平生下四个孩子，两男两女，长子叫薛崇胤，次子就叫薛崇简。

这是太平公主一生中最幸福的八年，这种幸福以后再也不会有。

再嫁武攸暨，为母亲称帝牺牲婚姻

“武攸嗣，你看着我，说实话，你爱我吗？”一夜未归的太平公主忧伤地问着等她一宿的新郎武攸嗣。傻傻的武攸嗣少有地严肃起来：“公主还记得我们第一次见面的情形吗？在湖心岛，我那时刚刚进宫，土里土气。我那次被你骂得好惨。我在晚上就给我的妈妈写了第一封家信，我跟她讲，长安真好，长安有世上最美、最值得爱恋的事物。我指的就是您……谁能想到今天我竟然娶了您？您无法理解，这对我有多么的不真实。”

《大明宫词》以强烈的无奈和痛苦渲染了太平公主的第二段婚姻。这跟史实也有相当大的出入。第一，历史上没有武攸嗣这个人；第二，也不能把太平公主的第二任丈夫武攸暨视作原型，武攸暨是个心性淡泊、姿态从容的人，绝不蠢钝；第三，太平公主的第二段婚姻也没有那么痛苦，她的视野此时已经看开了、看远了。

太平公主和薛绍八年的夫妻缘分，斩断于双方家庭的两个关键人物之手。在男方，是薛绍的大哥薛顗（yǐ）。想当年，薛绍欢欢喜喜迎娶太平公主时，薛顗就觉得这个弟媳妇的背景太好、太强大了，忧心忡忡地询问薛氏长辈薛克构。薛克构说，皇帝的外甥娶皇帝的女儿，这是历朝历代的惯例，只要对公主客客气气的，就没有什么可担心的，不过，既然娶了公主，就等于把官府娶进了家里。这边话音刚落，那边果然官方找上门来——武则天发现薛顗的妻子萧氏、薛绪的妻子成氏，都不是世家大族出身，跟这样的人家做妯娌，岂不是辱没了我家太平？不行，把她们休了。有人劝武则天，这萧

夫人出身不算低啊，是南朝梁国的皇族萧氏。武则天这才作罢。然而薛顗险些被逼休妻，心中的恨意可想而知。

在女方，“幕后黑手”当然是太平的母亲武则天了。就在太平结婚两年后，唐高宗李治去世了，太子李显一即位，就要封岳父韦玄贞为侍中，也就是宰相，遭到群臣阻止后脱口而出：“我以天下给韦玄贞，也无不可，难道还吝惜一侍中吗？”这一荒唐言行让武则天在他当了55天皇帝后就废了他，另立22岁的第四子李旦为傀儡皇帝。公元668年，武则天在东都洛阳修好了气势恢宏的明堂，召集李唐皇族前去洛阳祭神，李家子弟乱成一团：天哪，这是要把我们一网打尽，她好独掌政权吗？越王李贞和琅琊王李冲父子决定牵头造反，对武则天积怨已久的薛顗参加了。事败，薛家满门以谋逆罪名入狱，薛绍也不例外。

这对温室中的太平公主无异于晴天霹雳，她第一反应就是向母亲喊冤、求情。但武则天丝毫没有心软，只念在太平的面子上，给薛绍留了全尸。为什么她明知道薛绍不太可能参加谋反，明知道太平和薛绍感情很好，还坚持要杀薛绍呢？因为她谋划的已经是称帝大业。她唯一的女儿，这场婚姻是跟李家血统的联姻，而她需要的，是让太平重新跟武家血统结合。亲情和爱情，此时全部要让位于政治。

薛绍之死是太平公主一生的转折点，纯真明丽的青春戛然而止，血腥冷酷的政治扑面而来。她有一个过于强大的母亲，既然无从抗争，那余生就只能沿着母亲开辟的道路前进。史书上说太平公主长得像武则天，性格也像，失去薛绍的巨大痛苦激发了她与生俱来的政治潜能，她一夜之间成熟了。

母亲为她选中的夫婿是亲侄子武承嗣，她起初答应了，很快又反悔，转而选择了母亲的堂侄武攸暨。这一番变卦看似“烧冷灶”，但太平应该有自己的考虑。第一条或许是因为武攸暨是个美男子，既然没有爱情了，选颜值也没错；第二条大概是因为武攸暨淡泊政治，不喜欢卷入武家的是是非非，对权力没什么兴趣，太平不会在母亲之外再多一层政治束缚。总而言之，这是太平所能做出的最不坏的选择。

《大明宫词》里那戏剧性的一幕其实是从这里移植的——武攸暨不是单身，他有原配夫人，武则天那三尺白绫就是送给这位原配的，她替女儿轻轻松松解决了障碍。于是，在薛绍死后的第二年，太平公主带着最小才刚刚满周岁的四个孩子，改嫁武攸暨。婚后没多久，公元691年，母亲武则天正式称帝，改唐为周。

这段婚姻幸福吗？那看跟什么比了。跟薛绍比，肯定谈不上幸福；跟平淡夫妻比，又不算逊色，二人白头到老，没有离异，还生育了两子一女。更重要的是，多年以后，太平公主决定参与李唐皇族推翻母亲的政变活动时，忙进忙出，既要密切监视武三思的动向，又要进宫了解母亲的想法，还要串联李家兄弟交流情报……她种种“倒行逆施”，武攸暨从没对外泄露过一个字。在权力即将更迭、李武两姓争夺继承权的暴风雨中，夫妻之间不拆台，也是感情尚可的一大佐证。

武则天对这桩婚事也很满意。称帝八年后，她把李武两家的六个孩子召集到东都洛阳的明堂，一边三个，李家是李显、李旦、太平公主，武家是武三思、武攸暨、武攸宁，一起祭天发誓：李武两家要友好相处。誓言还刻在铁板上，收档保管。这六个人中间，能够紧密联系李武两家的，正是李家的女儿、武家的儿媳太平公主。她很好地完成了母亲对她第二段婚姻的政治诉求。

男宠张昌宗，献给母亲的忠心

“你是谁？”太平公主在长安街头惊见一张酷似薛绍的脸庞。他信手抚琴，弹的正是薛绍喜欢的《长相守》：“在下张易之。”“从哪来？”“宁州，江南小镇。”“来长安做什么？是投亲，还是流浪？”“本来，是想到长安闯天地的，但来了以后，发觉流浪更有意思。”面对连连追问，早已心知肚明眼前贵妇身份的张易之，刻意摆出云淡风轻的姿态。太平公主深情凝望着他的脸：“八月十五，请来我的府上做客。”

《大明宫词》为太平公主再婚后养男宠的行为找到了一个理由：长得像薛绍。实情当然不是这样。以女皇武则天公开养男宠的风气，以太平公主作为女皇唯一女儿的身份，她要学母亲的样儿找个男宠，根本不需要有什么理由。何况她的男宠也不是张易之，而是张昌宗。她把张昌宗献给了武则天，张昌宗再把哥哥张易之引荐给武则天，从此有二张乱政。

太平公主献上男宠张昌宗，是因为她杀过母亲的一个男宠薛怀义。

薛怀义本是洛阳一个卖药的货郎，名叫冯小宝，长得仪表堂堂。唐高祖李渊的女儿千金公主一见到此人，就觉得大有用处。别看她辈分上是李治的姑母，但在武则天称帝、李家人人自危的时候，她什么都豁得出去，不惜请求做武则天的女儿。武则天当然没荒唐到这种地步，只是赐她姓武。她觉得，讨武则天欢心的最好办法，莫过于献上一个男宠，于是一面把冯小宝送到寺庙里去当和尚，一面命令薛绍认冯小宝做了侄子，冯小宝改名薛怀义，变成一个出身世家大族的和尚，这才名正言顺地被送进后宫，跟女皇去说说

佛法谈谈情。

武则天越来越喜欢薛怀义，在他的游说下修复了洛阳白马寺，明堂也是交给他监制的。薛怀义还是有些能耐，明堂有100多米高，相当于如今的30层楼，在当时完全是突破建筑极限的创举。薛怀义仗着武则天的宠爱变得十分骄纵，起先是藐视朝廷官员，后来发展到不许武则天有其他男宠，一旦有了，他就一把火烧掉了明堂。

在薛怀义的逻辑里，明堂是我建的，我怎么烧不得？但在政治的逻辑里，明堂是具有礼制意义的建筑物，是国运的象征，岂能想烧就烧？想杀他的大臣不知有多少，但没人敢动手，女皇的男宠就跟皇帝的妃子一样，哪个大臣能想杀就杀？

只有太平公主能够动手。她挑出一批健硕有力的妇女在后宫中执勤，以备不测。当武则天下定决心拿下薛怀义时，太平立即吩咐自己的乳母带着那些健硕妇人将薛怀义打死，然后把尸首悄悄送回白马寺。整件事情办得果断利落，不着痕迹。

如果说杀薛怀义还是宫闱秘事，那么杀来俊臣可以视作太平公主正式参与朝政的开端。来俊臣是有名的酷吏，生平事业就是四部曲：罗织罪名，施加酷刑，铲除异己，向上邀功。被来俊臣害得家破人亡的大臣数不胜数，酷吏政治也成了武则天的一个污点。而太平公主也是酷吏政治的受害者——薛绍就因被酷吏诬告参与谋反而入狱。

不知道为什么，来俊臣竟然又盯上了太平公主。他先是搜罗材料诬陷武家诸王和太平公主图谋不轨，接着又编造李显李旦兄弟勾结文武百官谋反，竟然要把李武两家的继承人一网打尽。这个摊子铺得太大了，大到他自己再也兜不住。有人把他的秘密行动告诉了太平公主，太平公主以及武承嗣等人决定先下手为强，联名向武则天状告来俊臣。

纵然武则天再多疑，不相信自己的儿子和侄子，但也不会怀疑自己的女儿，毕竟，女儿是没有皇位继承权的，谋逆这种事太平公主犯不着来做。来俊臣这一次真是马屁拍到马腿上。更重要的是，经过好几年的酷吏政治，武

则天已经把各地忠于李唐、反对女主的势力基本清除干净。“狡兔死，走狗烹”，国家需要回归正常的政治生活了。于是，来俊臣被问罪处死。

太平公主参与终结了酷吏政治，一跃成为大臣们眼中的领袖。名望、资历、经验，经此一役她都获得了。

神龙政变，推翻母亲选择三哥

“请武皇到外面去，见过五王和将士。”太平一剑刺死张易之，对白发苍苍的武则天说道。女皇的坐辇被抬到大殿外，太子李显带着众人黑压压跪了一片，武则天问：“显，你在等什么？”李显嗫嚅，武则天了然：“你们是想让我退位？”众人沉默。太平让众人退下，母女俩单独进行了一次倾心长谈，谈起李治、谈起薛绍、谈起爱情、谈起衰老。泪光中，武则天平静地对女儿说：“叫他们来吧。”她交出了皇位。

对于逼武则天下台的神龙政变，《大明宫词》做到了部分还原。这场政变里起到核心作用的，确实是两派势力，一派是朝廷上的五大臣、日后被称为“五王”的张柬之、敬晖、崔玄暐、桓彦范、袁恕己，另一派就是后宫里的太平公主和上官婉儿。到了最后的关键时刻，有能力劝说武则天的，也的确是太平公主。

神龙政变祸起于宫闱秘事。想当年，太平公主杀了母亲的男宠，也体谅母亲的寂寞，就把自己的男宠张昌宗献给了母亲。张昌宗面容姣好，吹拉弹唱样样精通，一进宫就成了红人。他跟武则天说：“我有个哥哥张易之，才干远在我之上，尤其擅长炼制药物。”武则天立即召见张易之，果然很是悦目。

张氏兄弟很快权势熏天。他们加官晋爵，文人写诗吹捧他们，武家兄弟和宰相争着为他们牵马递鞭。就连李家兄弟也坐不住了，李显、李旦、太平公主联名上表，请武则天封张昌宗为王。当然，武则天没有同意，只封了张

昌宗、张易之为公爵。

在称帝14年后，武则天衰老了，疲惫了，狄仁杰劝她，您若传位儿子，将来千秋万岁供奉于宗庙；您若传位侄子，可见过侄子把姑妈供奉在宗庙里的？一语定下女皇的决心。武则天离开洛阳，还都长安，表现出明显的向李唐王朝回归的迹象。觊觎皇位的武家子弟开始恐慌，于是跟二张紧密勾结，趁着武则天生病，阻隔了李显、李旦与武则天的接触，一切汤药侍奉都交给了张昌宗、张易之。宫闱重重，儿子不能见母亲；杀机四伏，皇位将传谁手？

关键时刻，太平公主的特殊作用再次凸显。她是女儿，她有办法进宫见到武则天；她是武家的儿媳，她有渠道捕捉武三思等人的异动；她是女人，她能得到女人的门路——与母亲身边名动天下的才女、名震朝野的“内宰相”上官婉儿结盟。

上官婉儿也是大唐的一段传奇。她的祖父上官仪，曾经撺掇李治下诏废了武皇后，结果被武皇后冲进来抓了个现行，直接被罢官，上官父子问斩，女眷没入掖庭为奴，包括已经怀孕的上官婉儿之母。所以，婉儿出生在掖庭。然而上官家的文采天赋都遗传给了这个女孩，她诗词文章，无一不美，很快从暗无天日的掖庭脱颖而出，被武则天召到身边，专职起草诏书，以削弱外朝宰相主导的文书大权。

一个是旷世才女，一个是实权公主，她们的结盟，将给大唐政局带来深远影响。这一次神龙政变，就是她们合作的第一个成果。

公元705年，外有张柬之、敬晖、崔玄暐、桓彦范、袁恕已五个大臣联络羽林军，中有李家三兄妹密切合作，内有上官婉儿深宫策应，一场打着“二张作乱，臣请诛杀”旗号的政变开始了。这不过是古老的“清君侧”游戏，杀乱臣是次要的，逼年事已高的皇帝退位才是核心目的。武则天雄韬伟略，岂能不知？她不但退位了，不但传位给李显了，还提出要回归大唐皇后的身份随葬李治的乾陵。这是多么聪明，以四两拨千斤之力，证明自己仍是李家的儿媳，只不过是替不成器的儿子代理了十几年江山，避免了历史上“清君侧”之后还要追责君主的结局。

退位之后，81岁的武则天很快就去世了，只留下乾陵一块“无字碑”，任由后世评说。然而，新君唐中宗李显，的确是个不成器的儿子，比母亲的能力差远了，甚至根本没法比。李治和武则天这样两个资质一流的皇帝，生下来的几个儿子却没一个出众的。仅是从这一点出发，后世的男权者就不能指责武则天所开辟的女主时代和所启蒙的大唐精英女性的政治雄心，至少，武则天主政时“尊时宪而抑幸臣，听忠言而诛酷吏”“四海慕化，九夷禀朔”，而李显上台后呢？一片乱象。

李显首先是论功行赏，加封政变五大臣为郡王，弟弟李旦为安国相王，妹妹太平为镇国公主，还特许太平开府设官，正式议政。给太平的待遇已经追平了李渊的女儿、开国有功的平阳昭公主。但是加封完之后，李显发现他们个个都能功高震主，自己太弱小了，于是旧病复发，大肆起用老婆的娘家人，岳父虽然死了，还有各种堂亲大舅子、小舅子，韦皇后势力大增。这还不够，李显又扶持起岌岌可危的武家，听凭武三思和韦皇后私通，女儿安乐公主也嫁给武三思的侄子武延晖。末了，他还提拔一些旁门左道的和尚道士出任要职，掌管秘书监和国子监，令天下士大夫哗然。

这一来，“五王”不干了，首先跳出来劝谏。李显大怒，将“五王”一一贬黜、罢官、追杀。而权力落入了韦皇后母女和武三思叔侄之手。神龙政变的成果转眼间变得面目全非。

危急时刻，史家笔下“工心计、多权略”的太平公主在做什么呢？她在静悄悄地结交被李显伤透心的士大夫，公主府成了养士之地；她在不动声色地联合李旦，李旦的两个女儿都嫁进了她前夫薛家的家门；她在大张旗鼓地跟和尚争一只水碾，以示自己不关心权力，只关心财产；她还在继续养男宠，一个崔湜，一个卢藏用，都是有才有貌的男子……

她的示弱，她的藏拙，能打消李显对她这个政变功臣的猜疑吗？也许能。李显糊涂，但心地不坏。可她打消不了韦皇后母女已经膨胀的野心。

唐隆政变，推翻三嫂选择四哥

“旦哥哥，发生了什么事？仆人们呢？怎么就你们三个人？”太平走到东宫，看到李旦粗衣散发，在自己晾晒衣服，惊诧地问道。李旦豁达地笑着：“我们三个不是过得很好吗？虽然身处深宫，却有了平民的情致。”太平为李旦的处境感到愤怒，李旦却从容地坐下来，喂着鸽子，阻止她去做任何事情。太平毅然起身，扬长而去，李旦呼唤：“太平，你去哪儿？”她斩钉截铁地回答：“去问候权力！”

《大明宫词》把李旦塑造为一个儒雅、恬淡的隐士，并且把李旦和太平公主的兄妹情处理得十分真挚，这两点都是有历史依据的。根据史书的记载，李旦确实是一个谦谦君子，三让权位。第一次是年轻时禅让帝位给母亲，成全了女皇称帝的最后一步；第二次是武则天把李显从流放的外地召回京城时，他让出太子位给李显；第三次则是晚年让出帝位给儿子李隆基。

但性格谦让不等于活得倒霉。李旦绝不是一个粗茶淡饭、饱受闲气的人，相反，在李显登上皇位后，他这个弟弟的实力大增，权势之盛比小妹太平公主还高一筹。这种实力倒不是来自弄权，而是因为他有四个儿子，而且都有出息，整个相王府人丁兴旺。

最忌惮这一点的莫过于韦皇后。她是典型的“可恨之人，总有可怜之处”。当年和太平公主一起办婚礼的韦家小姑娘，也是出身世家大族的掌上明珠，一朝嫁入太子家，本是憧憬着幸福生活的。可李显登基55天被废，从此一路流徙，衣食艰难、蓬头垢面都不算苦，时时担惊受怕不知长安和洛阳什么时候来人、是不是又要他们去更远的地方、甚至是不是要取他们的性命，这才是煎熬。韦皇后也有过一个亲生儿子，却因为议论二张干政，被武则天处死了。至于父亲、弟弟，那早就受李显牵连死光了。只剩下唯一一个女儿安乐公主，出生时连块包裹婴儿的布都找不到，李显脱下自己的衣服裹住了女儿，从此公主小名就叫“裹儿”，也因而备受李显疼爱。这安乐公主长大后，美貌惊人，是唐史上记载的最绝色的公主，但也是最骄纵的公主，直接向李显提出要做“皇太女”。

李显当然没有答应她。在李显暴毙而亡后，韦皇后也没敢自己登基，而是在李显仅有的两个儿子中选了年龄小的李重茂登基，效仿武则天以太后身份主政。在这种情况下，李旦父子五人就格外刺韦氏的眼了。

大家都是从武则天时代走过来的人，还不明白接下来会发生什么吗？韦氏要女主天下，李家子孙又会被清洗一空了。推翻武氏的神龙政变才过去5年，一切经验都是现成的，那就再搞一场政变推翻韦氏吧。

李家有两个人同时有了这个念头，一个是太平公主；另一个是李旦的第三子李隆基。这位李三郎雄心勃勃地登上了历史舞台，他找到姑姑太平公主，提议联手政变，但有一个条件：不要让父亲李旦再参与这么危险的事了。

这是一个听起来孝心可鉴，推敲起来心机深沉得可怕的条件。李隆基是庶出的三郎，大哥李成器是嫡长子，而且久历政务，处事沉稳，无可挑剔。如果李旦主导政变，将来太子名分一定是李成器的，跟他李隆基一点儿关系都没有。

太平公主当然一眼洞穿了他的小心思，但太平也有自己的考虑，跟哥哥联手政变，她只有辅佐之功；跟侄儿联手政变，她就有主政资本，何乐而不为呢？

公元710年，唐隆政变爆发。太平公主坐镇谋划，李隆基带兵冲锋。他们从玄武门冲进皇宫，直奔韦氏寝殿——还是那个玄武门，当年见证了李世民的崛起，如今又见证了李隆基的出发。睡梦中的韦氏被震天杀声吵醒，立刻明白发生了什么事，连忙奔向由韦家子侄担任将领的飞骑营，谁料飞骑营的将领早已被杀，士兵也被李隆基策反，韦氏一扑进去，等待她的不是救命稻草，而是当头一刀，身首异处。

安乐公主也醒了，她没有韦氏那样的逃跑门路，反而镇定从容地坐到梳妆镜前，精心打扮起来。政变士兵破门而入，毫无怜香惜玉之情，同样一刀了结了这个“姝秀辩敏，光艳动天下”的大唐公主。

当政变士兵冲到上官婉儿的住处时，上官婉儿手持诏书，微笑地等着他们。那是太平公主和上官婉儿第二次合作的证据——李显死后，婉儿拟遗诏，两人商量在遗诏里写上“命相王参谋政事”，以求制衡韦氏母女。这句话当然被韦氏抹掉了，但底稿婉儿留在自己手中，为的就是这一天，能证明自己心向李唐。

然而李隆基看完这份诏书，冷漠地吐出一个字：“杀！”一代才女上官婉儿也倒在血泊中。

唐隆政变取得了彻底的胜利，太平公主从幕后走向前台，亲手操办了哥哥李旦的登基仪式。公元710年六月二十三日，朝堂上，一边是小皇帝李重茂的御座，太平公主站在御座旁；一边放着李显的灵柩，李旦站在灵柩旁；其他文武大臣都站在大殿下。太平公主说：“国家多难，政局不稳，皇帝想把位子让给叔叔相王，各位大臣意下如何？”大臣们附议，并宣读传位诏书，然而李重茂吓傻了，瘫在座位上不起来，场面有点尴尬。太平公主果断出手，把他从御座上拉下来：“走吧，这个位子已经不是你的了。”李旦就座，群臣下拜，是为唐睿宗。

先天政变，侄子送来三尺白绫

> “我反对李重茂做皇帝，我出生入死除掉韦氏，我所做的一切都是为了我的父亲。我一直希望有一天，在朝上能辅佐我的父亲，在朝外尽心地侍奉您，让您余生幸福，可这一切全都让您给打碎了！”李隆基怒斥太平杀死了他的父亲李旦，此时薛绍的儿子薛崇简蒙面出现，行刺李隆基，反被李隆基所杀。太平痛苦至极，绝望离去，得知父亲死亡真相的李隆基追了出去，跪倒在地，喊出一句让太平胆战心惊的话：“我爱您，姑母！”

《大明宫词》对李隆基和太平公主关系的改编，已经与史实背道而驰，其中违背伦理之处，更是备受诟病。李隆基不爱他的父亲，只爱权力，这是前文已经阐述过的；而对他的姑母太平公主，李隆基何止是不爱，简直是恨。更准确地说，他不是恨自己的姑母，而是恨一切企图掌握政权的女人，从他毫不留情地杀掉上官婉儿开始，就可以看出这一点了。

太平公主一生睿智，最后选错了一个盟友，一个志在消灭女性政治的盟友。

李旦很清楚，时隔27年，自己重登皇位，这是儿子和妹妹送给他的。妹妹还好办，无非是高官厚禄、礼遇恩宠，就可以解决了。儿子却是个心头大患。三郎李隆基有拥立新皇的大功，嫡长子李成器却有法统上的继承惯例，而且绝无什么差错可挑。怎么立太子？

在李旦的犹豫中，李成器明智地退让了。或许他遗传了父亲李旦淡泊权力的性格，或许他看透了杀伐决断的李三郎绝对不会让自己当太子，他主动而坚决地要求立李隆基为储君："国家安则先嫡长，国家危则先有功。"

李隆基如愿以偿当上太子，两年后，李旦决定退位为太上皇，李隆基正式登基，史称唐玄宗。然而奇怪的一幕出现了，素来淡泊权力，连皇位都可以一让再让的李旦，当了太上皇之后，却开始揽权了。

这奇迹的背后，正是太平公主的怂恿。她只是体贴地对哥哥说了一句话："三郎还这么年轻，你这个做父亲的，总得扶上马再送一程吧？"李旦采纳了妹妹的建议，在传位仪式上，当李隆基说完一番推辞和感谢的话后，李旦说道："朕虽传位，岂忘国家？其军国大事，当兼省之。"

这下李隆基傻眼了，军国大事都由太上皇处理，三品以上官员由太上皇任免，太上皇五天一次在正殿上朝，依然称"朕"，命令称"诰"；他只能在偏殿上朝，命令称"制"，处理三品之下官员的琐事，他算什么皇帝呢？

这就是太平公主想要的结果，她要跟李隆基缠斗下去。哥哥李旦信任她，她就通过哥哥的太上皇权力，安插了大量宰相——在唐朝，宰相恰好是三品官。应该说，太平公主选人用人的眼光还是很不错的，铁面办案的萧至忠，清廉闻名的窦怀贞，都被她举荐到相位上。一时间"七位宰相，五出其门"。此外，她还在羽林军中发展势力，网罗了几名重要的将领。

处处受到掣肘的李隆基已经够郁闷了，偏偏李旦还下了一道命令，让他在公元713年的八月去巡视边疆。在政治话语中，这是一道等同于废黜的命令，去了还回得来吗？前脚走后脚不就立新君了吗？李隆基和他的谋士们再也解读不出善意来，是图穷匕见的时候了，只有杀掉太平公主，太上皇才没有能力废黜李隆基。

公元713年的七月三日，李隆基在规定出发巡边的日子到来前，突然动手，发动先天政变。他带领300来名骑兵，先杀了太平公主的两个心腹将领，接着冲进朝堂杀死了太平公主门下的几个宰相。在大家完全没有反应过来时，他已经带兵冲到了太上皇的门外。

事已至此，李旦只能将一切权力交给了李隆基，从此颐养天年。太平公主则逃出长安，在终南山的寺庙里待了三天。想当年，还没有成为她男宠

的卢藏用，考上进士后就到终南山隐居。终南山是个好地方，长安达官贵人都来此游玩，渐渐人人皆知山里有个才高八斗的“卢高人”，朝廷于是迅速请他出山为官。他用这一着“隐居”，可比别的进士在官场上少奋斗了几十年。所谓“终南捷径”，就是由此而来。如今，太平公主隐身于此，三天三夜，估计也想明白了：李隆基是她最后的政敌，也是致命的政敌，她已一败涂地，再无“终南捷径”可走了。

三天后，太平公主返回长安，李隆基派人送来三尺白绫。太平公主从容赴死，死时还不到50岁。她的四个儿子，只有薛崇简活了下来。当年唐隆政变时，薛崇简负责母亲和李隆基之间的联络工作，由此与李隆基相投。后来母亲和李隆基反目，薛崇简一直站在李隆基一边，跟母亲对着干，为此还挨过母亲不少打。如今，这成了他活下来的资本。他也不再姓薛，李隆基赐他姓李。这才是太平公主和薛绍婚姻的最后悲剧吧，薛家这个世家大族的姓氏，太平公主最后竟保全不了。

正如《大明宫词》结局的那句台词一样，她的死亡为长安带来了久违的太平。她的一生，前半生有过幸福的八年，鹣鲽情深，浪漫明快；后半生有过风光的八年，从705年的神龙政变开始，到713年的先天政变前夕，她左右政局，享有镇国公主的权力和荣耀。可惜历史没有站在她的一边，唐朝远没有开放到女性可以平等、持续参政的地步，当李隆基终结了女性政治时，历史就走进了“开元盛世”的新篇章。无须过分美化大唐那个时代，如果太平公主能够选择，今天才是她这样的女性政治家一展抱负的最好时代。

第九章

专家带你看「唐明皇」杨玉环：王朝盛衰，岂由牡丹

杨贵妃是中国历史上少见的不问政治、没有权力野心的后宫女性，最终却因『祸国』被杀，这个悖论，反映了男权话语的自相矛盾。一代红颜为君尽，不是因为她『自作孽』，更不是『天妒红颜』，而是因为男人要通过她来满足对美色和权力的贪婪。如果不论政治，杨玉环一生真正的光芒在于纯粹而令人惊艳的女性美，及其与盛世贵妃身份相结合而创造的传奇。

翻遍史书，很少有哪个女性比杨贵妃更受戏说的欢迎。数数看，冯宝宝、恬妞、周洁、林芳兵、侯俊杰、王璐瑶、向海岚、殷桃、范冰冰……当代的美女们接二连三地扮演她。她们当中，谁比较接近杨贵妃本人的形象呢？谁演绎的故事最符合杨贵妃真实的人生呢？

这一切，还得回到一千多年前的剑南蜀州说起。

绝　色

公元719年，在成都西边的蜀州，有个名叫杨玄琰的司户大人，工作内容比较杂，“户籍、记账、道路、逆旅、婚田”都归他管，级别却不高，属于从七品下的刺史衙吏，算是个中低级公务员吧。

唐代早期还是一个门阀世族的社会，姓什么比干什么重要。杨玄琰祖上很牛的，在北朝时期，个个都是地方大员，其中一个还获得了“弘农简公”的爵位，所以人称“弘农杨氏”。这么一说就明白了，他们家跟李家、长孙家一样，都属于关陇集团。而杨玄琰的妻子姓李，从门第上说，跟李唐王族同出一门，都算陇西李家的。

所以这一年，杨玄琰最小的女儿出生时，他底气十足地给取了个名字：玉环。美玉做的戒指、手镯，可见其身世名贵，姿容美丽。她还有个小名叫玉奴。奴字在唐代是漂亮、可爱的意思，小孩子长得萌，就会被唤作奴。比如李治的小名就叫雉奴，可见李治也是个颜值很高的皇帝。

杨玉环出生时，家里已经有一个哥哥杨铦，还有三个漂亮姐姐，后来大姐嫁给姓崔的，二姐嫁给了姓裴的，三姐嫁给了姓柳的。如果没有杨玉环的飞黄腾达，这一家人也可以过着不错的中等生活。

作为家里最小的女儿，长得又格外漂亮，杨玉环的童年肯定是娇憨活泼的。一个例证就是：杨玉环刚学会走路没多久，就跑到蜀州城里一个水池边玩耍，玩得太野了，还掉进了池子里。

然而无忧无虑的日子骤然消失。杨玉环10岁那年，父母双双去世，此时哥哥姐姐都还年轻，没有足够的能力来抚养她，她一夜之间变成孤女。好在，叔叔杨玄璬来了，把她从蜀州接到自己任职的洛阳，此时杨玄璬膝下尚无儿女，便把玉环当作自己的女儿抚养起来。

洛阳是繁华的东都，比起远在剑门关以南的蜀州小城，是一番全新的天地。而且，叔叔杨玄璬虽然和父亲杨玄琰的级别差不多，但一个洛阳中层官员能接触到的世面，不知比蜀州司户大到哪里去了。一切今非昔比，怀着好奇心的玉环很快融入了洛阳的生活，她的见识越来越广，她的歌舞才艺开始凸显，她还跟在叔叔身边学会了落落大方的交际应酬。一个官宦人家的闺秀应该具备的才能，她都有了。

渐渐地，杨家女儿如花似玉的名声，在洛阳传开了。

在讨论杨玉环美不美之前，有必要先讨论一个相关的问题：杨玉环胖不胖。

从宋代大文豪苏轼写出“环肥燕瘦”开始，人们就认定了杨玉环是个胖美女。然而唐代的记载并非如此。有一份李隆基为太子选妃嫔的诏书，写的是让高力士告诉京兆尹，选“人间女子细长洁白者五人；将以赐太子”。你看，李隆基为自己的太子选配偶，要求是皮肤白皙、身材修长。修长，那肯定是既不能矮也不能胖了。

再看看李隆基的好友兼重臣王琚写的《美女篇》：“东邻美女实名倡，绝代容华无比方。浓纤得中非短长，红素天生谁饰妆。”瞧，纤秾合度、胖瘦适中才入得了当朝大臣的眼。

还有一个大名鼎鼎的画家周昉，出生在李隆基主政的末期，后来以《簪花仕女图》而名垂青史。他还画过一幅《杨妃出浴图》，虽然现在已经失传，但毕竟是史书上记载的一幅基本同时代人画的杨玉环，那画中的杨玉环修长挺拔，不能说胖，只能说面若满月，身体丰腴。

你看，诏书、诗文、画作都证明了杨玉环不是个胖子。她只是“微有肌”。打个比方说，如果赵飞燕是体重80斤的骨感美，那杨玉环应该是体重120斤的丰腴美。

至于杨玉环到底是不是天下第一美女呢？别以为这个问题很八卦，其实

很严肃。

在中国的历史上，有一个重要的转折，就是从门阀政治向文官政治的转折。门阀世家起于东汉，魏晋时期的九品中正制彻底把这套东西固定下来。唐朝科举制的确立，打开了士人上升通道。武则天主政时，做的一个重要努力就是打击门阀势力，扶植新兴士人。但是，制度可以改，积累了数百年的社会风气不是一下子能改的。从武则天时代到李隆基时代，朝廷选择宰相时，能够做到看重才学了；但后宫选择配偶时，仍然是门第优先的。一直要到晚唐时期，择偶观念才会彻底改变，有了“榜下捉婿”、以新科进士为婚嫁首选的热闹场面。

所以，当李隆基为自己的儿子选妃时，他并不是搞“海选”，而是在门阀世家中选。而当时有资格跟李家联姻的大家族并不多，无非就是武家、韦家以及弘农杨家。这就是陈寅恪老先生说的“李武韦杨婚姻集团”。

在这个集团里，毫无疑问，杨玉环是艳名远播，无人可及。根据散见在史书上的零星记载，可以勾勒出她的五官：柳叶眉、丹凤眼、樱桃嘴、贴脑耳、鬓发腻理、花肤雪艳、眼波流转。一切古典美女该有的要素她都有了，她是这个婚姻集团里最美的人，但不能说就是大唐帝国最美的人。

选　妃

这个在东都洛阳和门阀世家出了名的美女，迎来了人生的重要转折点。公元734年，即位22年的李隆基已经缔造了一个新的盛世“开元盛世”，这一年国家繁盛，风调雨顺，李隆基心情非常好，他带着宠妃武惠妃、武惠妃的独子寿王以及其他王公大臣，浩浩荡荡地离开长安，开始他人生中的第五次巡行洛阳，并且住了两年。

此行，有一件重要的事，就是给寿王李瑁选妃。

寿王从小长得端正漂亮，而且早熟懂事，7岁和兄弟们一起封王时，其举止就能符合礼仪规则，所以李隆基特别宠爱他。李瑁和杨玉环是同龄人，这一点，参与接待皇室宾客的杨玄璬早就打听清楚了。杨玄璬一边忙于舟车、舍宅、百工众艺的接待工作，一边也托请官阶更高的朋友，向选婚使推荐了自己的养女杨玉环。

按说，同龄对杨玉环来说，不是优势，反而是劣势。那时候女孩子十三四岁就出嫁，玉环17岁还未嫁。但她的美貌、她的歌舞才艺、她的谈吐气质，在所有候选的名门闺秀中，实在太出类拔萃了。而且她出生于蜀州，恰好寿王遥领剑南节度使，她算是寿王的子民，说起来又多了一层缘分。李隆基与武惠妃很满意，寿王妃就是这个女孩了。

在公元735年的政治生活中，寿王和杨玉环的婚礼是一大盛事，按照今天的说法，堪称“世纪婚礼”——

首先是“纳彩”，李隆基派婚使带着礼品到杨玄璬家里，正式提亲。杨玄璬当然一口答应了。

接着是“问名”，到了杨家，婚使写一个婚书，问杨玄璬这个女儿的名字和生辰八字。当然，她和寿王的生辰八字，占卜结果是大吉。

继而是“纳吉”，皇室的婚使把占卜大吉的结果带给杨家，同时带去的还有李隆基为儿子准备好的彩礼礼单，上面有各种珍奇珠宝，还有莲子、枣子、丝绵等吉祥喜庆之物。但是按照习俗，这份礼单女方不能全收，所以杨玄璬要仔细看看，哪些需要，哪些不需要，然后请婚使把礼单退回去，这就算双方把彩礼敲定了。

然后是“纳征”，婚使把选定的彩礼源源不断地送到杨家，最后杨玄璬在婚书上签字，这婚姻就算有合法效力了。

若是民间嫁娶，下面就是男方去女方家里“请期”。但李唐王朝迎娶儿媳妇，就是另一种隆重法了。李隆基选了十二月二十四日，派出宰相李林甫和另一个重臣陈希烈，作为正副婚使，带着礼品到杨家去，宣读李隆基写的《册寿王杨妃文》，诏书称赞这个儿媳道：“尔河南府士曹参军杨玄璬长女，公辅之门，清白流庆，诞钟粹美，含章秀出。固能徽范夙成，柔明自远，修明内湛，淑问外昭……今遣户部尚书同中书门下李林甫、副使黄门侍郎陈希烈，持节册尔为寿王妃……”读完了诏书，宫廷女官把杨玉环从“别室”中引出来，带到正副婚使的跟前，接受皇帝的诏书。

最后是“亲迎”。寿王李瑁亲自到了杨府，但新娘子是不会轻易出来的。当然，唐朝人的拦新郎，比今天的人更加高雅趣致，难度也更大。首先要写诗。新郎得一首一首地写“催妆诗”，呼唤新娘快点化妆吧，快点出来吧。等新娘出来了，骑着马跟新郎出门，路上还设有各种路障，这时候才是跟新郎要红包。

等李瑁把杨玉环接到宫中时，已经是黄昏了。所谓婚礼，就是昏时娶女，玉环下马后，脚不能沾地，必须一路踩着红地毯往前走，走进百子帐里拜堂。然后李瑁和玉环肩并肩一起挤进洞房门，象征以后夫妇平等。而宾客们该喝酒的喝酒，该闹洞房的闹洞房。

一场盛大的婚礼总算结束了。那时候不流行红盖头，而是手持团扇遮面；也不流行一身红嫁衣，而是“红男绿女”。一身翠裳华服的玉环放下手中的扇子，与寿王四目相对，彼此看到的都是才貌双全的佳偶，心中当然是欢喜的。

婚后，两人住在洛阳。第二年，李隆基才返回长安，新婚的寿王和寿王妃也一起回去了。在长安，寿王和其他几个皇子住在朱雀街东边著名的“十王宅”里，这里常有歌舞宴乐，杨玉环能歌善舞的特长又有地方发挥了，她很高兴。而且，长安是一座国际化的大都城，各种胡人的音乐、舞蹈盛行，聪明的杨玉环又学会了很多新的歌舞，其才艺更加精进。

然而，新婚燕尔的生活很快被打破了。她的婆婆武惠妃动了夺嫡之念。

武惠妃虽然备受李隆基宠爱，但一直没有被立为皇后，心中耿耿于怀。作为补偿也好，本性贪婪也好，她开始打起太子宝座的主意。此时的太子是赵丽妃生前得宠时所立，现在赵丽妃既然死了，武惠妃就跟宰相李林甫勾结，到处说太子结党，想要谋害自己母子。

李隆基听后大怒，当即就要废太子。此时，一代名相张九龄强硬地阻止了他。武惠妃没有得逞，气得咬碎银牙，没多久就找了个机会诬陷张九龄，把张九龄贬官了——这是整个李隆基时代的分水岭，张九龄在相位时，成就了励精图治的开元盛世；张九龄罢相后，李林甫独大，李唐王朝开始滑向奢靡的天宝时期。

张九龄被贬的第二年，武惠妃又指使人诬陷太子谋反。李隆基征求宰相们的意见，李林甫说：这是陛下的家事，陛下自己做决定就行。实际上怂恿李隆基坚定了废太子的念头。于是，太子和其他两个皇子先被废，后被杀。

皇帝一日杀三子，这是史无前例的，引起朝野震惊。李隆基事后清醒过来，也后悔了。至于武惠妃，做贼心虚，没多久就被吓死了，李隆基伤心欲绝。李林甫趁此机会要李隆基立寿王为太子，但李隆基出人意料地没有“因母怜子”，而是沉默。有一天，宦官高力士看李隆基形容憔悴，便出了个主意：“推长而立，谁敢复争？”李隆基豁然开朗，宣布立年长的第三子李亨为太子。

李瑁本人是个翩翩才子，对权力并不热衷，史书上没有看到他任何参与夺嫡的记载，想来在母亲上蹿下跳时，他在自己的寿王府里倒是安分守己，陪着新婚妻子过日子。杨玉环也是一个对政治毫无兴趣的人，丈夫是王子还是太子，对她来说没有意义，她有鹣鲽情深的小幸福就够了。整个废立风波，对寿王的直接影响就是：母死而父不立他为储君，他有失宠的迹象。

但最糟糕的是，武惠妃搅动的废立风波，把她自己给吓死了，这就带来了一个严重的后果：52岁的李隆基没了宠妃，身心孤寂，每天夜里都不知道该到哪儿就寝，于是一到黄昏就开始玩一些无聊的游戏。要么让宫女们赌钱，谁赌赢了谁侍寝；要么让妃嫔们头上戴花，他放蝴蝶，蝴蝶落在谁头上就由谁侍寝。这样的日子持续了3年，李隆基百无聊赖，情绪低落，乱发脾气，急需寻找新欢。

危险向李瑁和杨玉环袭来。

进　宫

如果说杨玉环和李瑁的婚姻生活有什么隐患的话，那就是杨玉环没能生下孩子。对一个皇子来说，王妃无子，始终是个芥蒂。另外，在新婚的激情消退后，两人兴趣爱好的差异也凸显出来，李瑁喜静，热爱读书；玉环喜动，热爱歌舞。这两件事是没法搭到一起去的。

武惠妃死后，寿王要为母亲守孝，所以这3年里，他对王妃肯定有所冷淡。守孝期满后，这对小夫妻虽然除了孝服，但玉环还是没有穿华服，而是换上了女道士的衣服，为婆婆祈福。以年轻夫妻的相处之道来推测，玉环这样做，多少有点儿讨好李瑁的意味。

这种婚姻生活的瓶颈期，如果再磨合一段时间，也就过去了。但恰在这个关头上，高力士给身在华清池的李隆基出了一个馊主意："老奴给您选一些宫外的美女来看看？"李隆基对宫中女子早已厌烦，当然说好。可是高力士物色的这个宫外美女，就是寿王妃。

高力士的这个主意，明面上，是杨玉环实乃目光所及之处最美的美人；暗地里，还有他的私心。高力士当宦官后认了高延福做养父，这高延福出自武三思家，所以高力士跟武家一直关系密切。而武则天的母亲杨氏，恰好也是弘农杨家的，与杨玉环出自一族。如果杨玉环能够成为李隆基的新宠，这对高力士所依附的武家绝对是个好事情。

美人是赏心悦目的，而围绕美人的这些政治算计，永远是晦涩阴暗的。

公元740年的十月，高力士把一身道服的杨玉环带进了华清池。音乐四起，歌舞曼妙，满殿华服，她三年未见的公公李隆基坐在正殿上隆重地接待

了她。李隆基以前当然也见过她，但不会以男人的心态来相见，这是第一次，一见之下，果然明艳不可方物，令他心情大悦，当即赐下金银首饰。他的血管里流着鲜卑祖辈的血液，对父子、叔伯、兄弟之间“转房”“共妻”的接受度本来就很高。而年轻的杨玉环肯定还不会想到这一层，她久未受到长辈关爱，此刻得到多年未见的父皇照拂，只觉得十分温暖。

当晚，李隆基赐浴，出浴后的杨玉环楚楚动人。李隆基再也忍不住了，告诉她要让她进宫伴驾。

杨玉环当然是震惊的、尴尬的。

22岁的她回到寿王府后，应该是度过了一生中最煎熬、最迷茫的一段日子。而56岁的李隆基回到长安，心情大好，顿时恢复了盛年光彩，他下决心要把杨玉环据为己有。

怎样才能堵住悠悠众口呢？不知道是不是受见面时杨玉环一身道服的启发，李隆基想出了一个好主意，他让寿王妃自己上书，请求出家奉道，为李隆基的母亲、已故窦太后祈福。而李隆基只需要批复同意就行了。他让人写了一道度寿王妃为女道士的敕文，大意是：寿王妃是个贤惠孝顺的人，她的志向不在享福，而在精修道教，如今她发愿为太后祈福，意志坚决，无法阻拦，所以现在度她为女道士。

真是一份掩耳盗铃的敕文。

公元741年正月初二，杨玉环结束了五年的寿王妃生活，出家奉道，道号“太真”。仅仅过了几天，正月十一，李隆基就把一身道服的杨玉环叫到华清池，共度情人时光。

从22岁到27岁，杨玉环做了五年的女道士，其实就是做了五年李隆基的情人。这在当时的宫廷根本不是什么秘密，他们在骊山的华清池、长安的兴庆宫出双入对，人人皆知“太真妃”。李隆基得到了久违的快乐，杨玉环得到了空前的宠爱，没有人敢对他们指指点点，但有一个人是尴尬的，那就是寿王李瑁。

如同太子废立风波一样，这场夺媳为妃的闹剧，他也只能被动地接受，

来不及或者没办法发出自己的声音。就在杨玉环入道之后，小时候抚养过李瑁的宁王、李隆基的大哥李成器去世了，李瑁随即上书李隆基，请求为宁王守孝。李隆基看到这份奏折，大概会高兴地想，李瑁还是懂事的，用这么体面的办法离开长安、离开皇室各色人等。

在得到杨玉环的第二年，742年，李隆基改年号为天宝。这是一个沉重而痛楚的年号，意味着“从此君王不早朝”，标志着从李世民、李治、武则天一直延续到李隆基早期的大唐盛世的终结。杨玉环不幸成为这个历史拐点的符号。

又过了四年，李隆基觉得过渡期已经够长了，社会舆论应该忘记了寿王那场隆重的婚礼，也说不清太真妃是什么来路了，好吧，先安抚一下寿王，给他娶了一个韦妃，10天后就册立杨太真为贵妃。而且，册封时李隆基还玩了个小花招，说要追封这位贵妃的父亲杨玄琰，从而跟前任寿王妃彻底切割开来——那位可是杨玄璬的长女。

知　音

从华清池相会到册封贵妃，六年过去了，杨玉环在和李隆基的朝夕相处中，生出了真正的爱情。这爱情是过去李瑁给不了她的，她是一个小女子，只想拥有幸福。现在，经过这么惊心动魄、有悖人伦的偷梁换柱后，她竟然得到了。

这段被后世传唱不衰的爱情，根基在两个字：知音。

如果说李隆基对杨玉环最初是色欲难抑，如果说杨玉环对李隆基最初是皇命难违，但后来的耳鬓厮磨间，他们会惊喜地发现，对方是和自己兴趣相投、爱好相契、有无数共同语言的人。这就成了真正的伴侣。

李隆基是一个音乐天才。李隆基的父亲李旦就以"好乐"著称，在母亲武则天对几个儿子厉行打压的苦闷局面中，李旦只要能听听音乐，就能忘忧忘倦。李隆基的哥哥宁王李成器擅长吹笛，弟弟岐王李隆范擅长琵琶。李隆基自己，6岁就能在祖母武则天面前表演。他吹笛子，连最著名的笛家李谟也要找他求教；他玩胡人乐器羯鼓，连大名鼎鼎的音乐家李龟年都玩不过他。

懂乐器的帝王不算少，但像李隆基这样还能作曲填词的，就凤毛麟角了。他作曲的水平，已经达到"随意即成"，动不动就能写出几十首新曲，交给乐工去演奏。有一次，他在梦中梦见仙子教他吹笛，醒来后，他上朝时，手指不停地在肚子上按来按去，高力士担心他不舒服，他却说，是怕忘了梦里仙子教他的曲子，所以怀里藏了一支笛，悄悄按着复习。没多久，他就做出了《紫云回》。

这样一个天才的音乐家，遇到了擅长弹琵琶、击磬、吹笛的杨玉环，那

种知音之喜，可想而知。而且，杨玉环也会作曲，水平虽然比不上李隆基，但一个妃子会作曲，已经十分难得了。

杨玉环最大的长处还是舞蹈。唐代有健舞和软舞之分，杨玉环既是跳健舞《胡旋舞》的名家，旋转如风，目不暇接；又是跳软舞《春莺啭》的高手，“兴庆池南柳未开，太真先把一枝梅。内人已唱春莺啭，花下傞傞软舞来”。

这两个歌舞大师走到一起，催生了中国历史上最著名的《霓裳羽衣舞》。曲子是李隆基所做。当时，从河西凉州传来了一种古印度的《婆罗门曲》，李隆基将它润色加工，重新编曲，定名为《霓裳羽衣曲》。当年他第一次邀约杨玉环到华清池相会，从进门到正殿，一路上演奏的音乐就是《霓裳羽衣曲》，堪称他和杨玉环的定情之曲。后来，杨玉环给这首曲子配上舞蹈，既把西域胡旋舞的旋转动作化入其中，又运用了“小垂手”等中原传统舞蹈动作，二者融为一体，成为唐代舞蹈艺术的巅峰之作。

世间唯有知音难求，他们沉醉在音乐和舞蹈中，就是沉醉在爱情中。而这沉醉，又改变了许多人的命运。他们设立教坊、开办梨园，让原本地位低下的民间音乐人士有了一条上升的通道。音乐家李龟年、歌唱家红桃、舞蹈家谢阿蛮，都受到了皇帝和贵妃的优待。杨玉环还把自己心爱的金粟装臂环赐给了谢阿蛮。

那是杨玉环一生中歌舞升平、快乐不知时日过的大好时光。

出　宫

她是真正爱上了李隆基，这个风雅的、热情的、才华横溢的帝王。然而，她的爱跟历代后妃不同，她没有把李隆基当成皇帝来爱，只是把他当作男人来爱。

在这种小女儿心态的驱使下，即使李隆基对她已经是“行同辇，止同室，宴专席，寝专房”，她仍然会吃醋，会嫉妒，会任性。她的两次出宫就因此而来。

第一次是公元746年七月，杨贵妃因为“妒悍不逊”，又吃醋又耍泼，被李隆基赶出宫去。她吃的是谁的醋呢？有人说是她二姐虢国夫人裴氏。此时，虢国夫人已经是年轻的寡妇，时常进宫陪伴杨玉环，见李隆基的机会当然很多，到华清池去她也跟着去，所以暧昧是难免的。但是，从后来杨贵妃与虢国夫人关系一直较好来看，她不太可能是吃自己姐姐的醋。

另一种广为流传的说法就是嫉妒梅妃江采萍。据说，在武惠妃死后，李隆基一度宠爱梅妃。但梅妃生性淡雅，杨玉环一进宫，李隆基就把梅妃抛到脑后了。有一天晚上，杨玉环喝醉了，迷迷糊糊睡去，李隆基一人独坐，不知怎么的就想起了梅妃，于是让人把她叫来侍寝，两人重归于好。第二天一早，杨玉环醒来，发现自己不在李隆基的身边，女人的直觉让她感到不妥，立刻奔向李隆基的寝宫。李隆基知道杨玉环来者不善，匆忙之间只好把梅妃藏起来。但是，床下有梅妃的鞋子，桌上有梅妃的首饰，哪里骗得了杨玉环？杨玉环哭着走了，梅妃也从密道悄悄回去了，只剩下李隆基闷闷不乐。

没多久，梅妃写了一首极其哀伤的《楼东赋》，李隆基读完十分不忍，就赐了她一斛珍珠，作为补偿。然而清高孤傲的梅妃把珍珠退了回来，还附了一首诗："柳叶双眉久不描，残妆和泪污红绡。长门尽日无梳洗，何必珍珠慰寂寥。"李隆基看罢惆怅，让人谱曲演奏，名字就叫《一斛珠》。这曲子传到杨玉环耳朵里，顿时怒火冲天，她又一次跟李隆基争执起来，而且出言不逊。李隆基终于忍无可忍，将杨玉环赶了出去。

然而在史册上，并没有记载梅妃这个人。宋朝人虚构了这样一段故事并流传至今。不管杨玉环嫉妒的是谁，反正结果是，她被赶出来了，被送到哥哥杨铦家里，顿时全家震惊，乱作一团。如果说路上杨玉环还处于激愤的情绪之中，这一下子，她终于醒悟过来了——离宫，就是跟皇帝离婚呀！可她从来没想过要离婚。她顿时后悔了，怎么办？

庆幸的是，李隆基也后悔了。没有杨玉环的陪伴，第二天他食不知味，到处乱发脾气。还是高力士了解他，出了主意：贵妃在家肯定不习惯，把贵妃日常用品都送过去，再把今晚的饭菜分一半给贵妃，让她在家也能好好吃一顿。

这个主意委实高明，既表达了和好之意，又顾全了皇帝的颜面，是一种矜持的求和。于是，杨玉环喜气洋洋，杨家上下也松了一口气。当天夜里，李隆基就迫不及待地接杨玉环回宫了，两人真是小别胜新婚，感情更深一层。

三年后，又有了第二次出宫。史书上说杨玉环又悖逆了李隆基。至于是什么事情悖逆，有两种不同的说法，一种说她旧病复发，又吃醋了；另一种说她偷偷拿了宁王李成器的遗物紫玉笛，还吹了一下，由于宁王当年主动让出太子位给李隆基，李隆基一直对这位兄长心怀敬重，杨玉环这是大不敬。这一次，李隆基完全没有要接她回宫的意思，杨家彻底恐慌了。其中最着急的一个人，是杨玉环的远方堂兄杨钊。他一直想找到巴结贵妃的门路，但亲戚关系实在有点远，够不上。现在，他抓紧机会，找到一个跟高力士关系密切的谋臣吉温，求他帮帮贵妃。

吉温很聪明，对李隆基说："贵妃久承恩宠，要杀她就在宫里杀，不能

在宫外受辱。”提议李隆基接她回宫受死。李隆基心想也对啊，不管我打算怎么处置她，都应该在自己宫里处置。于是又派人送了吃的给杨玉环。这一回，杨玉环是真的害怕了，她没有像上次一样高兴，而是剪下头发，请侍者带回去。古人剪发，如同自杀。李隆基看到这一缕青丝，也心软了，让高力士召贵妃回宫。两人的感情比以前更好，从此再也没有吵过架。

第二次出宫风波的重点，已经不在杨贵妃，而在杨钊。从此，杨钊进入李隆基的视野，表现出极度的忠诚和干练。李隆基十分赏识，赐名“国忠”。

一代巨奸杨国忠，就这样粉墨登场了。

“贼　本”

杨国忠有一个长处，擅长理财。李隆基在宫里玩博彩，叫杨国忠去计数，保证分毫不差。李隆基很赏识他这一点，觉得此人“能富国”，于是委以重任。

如果杨国忠只是一个财政官员，那最多贪婪腐化，也不会酿成国破之灾。然而，李隆基已经失去了识人之明，他只想和杨贵妃夜夜专宠、朝朝歌舞，朝廷的事情交给宰相去做就行了。起初，他交给李林甫；杨国忠把李林甫斗垮之后，他又交给杨国忠。

李林甫也弄权作恶，也是出了名的奸臣，但是李林甫好歹还有政治才具，一旦国家出现大灾大乱，他还知道怎么应对。而杨国忠完全不懂这些基本政务，只一味欺上瞒下。有一年，关中旱涝灾害交替出现，杨国忠还不肯开仓救济，李隆基忧心灾情，问他情况怎样，他竟然找来一些长势正常的禾苗给李隆基看，要他放心。接着，紧靠长安的扶风地区太守上报水灾，杨国忠把太守大骂一通，扣着灾情不报。但李隆基看连日淫雨，早已生疑，问高力士：“怎么还没有人来报告灾情呢？”高力士这才心痛地说：“自从陛下把相权托付给了杨国忠，就已经法令不行，灾害连连，但大臣已经很长时间不敢上奏了。”

李隆基听完，默然无语。他毕竟是亲手开创过盛世的皇帝，他知道一个国家的正常运转是什么样子的，他很清楚杨国忠在骗他、架空他，可是他老了，他还要靠杨国忠帮他勉强维持下去，他只能闭上眼睛，自欺欺人。

除了把内政“委以宰臣”，李隆基还把军事“付之边将”。在众边将

里，最得宠的就是安禄山。

安禄山深知杨贵妃宠冠六宫，每次来长安朝见时，总是先给贵妃磕头，再给李隆基行礼。李隆基问他为什么，他一脸憨直、愚钝地回答：“我们胡人是先敬母亲后敬父亲的。”这马屁拍得实在太到位了。杨贵妃专宠不衰，就是没有生育一个孩子，久而久之，见安禄山这“杂胡”很能讨贵妃欢心，不是跳《胡旋舞》给贵妃看，就是讲各种蠢话让贵妃开怀大笑，李隆基也觉得安禄山和贵妃很有缘了。

眼看时机成熟，安禄山厚颜无耻地提出了“请为贵妃儿”。

“养儿”是唐朝一大风俗，李隆基自己就抚养过名将王忠嗣，还把寿王李瑁交给自己哥哥宁王抚养过。再说，天子是天下之父，杨贵妃一切待遇已是皇后，相当于母仪天下了，那么收一个胡人边将做养子，也说得通。所以，李隆基答应了。

但是，杨贵妃当时29岁，安禄山已经45岁，还一声声在后宫里喊着“娘”，真是滑天下之大稽。杨贵妃心里乐意吗？史书上没有记载。以她不问朝政、只管恩爱的性格，凡是李隆基要她做的事情，她肯定不会反对。她心里也明白，李隆基此举是要笼络安禄山，稳定边境。于是，她配合上演了一出“洗三”闹剧，把安禄山当作婴儿，在华清池给他裹上一块锦绣大襁褓，让宫女们用彩轿抬着，给他泼水撒铜钱，不亦乐乎。

然而，安禄山并未因此感恩戴德，他早已看出李隆基与太子李亨有矛盾，李林甫与杨国忠有矛盾，一直在做养兵谋反的准备。荒唐的是，杨国忠跟安禄山闹翻后，一再跟李隆基说安禄山会反，面对杨国忠这唯一一次配得上“忠”字的话，李隆基根本听不进去。甚至，当安禄山已经起兵攻占太原时，李隆基还是不相信。

结果，“渔阳鼙鼓动地来，惊破霓裳羽衣曲”。

安史之乱摧毁了唐朝数百年的繁荣。在这场悲剧里，杨贵妃有责任吗？当时的很多人，后世的很多人，都认为她有责任，都说她是红颜祸水。但是，她和王政君给汉朝引荐了掘墓人王莽不一样。她一生对政治没有兴趣，

从不过问娘家人的权力，她的亲哥哥杨铦只不过是一个中级官员，杨国忠这个远方堂兄的崛起不是她推动的，她跟杨国忠的关系一直很淡漠。从任何一个角度来说，她既没有干政，也没有乱政。马嵬坡上，众将士说她是“贼本”，必须诛杀，也许这个词可以这样理解：她是杨国忠立足的根基，也是李隆基荒废朝政的诱因。

安史之乱，罪不在她，只在李隆基自己。但千古的骂名，都让她承担了。

此后的故事耳熟能详，李隆基带着她匆匆逃离长安。到了马嵬坡，六军哗变，先杀杨国忠，后逼李隆基赐死贵妃。贵妃说：“只要陛下好，我死而无恨。”随后自缢，被草草葬于马嵬坡，时年38岁。多年以后，太子成了唐肃宗，平定叛乱；李隆基成了太上皇，返回长安。李隆基经过马嵬坡，开棺相见，贵妃肌肤已毁，只有香囊仍在，真正是“一代红颜为君尽”。

杨玉环的传奇是一个纯粹的小女子的传奇。李隆基亲手终结了他憎恨的女性政治，只有杨玉环这样的小女子才符合他的审美诉求和政治诉求。自杨玉环以降，后宫进入一个压抑女性政治才干、束缚女性自由天性的时期，她们大多成为历史的配角和帝王的影子，难以再现从宣太后到太平公主那样的蓬勃与明艳。

从这一点来说，马嵬坡的三尺白绫，带走的不仅仅是杨玉环个人的一段传奇。

第十章

专家带你看「女医·明妃传」谈允贤：江南杏林的传奇

「女医·明妃传」中，谭允贤与明代宗的初恋片段，极大地满足了观众对古典言情剧的美好想象。但历史上的谈允贤一生未入皇宫，也未到过瓦剌部落，与代宗、英宗、也先的人生都没有交集。历史上的谈允贤生于江南普通官宦人家，是一生钻研医学、解民病痛且留下医著的奇女子。在思想专制的明代，她以极大的勇气和信念，突破了对女性行医的严苛限制，造福当世，泽被后人，值得铭记。

历史往往会选择性失忆，一代女名医谈允贤的故事，就一直尘封在故纸堆里，如果没人挖掘，绝大多数国人不会知晓历史上有这么一位传奇的女医。电视剧《女医·明妃传》向国人稍稍普及了一点儿医学史知识，女主角谭允贤的原型就是明代著名女医谈允贤。这部电视剧讲述了女医谭允贤克服重重困难，建立女医制度，并最终成为一代女国医的经历。有人提出疑问：这是真实的历史吗？谈允贤的“明妃”封号、与明英宗的爱恨纠缠肯定是子虚乌有的。但谈允贤却是历史的真实存在。我国古代的女医少，有名气的女医更少，而有医学著作留存于世的女名医则是凤毛麟角，谈允贤就属于这凤毛麟角。她是专治妇科病的女医，医术精湛，远近闻名，著书立说，写成《女医杂言》，在中国医学史上留下了鲜明而又独特的印迹。

儒医世家

《女医·明妃传》介绍说：谭家祖上为宫廷御医，因遭奸人陷害而家破人亡，谭允贤的爷爷上吊自杀，她的哥哥在逃亡途中丧命。谭家从此改名换姓，换为杭姓。所以，谭允贤也变为杭允贤。然而，在历史上，谈家并没有像电视剧描述得那样传奇，谈家祖上非御用医师，也没有奸人陷害的悲惨遭遇，更没有改谈为杭姓。谈家就是一个普通的儒医世家。

谈家世代居住于南直隶无锡（今江苏省无锡市），这个家族从医开始于谈允贤的曾祖父。谈氏曾祖父已佚其名，是一位非常成功的读书人，通过科举步入仕途，官至文林郎南京湖广道监察御史，入赘到本地“医学世家”黄遇仙的家中，做了上门女婿。因而谈允贤的祖父能够得到家传医学，成为当地的名医。谈允贤的祖父名复，字采芝，医术高超，妙手仁心，为贫苦百姓施医舍药，分文不取，使得自己常常手头紧张，食不果腹。这位医术高超、医德高尚的医者得到了当地人们的高度赞扬。他的事迹被《无锡金匮县志》记载下来，以供后人传颂。谈复是集“医者”与“儒士”两个身份于一体的“儒医”。

“医”在我国古代社会曾被视为卑贱的行业之一。中国有一句老话说：“万般皆下品，唯有读书高”。人们并不认为“医”这个职业是读书人的正途，而读书人的正途就是做官。历史上赫赫有名的神医华佗就是读书人出身，精通数经。他本意是想走上仕途，却没有人把他看作读书人。据史记载，华佗对自己的医生身份，一直耿耿于怀，常常感到后悔，甚至以自己没能当上官而感到羞耻。宋代以后，医者的身份普遍为儒家知识分子所接受并推崇。他们试图通过行医济世来满足一个传统知识分子修身、齐家、治国、平天下的人生追求。宋代名儒范仲淹说："不为良相，便为良医"，意思就是说从医也可以实现儒家知识分子追求的人生价值。明代著名文学家归有光的堂弟归有桢是一位熟读四书五经的儒家知识分子，每次参加乡试，都生重病呕血。如此反复，他便弃儒习医，认为通过医术也可以造福一方，于是取《素问》《难经》《灵枢》等医学名著，深入精研，日久医术精进。在明代，悬壶济世成为文人儒士的又一热门行业，医者的地位得到大大提高。谈允贤在《女医杂言・自序》中说，谈复"兼以医鸣"，意思是说自家是儒医世家，有良好的医学家世和儒学文化背景。

谈复生有两个儿子，即谈经和谈纲，谈允贤是谈纲之女。谈经于明英宗天顺四年（1460年）中进士，官至户部主事，正六品，级别比现在的副厅级略低。《女医・明妃传》说杭纲是大明军队的将领。剧中说，杭允贤的父亲杭纲为了洗刷家族所蒙的不白之冤，加入了大明的军队，以期立下军功早日晋升。也先率瓦剌军队进攻大明，前线明军粮仓被烧，接连战败，损兵折将。危机之时，成国公与杭纲自愿请命带兵出征。但是杭纲的出征却未能扭转战局，反而又一次大败。有人奏报，战败的原因是杭纲临阵通敌。一时之间，杭家满门获罪被捕下狱。实际上，谈纲于明宪宗成化五年（1469年）中进士，历任南京刑部主事、莱州郡守等职。刑部主事，是正六品，级别比现在的副厅级略低；莱州郡守，是正四品，相当于现在的正厅级市长。他是一位文职官员，并没有参加任何战争。不过，谈氏兄弟热衷于官宦仕途，基本上放弃了医学，谈氏家传医学有断续香火的危险。

对于谈复而言，可谓忧喜交加，喜的是两个儿子都做了官，可以光宗耀祖；忧的是谈家医学没有人来继承，将断送在他手上。这成为谈复的一块心病。谈纲见父母谈复和茹氏年老力衰，生活不便，就把他们接到家里来奉养终老，也让他们过一种儿孙绕膝的幸福生活。谈复和茹氏来时，谈允贤还不到10岁，但已表现出十分聪慧，"女红"方面的工作，像纺织、缝纫、刺绣、剪花样样精通，同时文思敏捷，已能识文断字，学习过《三字经》《百

家姓》《千字文》等启蒙书籍，以及《女诫》《女论语》等女性教育书籍。经过朝夕相处后，谈允贤的祖母茹氏向家人提出建议说，孙女谈允贤很聪明，在学习医术方面有天赋，不如让她放弃“女红”，而改为学习医术，让她来做谈家医学的传承者。这一建议很大胆，一是当时人们都有“家传绝技，独孤一枝，传内不传外，传儿不传女”的思想；二是受封建礼教的影响，女性地位低，学医的女性名声更不好，有三姑六婆的贬称，让谈允贤学医有可能影响她一生。经过几次家庭会议后，茹氏的建议得到全家人的支持。自此，谈允贤昼夜不辍地攻读《难经》《脉诀》等各种医学典籍。这是她医学人生路上的重要转折点。

在《女医·明妃传》中，谭允贤有两次学医的经历。一次是在狱中。谭允贤曾蒙冤入狱。在狱中，她碰到运用“土方”治病的高手罗大娘。罗大娘以指甲、蚯蚓等污秽之物制成药方，给病人服用之后竟大有成效。谭允贤遂向罗大娘学习看病救人的本事，罗大娘也教给谭允贤不少治病“土方”。还有一次是谭允贤跟着王道士学医。为了跟随王道士学医，谭允贤在雨中跪了一夜。天亮前，王道士还给她出了难题——抓蛇拜师。没有想到，谭允贤真的抓到了蛇。王道士为她的诚心所感动，遂收她为徒。谭允贤渐渐知道治病要先治心，要与病人建立信任，即“信则医”。

这是电视剧中设计的故事情节，而在现实中，由于当时保守的社会风尚，女性不能随便抛头露面。女性很少能通过拜师或上学的方式获得医学知识，大多数只能接受家族医学教育。谈允贤也不能例外，她的医学知识的主要传授者就是祖母茹氏。

谈允贤改习医学时还只是个孩子，面对艰涩难懂的中医理论和浩如烟海的中医书籍，不知如何下手。而茹氏却是一位医术精湛的女医，这时她的引导就显得非常重要了。茹氏经常在闲暇时给谈允贤讲解医书大义，并在诊治妇人病时让谈允贤旁观，以增长见闻。经过一段时间的努力学习，谈允贤逐渐从“不知其言之善”的阶段，到“已知其言之善而未尝有所试”的阶段，即对中医学的理论和知识有了深入的了解，但还没有临床实践，亲自给人诊病。茹氏在去世前，还将自己积累的医学经验、家传秘方，以及医疗用具全都交给了谈允贤，希望她能够将谈家医学传承和发展下去。

历史上的谈允贤出身儒医世家，从小生活在书香药香之中，耳濡目染，但她并非像《女医·明妃传》所讲述的那样偷偷随祖母学习中医知识。谈家不但没有“族人不得从医”的祖训，反而能够超越封建礼俗，让女儿身的谈允贤来传承谈家医学，这就是一个传奇。

久病成医

谈允贤年幼时进入了中医殿堂，长年累月地学习，积累了丰富的医学知识，但医疗实践却姗姗来迟，开始于她在婚后患病时的以身试药，以及为自己四个患病的孩子治病。

《女医·明妃传》有一段关于谭允贤的感情戏：谭允贤开始在朱祁镇、朱祁钰兄弟之间徘徊不定。土木堡之变后，明英宗朱祁镇与谭允贤一起被俘，流落于异族部落。当时瓦剌首领也先被她的美貌与智慧所吸引，但谭允贤拒绝了也先的求爱。三年后，也先将明英宗放回明朝，英宗却发现弟弟朱祁钰已登基称帝。朱祁钰不肯让位，兄弟反目成仇，遂下旨将明英宗圈禁，谭允贤被关在宫中。至此，谭允贤意识到一直默默守候在身边的英宗才是她的真爱。

这个爱情故事在历史上是不存在的，因为谈允贤与朱祁镇、朱祁钰并不是一个年代的人。谈允贤生于明英宗天顺五年（1461年），朱祁钰已于四年前驾崩，朱祁镇也年满35岁。三年后，朱祁镇也驾崩，此时谈允贤不到四岁。所以，谈允贤不可能与他们兄弟有什么关系。电视剧《女医·明妃传》还将她附会为明代宗朱祁钰的杭皇后，这在历史上更加不可能发生。谈允贤的社会交往圈没有超出江南地区，也未曾入宫给皇室女眷看病，所以她不可能有见到明朝皇帝的机会，更不可能与瓦剌首领也先发生感情戏。

明宪宗成化十一年（1475年），历史上的谈允贤到了“及笄之年”，即15岁。这一年，她嫁给了一位杨姓男子，故又称“杨谈允贤”。《女医·明妃传》里的谭允贤，以钻研医术、治病救人为人生最高追求，爱情从来都不

是其人生的重点，每每在爱情与医术之间选择，她都毫不犹豫地选择医术。而历史上的谈允贤是“从一而终”的，没有面临爱情与医术之间的选择。结婚后，小两口相敬如宾，日子过得甜甜蜜蜜。然而，谈允贤的幸福生活很快就被恼人的疾病给毁了，“连得血气等疾”。古语有云：“血为气之母，气为血之帅。”气能生血，也能行血，血是气的载体，能生气，两者互根互用，是决定人体健康的重要因素。谈允贤患病后，就成了“病秧子”，精神萎靡、神思涣散，经常头昏眼花、心悸气短。倘若是其他人，他的人生也许折在这个病上了。但是熟读医书的谈允贤却深知历史上“久病成良医”的例子不在少数。春秋时期史学名著《左传》说：“三折肱知为良医。”战国时期屈原在《楚辞》中也说了：“九折臂而成医兮，吾至今而知其信然。”意思是说，如果一个人的胳膊折断多次，他经过反复治疗，可以熟知病理药性，成为好医生。谈允贤苦中作乐，依旧很乐观，把得病视作一次实践医学的宝贵机会，结合所学理论和自己的病情来用药，揣摩医理。

为了让谈允贤尽快从病中恢复身体健康，杨家也请了很多大夫为她治病，谈允贤开始了“以身试药”之路。每次大夫来之前，她必定先自我诊断一番，然后与大夫的诊断结果相互验证；大夫开的药方，她也必定亲手配药，仔细体会各种药物的性质、气味和功能。过了一段时间之后，奇迹出现，谈允贤不但病情好转，身体逐渐康复，而且医术精进不少，对于自我身体保养也越来越重视。她的侄孙谈修说：“祖姑杨人，寿终九十有六。”也就是说，谈允贤活了96岁，经历了明朝英宗、代宗、宪宗、武宗、世宗五朝。据林万孝《我国历代人的平均寿命和预期寿命》的估计，我国历代人的平均寿命：夏、商时期不超过18岁，周、秦大约为20岁，汉代22岁，唐代27岁，宋代30岁，清代33岁，民国时期约为35岁。人均寿命低得不可思议，但你想想当时低下的生活水平、落后的医疗条件，尤其是长年的战乱，就不难理解了。太平天国农民起义时期，中国损失人口一亿之多。有人根据《清史稿》统计了清朝皇帝的皇子平均寿命是32岁，皇女平均寿命是26岁。他们住的是皇宫大院，吃的是山珍海味，享有最好的医疗待遇，但寿命也不过如

此。大部分普通老百姓怎么能比过他们呢？像谈允贤这样的高寿在古代社会相当罕见，这也反映出她深谙中医养生之道。

谈允贤育有三女一子，三女今已佚其名，子名杨濂，但这些子女小时候身体都不太好，时常生病。有了以前“以身试药”的经历，谈允贤积累了一些医学经验，也建立了一定的自信。古话说：“医者不能自医”，意思是说，当自己或者家人生病时，医者容易受主观影响，带进感情因素，失去客观、冷静、理智的态度。然而，凭借经验和自信，谈允贤很好地处理了这种感情因素，四个子女病情的医治，从诊断、开药、配药到煎药，各环节均由她一手操办。在碰到疑难困惑、拿捏不准时，谈允贤便向她的医学启蒙老师——祖母茹氏虚心请教。茹氏也是知无不言，言无不尽。在茹氏的教导下，谈允贤将所学的医学理论知识应用于实践，不但医治好了子女们的病，而且医术突飞猛进。

在《女医·明妃传》中，谭允贤在永庆庵教庵内尼姑以燕子窝和油帮人治恶疮，在狱中为犯人治病，在军中为军人疗伤。她就是凭借着对医学事业的痴迷和热爱，克服重重困难，广收博采，自成一派。历史上的谈允贤却通过“以身试药”以及医治“三女一子”病情积累了丰富而成功的经验，已经可以独立行医。然而，在中国古代社会中，女医在学医道路上不仅要面临重重的困难和阻碍，还要面对封建世俗观念的冲击。

职业女医

《女医·明妃传》中讲述了谭允贤在明英宗的帮助下，突破严苛的封建礼教束缚，开创并建立了女医制度。实际上，女医制度的开创要远早于明代。汉代已有专门医治妇女病的女医，民间女医医术高明者也常被征诏担任宫廷女医。1998年，上海师范大学古籍所戴建国先生在天一阁发现了失传已久的、颁布于北宋仁宗天圣七年（1029年）的《天圣令》，其中《医疾令》较为详细地记录了唐朝宫廷的女医制度，“女医从官户婢中选取聪慧机灵、无夫无子女者五十人，年龄须在二十以上三十以下。由医博士教以安胎产难及疮肿、伤折针灸之法。每年岁末举行考试。限五年完成”。历史上的谈允贤只是行医于江南地区、为当地女性病人排忧解难的职业女医。伟大的人也做着平凡的事。

谈允贤出生在儒医世家，也肩负了谈家医学的传承责任，但并没有一开始就立志要成为一名职业女医。在男性权力占主导的传统社会里，女性的职责就是守内持家，相夫教子，那些在公共场所抛头露面的女性会受到歧视和批判。比如被划入“三姑六婆”行列的医婆、药婆、稳婆等女性医者，在文人雅士的笔下就是贪财好利、爱搬弄是非的形象。《女医·明妃传》中说，明代礼教森严，女子从医容易被世人议论为“三姑六婆”，名声不雅。这是事实。可是，谈允贤之所以能成为一个杏林的传奇，就在于她敢于突破这一禁忌，挂牌行医。

历代医者一直有“女病难医”“宁治十男子，不治一妇人”的说法。这并不是说妇科疾病有多难治，而是说在“男女有别”“非礼勿视”的观念

影响下，古代多数妇女不愿意在男医生面前大方就诊，女病人与男医生很难沟通。中医四诊法“望、闻、问、切”也完全用不上。比如“望诊”，男医仔细观察女病人的面目、口、鼻、舌、四肢，就很容易引起误会，发生医患纠纷。倘若女性身体有隐疾呢？元人明善《节妇·马氏传》记载了这样一则故事：寡妇马氏乳房生疮溃烂，有人劝她去就医，不然会危及性命。马氏答道：“宁死，此疾不可男子见。”最终因疾病恶化而丧命。《红楼梦》中有一个晴雯请医治病的故事：晴雯早起有点感冒，饭也吃不下，夜里又冻了一下，于是得了重感冒，于是胡大夫来诊病。“只见两三个后门的老嬷嬷带了一个大夫进来。这里的丫鬟都回避了，有三四个老嬷嬷放下暖阁上的大红绣幔，晴雯从幔中单伸出手去。那大夫见这只手上有两根指甲，足有三寸长，尚有金凤花染的通红的痕迹，便忙回过头来。有一个老嬷嬷忙拿一块手帕掩了。”胡大夫连“金凤花染的通红的”指甲都要回避，老嬷嬷也乖巧，连忙用手帕遮住。医师看不见患者的容貌，听不见声音，又如何准确诊治呢？

作为一名女医，谈允贤有这方面得天独厚的优势，也能理解女病人的痛苦与无奈。有一次，她接待了一位32岁的妇人。这位妇人于10年前已生四个女儿，之后一直没有生育。可是，在中国传统社会中，无子是犯了“七出之条”的，丈夫随时可以休妻。因而这位妇人很是苦闷。但不孕这种事情不好在男医生面前讲，她就找到了谈允贤。谈允贤询问原因，妇人回答说：“丈夫时常出去宿娼，偶尔同房，也在经事期间，消耗气血，得了白淋病，不方便找人诊治。”这样的事例多了，就深深地触动了谈允贤的内心，让她渐渐萌生了医救天下女子之心。

祖母托梦增强了谈允贤行医济人的勇气，也为她的正式行医做了舆论准备。祖母茹氏是一个有思想且心志坚定的女人，她在那样的时代选择孙女谈允贤作为谈氏医学传承人，全心全意栽培，并希望她发扬光大。可以说茹氏是谈允贤人生中影响最大的人，也是她最为亲近、尊敬的人。她的亡故，让一向坚强的谈允贤悲痛万分，大病一场，缠绵病榻达七月之久。谈母钱氏甚至已经开始为谈允贤料理后事。一天晚上，谈允贤梦见祖母，祖母托梦说：

“你的病不至于死，治疗的方法在某书某卷之中。依法配药，不日可愈。你的寿命有73岁，希望你光大医术，行医济人。”谈允贤醒来后，依方调药，果然将病治愈。这个托梦记载在《女医杂言》中，是真是假其实并不重要，因为自此以后，谈允贤开始了职业女医之路，真正开始为人看病。

杏林传奇

“杏林”是医界的别称，这个典故出自三国时期名医董奉。据《神仙传》记载，董奉居山间，为人治病，不取钱物，只要重病愈者在山中栽杏5株，轻病愈者栽杏1株。如此十年，计得十万余株，郁然成林。根据董奉的传说，人们用“誉满杏林”“杏林高手”来称颂医德高尚、医术精湛的医生。谈允贤在从医生涯中演绎了许多动人心弦的杏林传奇故事。用现在时髦的话说，姐不在江湖已久，但江湖上依旧流传着姐的传说。

谈允贤是一位妇科专家，擅长妇科病的诊治，《女医杂言》记载的诊治案例涉及习惯性流产、月经不调、女人血崩、不孕等病症。她为人平和，身为女医，医治女性患者有得天独厚的优势，挂牌行医后，熟识的女眷络绎而来找她看病，往往药到病除，收获奇效。谈允贤愈人无数，在当地享有盛誉。后来凡是当地女子得病者，以邀请到谈允贤看病为荣。

有一次，一位妇人邀请谈允贤医治。谈允贤询问其故，妇人回答说：“我的丈夫是个商人，常用奸诈的手段骗人钱财，我看不惯他的行为，因而与他大闹，愤郁之下当即吐血二碗，落下病根，后来又染上了咳嗽之症，三年以来饱受病痛折磨，诊医无数，医治无效。”谈允贤问妇人以前所服何药，妇人回答说：“止血凉血灵药四生丸。”据古代中医名著《妇人大全良方》记载，四生丸的主要成分是生荷叶、生艾叶、生柏叶、生地黄，对内热突然发作之吐血、衄血疗效较好。谈允贤诊断完毕后，认为这位妇人是因愤怒郁闷吐血而得了血虚症，单纯地服用凉血药物，治疗效果肯定不佳。她将妇人的治疗分成三步：先用止血凉血药，次用理气煎药，再用补虚丸药，并

将妇人服用的四生丸加以改进，去掉生荷叶，用生地黄、匾柏叶，加入黄连、山栀仁、杏仁、贝母各二两。妇人遵医嘱服药，果然痊愈。

谈允贤对中医针灸疗法的运用十分娴熟，而且运用针灸法治疗泄泻、呕吐、膈气、不孕症、腹中结块等有奇效。有一次，一位19岁的女子颈部患有恶疮，久治不愈，十分痛苦。谈允贤接诊后，采用针灸疗法，灸颈部两侧翳风、肩井、天井、肘尖等穴位，让脓流出来，并将“脓根”即病灶中坏死的组织剔除，恶疮很快治愈。谈允贤还接诊过一位被误诊过的富家女子。这位女子在12岁患病，小腹丹田有结块，请医治疗。当时医生诊断是肚痈，就做了一个外科手术，肚痈开刀。然而女子病情非但没有好转，反而更加恶化，开刀疮口七年脓水不干，18岁时颈部、腰部皆生肿块。后来她找到谈允贤治疗。谈允贤仔细诊断后，认为女子的病不是肚痈，而是“缠腰疬”，大概相当于现在的淋巴结核。确诊后，谈允贤针灸12处穴位，女子颈部、腰部肿块渐渐消失。经过一段时间针灸疗法后，女子误开刀的疮口也不再流脓水，逐渐愈合。这两个都是谈允贤针灸疗法非常成功的案例，其中的治疗经验和方法值得后世研究参考。

明武宗正德五年（1510年），谈允贤年届50岁。此时的她已功成名就，享誉江南，时人称她为“女中卢扁”。“卢扁”即战国时名医扁鹊，因为家住卢国，所以人称“卢扁”。后人以“卢扁”赞誉名医。孔夫子说：“五十而知天命”。谈允贤到了知天命的年龄，也就活得更明白、更洒脱、更从容了，做起事情来就没有那么多顾忌。祖母茹氏曾要她发扬谈家医学，谈允贤认为最好方法是将之总结成书，传给后人。于是，她将祖母传授的医术和自己多年的临床经验编撰成书，名曰《女医杂言》。这部医书由谈允贤的儿子杨濂抄写，于正德六年（1511年）首次出版，在江南地区引起很大反响。

据郑金生先生考证，谈允贤的《女医杂言》是我国医案发展史上较早成书的医案专著之一，真正成书早于《女医杂言》的只有南宋许叔微《伤寒九十论》和元代朱丹溪的医案。而且与此前后众多的医案著作相比，《女医杂言》是极少数的专门研讨妇科的医案书之一。汉代的义妁、晋代的鲍姑、北宋的张小娘子，与谈允贤并称为古代四大女医。她们也曾名噪一时，甚至被聘为皇室的家庭医生，但她们都没有著作传世，这就是谈允贤的又一传奇之处。

寂寞后事

《女医·明妃传》大结局：谭允贤在宫廷中开创了女医制度，又在民间设立医馆，悬壶济世医苍生，妙手回春解疾痛。多年后，明英宗朱祁镇思念心切，离开皇宫，只为寻找谭允贤共度余生。剧很美，可是剧情离史实相距太远。真实的谈允贤晚年迭遭巨大的家庭变故。

相传，晚年谈允贤的医术已出神入化，可惜的是江湖再也没有她的医术传说。俗话说，积善可以得福，积德可以增寿。祖母托梦说，谈允贤能活到73岁，她通过行医积善积德而活到了96岁。然而，她的儿子、孙子却没有那么幸运。儿子杨濂早亡，纵使谈允贤医术通神，但还是白发人送黑发人，这是她晚年的第一大变故。接踵而来的是她的孙子杨乔又因株连获罪而死。遭受接二连三的打击，谈允贤无心行医，无心著述，晚景生活有的只是寂寞与凄凉。明世宗嘉靖三十五年（1556年），谈允贤离开了人世，好在《女医杂言》流传于后世，让人们依稀记得历史上还有这么一位传奇的女医。

30年后，谈允贤的侄孙谈修将《女医杂言》重刊于世。

400余年后，中国近代著名的中医史文献学家范行准先生发现了《女医杂言》。

500余年后，历史题材电视剧《女医·明妃传》将谈允贤搬上了荧屏。

……

一代女医谈允贤和她厚重的医学人生终归不能轻易被遗忘！

第十一章

专家带你看「后宫」

万贵妃：

老妻少夫也有爱情

明宪宗与大自己17岁的宫女万贞儿相爱，在她年老色衰时仍痴心不改，这听起来让人感动的故事，其实没有丝毫正能量。明宪宗对万氏的依恋，所照见的其实是英宗代宗两朝权力斗争给他带来的心理阴影。他对万氏无原则的纵容，所带来的是一个国家的灾难。

有一部历史题材的电视剧播出之后饱受争议，但收视率却很高，剧中充斥着“轰轰烈烈的姐弟恋”“太监结婚”“怀孕女人被残害”等情节，完全超出正常人的人伦逻辑。熟悉情节的人可能知道这部电视剧——《后宫》，它讲述的是明宪宗朱见深后宫女性争斗的故事。而了解这一段历史的人会说：“这段历史，比电视剧更狗血”。《后宫》里说，万贵妃自恃明宪宗的专宠，飞扬跋扈，欺辱妃嫔，与皇后勾心斗角；爱子夭折后，心理极度扭曲，迫害妃嫔，毒杀皇子。真实历史中明宪宗后宫的争斗真的那么惨烈吗?

不离不弃

万贵妃，小字贞儿，山东诸城人，生于明宣德五年（1430年）。她的父亲万贵为县衙的小官，因为犯法而被发配到偏远的边疆去了，而且连累家人，家产和人口全部被抄没。年仅4岁的万贞儿也被充入宫中为奴婢，从此踏入了幽深的皇宫。万贞儿自幼接触到宫闱内的种种钩心斗角，养成善于察言观色、格外乖巧的性格。不久，她就将危机化为转机，由于口齿伶俐，聪敏异常，表现优异，被分配到明宣宗的宠妃孙氏的寝宫当差。宣德三年（1428年），明宣宗废掉胡皇后，改立宠妃孙氏为皇后。万贞儿就成为孙皇后最信任的侍女。明宣宗驾崩后，孙皇后成为皇太后，万贞儿成为皇太后身边的小红人。

电视剧《后宫》中说，土木堡之变发生后，太子朱见深被发配南门，得到宫女万贞儿悉心照料，两人发生恋情。朱见深继位，封万贞儿为贵妃。这大体上是符合历史事实的。明正统十四年（1449年），万贞儿20岁，明朝发生了一场大的政局变动，陷入了一场空前的危机。瓦剌首领也先率兵大举侵犯明境，明英宗朱祁镇在宦官王振的怂恿下，不顾群臣的劝阻，下令皇弟郕王朱祁钰留守京城，自己率兵御驾亲征。结果，明军在土木堡大败，死伤惨重，英宗被俘，史称“土木堡之变”。消息传回北京后，郕王朱祁钰在孙太后以及于谦等大臣的拥立下登上帝位，改年号为景泰，并粉碎了瓦剌军队对北京的进攻。孙太后册立明英宗的长子朱见深为太子，此时朱见深年仅3岁。为了照顾朱见深的起居生活，孙太后又派贴身侍女万贞儿去服侍他。由此，年仅3岁的朱见深与大他17岁的万贞儿结下了难解之缘。

景泰元年（1450年），瓦剌放回明英宗。明代宗朱祁钰害怕英宗复辟，将他软禁于南宫，严密控管，宫门上锁，并且灌铅。这一锁就是七年。朝中大臣、太监、宫女知道朱见深的太子之位将不保，担心受牵连，也就逐渐疏远了朱见深，没有人愿意对他表示丝毫关怀。果不其然，两年后，明代宗朱祁钰见自己帝位已经稳固，说变脸就变脸，下旨将朱见深逐出东宫，由太子废为沂王，打算将皇位传给自己的儿子朱见济。

历史上废太子的人生大多是以悲剧收场的，汉代皇太子刘荣是汉景帝儿子，遭废后被迫自缢而死；隋朝皇太子杨勇被废为庶人，又被其弟杨广假借文帝杨坚的遗诏赐死。朱见深被废时只有6岁，这个年龄对于大多数孩子来说，还是一个在父母怀里撒娇的年龄，而朱见深却要面对四周密布的恶意和危险。宫里宫外到处都是景泰帝的眼目，他整天过着提心吊胆的日子。在这样险恶的氛围之中，朱见深的心理充满恐惧，较为自卑，怕见生人，且有口吃的毛病。据史记载，有一次，已成为皇帝的朱见深患病，他刚娶进门的王皇后经常去照顾他，但却被拒之门外，他的理由是："不耐见生人，你莫要来得太频繁。"在朱见深人生最灰暗的这几年，只有万贞儿始终陪伴左右，寸步不离地守护在他的身边，照顾他的饮食起居，给予他绵厚、温暖的母爱。这个年龄恰恰是小男孩容易形成"恋母情结"的关键时期。朱见深依赖万贞儿，万贞儿就是他的太阳。

景泰四年（1453年），新太子朱见济病逝，明代宗无其他儿子继任太子之位。于是，朝中部分大臣又想起废太子朱见深，希望能重新立他为太子。然而，明代宗没有应允，因为他认为自己还年轻，可以再生育儿子。景泰八年（1457年），明代宗病重，曾在对抗瓦剌时立下大功的将领石亨与宦官曹吉祥、左副都御史徐有贞等人拥立朱祁镇复辟，史称"夺门之变"。朱祁镇复辟之后，废朱祁钰为郕王。不久，朱祁钰去世，以亲王礼葬于西山。

明英宗大摇大摆地走出了南宫，复辟为大明皇帝。朱见深战战兢兢的幽禁生活终于熬过去了，他又重新成为大明王朝的太子。然而，朱见深的春天没有来临，他依旧得不到父母的宠爱。明英宗与朱见深已有8年未见，父子

俩感情较为淡薄。朱见深饱尝人情冷暖，性格内向，不爱和陌生人交流，也不爱表现。明英宗虽然立朱见深为太子，但并不是特别满意。据史记载，明英宗病危，卧于文华殿，一度想废掉太子朱见深，幸好吏部尚书李贤加以劝阻。明英宗问李贤："皇位一定要传给太子吗？"李贤叩头回答说："如此则是宗庙社稷之幸。"英宗见李贤态度坚决，立即召太子来，并传位于他。天顺八年（1464年），明英宗朱祁镇驾崩，朱见深登上皇位，即明宪宗。

电视剧《后宫》中翔实地呈现了明宪宗与大自己17岁的万贵妃的传奇恋情，无论万贵妃做过什么，宪宗皇帝就是怎么看她都顺眼。这不是无缘无故的。俗话说，患难见真情。万贞儿与朱见深形影不离，对他不离不弃，陪伴他走过了坎坷的童年，沉闷的青少年，给了他母爱，也给了他情人之爱。在朱见深的眼中，万贞儿既像母亲，又像姐姐，还像妻子，事实上已成为他的至爱。

擅宠后宫

明宪宗即位后，抛开重重阻力，封万贞儿为妃，于是35岁的万贞儿成了18岁宪宗皇帝的妃子——中国帝王史上绝无仅有的年龄相差如此悬殊的老妻少夫组合。这段恋情也被人称为“史上最牛姐弟恋”。

在中国古代，太子妃是皇太子的正妻，也是皇后的继任者，其人选一般由皇帝根据出身和品行为太子选定。《后宫》中说，明英宗末年，太子朱见深选妃充实后宫，在民间广征民女，13岁少女李紫云为报恩富商邵仲，代替其女邵春华入宫做了宫女。这些人物均为虚构，但明英宗确实曾为太子朱见深在全国范围内挑选太子妃，而且经过层层筛选，王氏、吴氏、柏氏三位脱颖而出。英宗将她们留置后宫，再作挑选，以确定谁能母仪天下，但尚未为三人定名分便驾崩。朱见深即位后，钱太后和朱见深的母亲周太后又开始为他物色皇后。经过一番比较，无论是姿色、能力，还是文采、气质，她们还是觉得先前选的王氏、吴氏、柏氏三位更出众，但皇后只能有一位，于是将这个任务委托给司礼太监牛玉。牛玉考察一番后选中了吴氏，并极力向太后推荐。吴氏聪敏知书，通晓礼乐，是一个才貌双全的女子，而且家世显赫，她的父亲吴俊是带兵的将领，官都督同知，从一品。经过牛玉一番劝说，钱太后和周太后也表示同意。天顺八年（1464年）七月，紫禁城举行了隆重的大婚典礼，吴氏被册立为皇后，时年仅17岁。

《后宫》中刻画了关于吴皇后和万贵妃矛盾冲突的一些情节。万贵妃根本不把吴皇后放在眼里，经常口无遮拦，顶撞吴皇后。吴皇后忍无可忍之下，情绪失控，打了万贵妃一巴掌。太监汪直替万贵妃想出一出苦肉计，在

她的脸上重重打了一巴掌，让她嘴角流出了鲜血。万贵妃立刻哭哭啼啼地找皇上评理。明宪宗看到了万贵妃的伤情后提出要废除皇后，最终吴皇后被贬为庶人并移居南门。事后，万贵妃又让汪直在饭菜中下毒，害死了吴皇后。这些情节设定有一定的历史根据。吴皇后确实是因为殴打万贵妃而遭到废除，但并没被毒死，而且她还抚养过下一届皇帝明孝宗。所以《后宫》在细节上与真实的历史是有出入的。

吴氏被立为皇后，令万贵妃很不高兴。她一想到自己辛苦十几年将宪宗抚养成人，竟然要同别的女人分享这个男人，而且后宫的主人也不是自己，就怒不可遏。于是，万贵妃凭借与宪宗的特殊感情，经常挑拨宪宗与吴皇后的夫妻关系，挑战吴皇后的权威，以此激怒她。

据《罪惟录·王皇后传》记载，按照明朝宫制，若皇帝要召幸后妃，一般由司礼监安排，被召幸的后妃事先要沐浴更衣。有一天，宪宗皇帝要召幸吴皇后，但万贵妃可不管宫中的规矩，居然在吴皇后之前沐浴，完全不把吴皇后放在眼里。司礼太监牛玉见万贵妃这么骄横放纵，目中无人，四处找人评理，为皇后鸣不平。万贵妃就跑到宪宗皇宗面前告状，说吴皇后和司礼太监牛玉联合欺负她。宪宗皇帝一听，很是不满。恰有人弹劾牛玉，揭发他在选后时接受了吴家的贿赂。宪宗皇帝一纸命令，罚牛玉前往南京孝陵种菜。这一罪状也成为吴皇后被废的口实。

吴皇后虽然年轻，但性格刚强，对于万贵妃的挑衅和专宠深恶痛绝，两人不和已是宫中公开的秘密。吴皇后仗着自己是后宫的主人，数次公开诘责万贵妃，让她非常难堪。万贵妃就经常跑到宪宗皇帝面前哭诉，指责皇后肆意地嘲讽谩骂她。两个女人矛盾越来越激化，最终演变成一场较大的冲突。据《明通鉴》记载，吴皇后眼见万贵妃在宫里为所欲为，按捺不住心中的愤怒，令人将万贵妃捆起来，施以杖刑。吴皇后打的倘若不是万贵妃，这件事就不是个事，毕竟她违犯宫规、挑衅皇后在先。万贵妃却不是一般人，即使违犯宫规，在宪宗皇帝眼中也不是个事。而吴皇后刚与宪宗皇帝结合，感情基础不牢。所以宪宗皇帝听到吴皇后杖责万贵妃后，异常愤怒，立马写了一纸休书，打算废掉吴皇后。

钱太后、周太后得知宪宗皇帝在万妃的怂恿下要废掉吴皇后，一致强烈反对。这大婚典礼才过去一个多月，吴皇后也较为贤淑，没有大的过错，宪宗皇帝将她废除，会引起天下人非议。她们就劝宪宗皇帝说："这万贵妃有什么漂亮的，你为何这么宠幸她？"宪宗皇帝回答说："不是为了美貌，只有在她的抚摩之下，我才能安然入睡。"两宫太后见宪宗皇帝心意已决，也只好随他了，但担心他扶正年老色衰的万贵妃。于是，她们提出，万妃出身低贱，年龄太大，容貌平庸，不能做母仪天下的皇后。据史记载，35岁的万妃已身体发福，肥胖粗壮，与电视剧《后宫》中的艳丽形象大不相同。宪宗皇帝只好应承下来。

家丑不可外扬。宪宗皇帝和万贵妃就想了个办法，把罪责统统推到太监牛玉身上。八月底，宪宗皇帝颁下诏书："先帝英宗为朕选太子妃，原本定了王氏。太监牛玉接受吴氏父亲吴俊的贿赂，假造遗诏，改成了吴氏，使得吴氏成为皇后。皇后册立礼成之后，朕见她举动轻佻，德不称位，因而下令调查，才发现她并非先帝所选的人。所以迫不得已，向太后请命，废掉吴皇后，打入冷宫。"可怜的吴氏，才做了一个多月的皇后，就成了万贵妃专宠的牺牲品。她的父亲吴俊也被逮捕下狱，然后发配登州。

为了自圆其说，天顺八年（1464年）十月，宪宗皇帝册立了他的第二任皇后王氏。万贵妃既高兴，又难过，高兴的是吴皇后被废，难过的是自己忙活许久，凤冠竟落到王氏头上。她又故技重施，想让王皇后犯同样的错误，以触怒宪宗。王皇后有了前车之鉴，对万贵妃的所作所为不闻不问，百般退让，不与她争宠。据史记载，王皇后从不主动向宪宗邀宠，以至于宪宗临幸她的次数不超过10次。有一次，宪宗病重，王皇后日夜操劳，料理起居。宪宗心怀愧疚，握着她的手说："皇后，我对你多有怠慢啊！"

万贵妃制服了两任皇后，实际上成了六宫之主，但这对于宪宗的后宫来说却是一大灾难。

皇嗣之忧

明成化二年（1466年），万贵妃37岁，即将迈入中年的她经历了悲喜两重天。

正月，她生下了宪宗的皇长子。宪宗皇帝初为人父，大喜过望，派出使者四处祷告，为皇子祈福，又册封万氏为贵妃，名分仅次于皇后。“一人得道，鸡犬飞升”。她的家人也得到封赏，父亲万贵晋升为锦衣卫都指挥使，哥哥万通被封为指挥使，万喜官至都指挥同知。万氏家族春风得意，显赫一时。而且按明朝规制，如果王皇后没有儿子，万贵妃的儿子就会被立为太子，将来继承皇位，万贵妃就会成为皇太后。

十一月，皇长子突然夭折了。这对万贵妃的打击相当大。母凭子贵，没有儿子，她就只能做一辈子的太后梦了。所以，她近乎疯狂地想再生个儿子。礼部侍郎兼翰林院学士万安知道万贵妃宠冠后宫，向她献殷勤，因为同姓，自称是万贵妃的侄子。万安为讨好万贵妃，屡次上宪宗皇帝献“房中术”。据史记载，孝宗即位以后，查看万安一些奏折，发现内容大多是向宪宗皇帝推荐“房中术”。孝宗大怒，将万安罢官。然而，无论万贵妃怎么努力，也无法改变一个事实：年近40岁的她已经过了最佳生育年龄，再生育的机会微乎其微。事实上，自此以后，她再也没有生育过子女。

《后宫》讲到，万贵妃生有一子，可惜夭折。她伤心欲绝，心理极度变态，无比嫉恨其他妃子怀孕。有一次，万贵妃逼迫春华向皇帝的妃子含香进打胎药，春华不忍助纣为虐，把药倒掉，但万贵妃再出计谋，在含香所经之处倒下油污，含香滑倒，导致小产。这个故事纯属虚构，但万贵妃迫害后宫怀孕妃子的故事，在历史上确实有记载。

万贵妃为了保住自己专宠的地位，就阻止其他妃嫔因生子而得宠。可是，皇帝床笫之事既是私事，也是国事。宪宗皇帝无子，可急坏了朝中大臣。大学士彭时对宪宗说：“后宫内嫔嫱众多，却无人怀有身孕，必定陛下爱有所专，而专宠者已过了最佳生育年龄。为宗庙社稷着想，还望陛下均恩爱，多生皇子。”宪宗皇帝很尴尬，回了句：“内事也，朕自主之”。话虽这么说，但宪宗皇帝还是避着万贵妃去找其他妃子。

成化五年（1469年），贤妃柏氏生下皇次子，宪宗大喜，取名祐极。不久，朱祐极被万贵妃收养在昭德宫，那时贤妃柏氏还活着。成化七年（1471年）十一月，3岁的朱祐极被册立为皇太子。谁知仅仅过了三个月，小太子就暴病身亡。死因十分可疑。不久贤妃柏氏也莫名其妙地薨逝。当时有传言，是万贵妃害死了太子。夏燮《明通鉴》说：“传者以为万贵妃害之也。”《明史·后妃传》说：“饮药堕胎者无数”。《后宫》中提到，众人虽知是万贵妃所为，但无凭据，无人敢张声，只有周太后不肯罢休，发誓要找出万贵妃恶行的证据，将她赶出宫。周太后有没有追查，历史没有记载，但宪宗确实没有追查事情的真相，这件事情也就成了一桩谜案。

成化六年（1470年），宪宗第三子偷偷来到人世间。《后宫》中清姿产子的故事大体是以此为原型。《后宫》说，万贵妃发现清姿怀孕后，派人强行给清姿灌打胎药，但清姿没有吞下，大部分药都流出口外，所以胎儿仍保住。在春华的协助下，清姿躲在芜衡宫养胎。在她分娩之际，得知消息的万贵妃杀气腾腾赶至，欲加害母子俩，不料周太后突然出现，阻止了万贵妃行恶。这一情节与真实的历史有一点相似。

清姿的原型是宪宗皇三子的生母纪氏。她是负责管理内藏的女史。宪宗偶到内藏，因喜爱纪氏的才华而临幸之。纪氏就此怀上了皇三子。万贵妃知道后，非常愤怒，命宫女拿堕胎药给纪氏吃。宫女不忍心做这样的恶事，便回报万贵妃，说纪氏其实是肚子里长了个瘤子，并没有怀孕。万贵妃信以为真，就把纪氏赶到收容老病宫女的安乐堂。十月怀胎之后，纪氏生下了皇

三子，即后来的孝宗皇帝。纪氏害怕万贵妃知晓，自己遭到迫害，要太监张敏把婴儿抱出去溺死。张敏深思之后说：“皇上还没有儿子，为什么要溺死？”于是，他们瞒着万贵妃把婴儿养了下来。当时废皇后吴氏离安乐堂不远，也帮助纪氏一起抚养皇三子。孝宗即位后，念及吴皇后当年的哺育之恩，把她当作母亲奉养，吴皇后也得善终。

只是，对于这一切，宪宗一直蒙在鼓里。他每天都要对着铜镜叹息说：“老将至而无子。”直到成化十一年（1475年）的一天，当宪宗再次叹息时，太监张敏伏地说：“奴才罪该万死，万岁已有子也。”宪宗愕然，问皇子在何处。太监怀恩叩首说：“皇子潜养在西内，今已六岁矣，不敢奏闻。”宪宗大喜，立马派使者迎回皇子。使者来到西内，说明来意。纪氏却抱着皇三子大哭起来：“孩儿这一去，我就活不下去了。孩儿记住，穿黄袍长胡须的男人就是你的父亲。”宪宗见到皇子后，放在膝上，抚视良久，喜极而泣说：“是我的儿子，长得像我！”并为儿子起名为“祐樘”。次日，宪宗颁诏天下，宣告大明江山后继有人。

宪宗父子相认不久，纪氏暴病而亡。有人说是万贵妃害死的，也有人说是纪氏自知难逃一死而自缢身亡。总之，万贵妃是脱不了干系的。太监张敏也因恐惧，吞金自杀。朝中大臣感到震惊，请求调查死因。但宪宗担心查出背后主谋是万贵妃，就放弃了追查真相。在纪氏去世四个月之后，朱祐樘被立为太子。

纪氏死后，周太后害怕孙子朱祐樘也遭万贵妃毒手，便对宪宗说：“孩子交给我抚养。”于是，朱祐樘跟着太后居住在仁寿宫。有一日，万贵妃叫朱祐樘过去吃饭。周太后担心万贵妃陷害，对朱祐樘说：“孙儿可去，但不能吃食物”。万贵妃赐给朱祐樘食物，小太子说“已吃饱。”再赐羹，小太子又说：“疑有毒。”万贵妃大为恼怒说：“小小年纪就这样，他日必定宰割我。”然而，太子朱祐樘在周太后的保护下平安成长。

一计不成，又生一计。万贵妃一改往昔专宠的面目，鼓励宪宗多召幸其他妃子，多生皇子，以便将来取代太子朱祐樘。没了万贵妃的约束，宪宗好

色的本性暴露出来，后妃连续给他生下11位皇子。成化末年，万贵妃勾结太监梁芳，极力唆使宪宗废除太子朱祐樘，改立宸妃的儿子朱祐杬。幸而当时突然“天象示警”，泰山连续发生地震，钦天监认为是东宫有变。宪宗畏惧天象，立即打消了改立太子的念头。这可把万贵妃给郁闷坏了。

宦官为祸

成化二十一年（1485年），有一天，宪宗心血来潮，前往宫内仓库视察，看看还有多少金银财宝。可是，当宪宗打开仓库的大门时傻眼了，里面空空如也，历朝积累下来的七窖金全部用光。他勃然大怒，将太监梁芳、韦兴叫来问话："浪费国库钱财，都是因为你们二人。"韦兴害怕，不敢回话。梁芳却狡辩说："都用于建显灵宫和祠庙，为陛下祈万年福耳。"宪宗很不高兴地说："我不怪你，但后来的人会与你计较。"小小的太监竟敢将库内的银子花光，还敢当着皇帝的面百般狡辩。对于这个局面的形成，万贵妃难辞其咎。

梁芳之所以得势，与万贵妃有关联。他知道，万贵妃专宠后宫，只要取得她的信任，就可以得宠于宪宗皇帝。于是，梁芳每天给万贵妃进献美珠珍宝。为了更快地搜刮到更多钱财，他们还设立传奉官。这些传奉官不由吏部选任，也不经大臣举荐，而是通过宦官"传奉圣旨"的方式任命。宪宗即位不到一个月，太监牛玉"传奉圣旨"：升工匠姚旺为文思院副使。这便是"传奉官"之始。这些传奉官四处活动，大肆搜刮民财，穷奢极侈。据史记载，梁芳曾向宪宗皇帝请示，让他的弟弟梁德往来于京师和广东新会之间，以供养奉年迈的母亲。梁德乘机在沿途各处搜罗奇珍异宝，进献给皇帝和万贵妃。

这些宦官把朝廷内外搞得乌烟瘴气，一些正直的大臣实在看不下去。陕西巡抚郑时上奏宪宗，请求严惩梁芳。宪宗知道惩处梁芳，就会牵涉万贵妃，所以反而将郑时罢官。郑时为官清廉，深得百姓爱戴，陕西百姓得知

后，沿路痛哭，为他送行。宪宗也觉得罢免郑时的做法有些过分，于是也免了10个传奉官，还将6个逮捕下狱，但就是没有处罚梁芳。刑部员外郎林俊上疏弹劾梁芳，梁芳大怒，向宪宗进谮言，林俊亦被投进监狱。

人们对电视剧《后宫》中汪直和春华谈情说爱会感兴趣。历史上把太监与宫女之间互相慰藉关爱、结为“夫妇”、搭伙共食的现象，称为“对食”。这是由于太监、宫女寂寞孤独，不能过正常的家庭生活而产生的一种畸形现象。《后宫》中汪直与春华的关系就是“对食”关系，但这是电视剧虚构的。真实的汪直是一位位高权重的太监，朝中官员一提他的名字则色变。

汪直的蹿升，与万贵妃有千丝万缕的联系。汪直原本是广西浔州大藤峡的瑶人。成化初年，瑶人发生叛乱，明朝廷派军队平定大藤峡瑶人叛乱后，汪直被俘，被带到北京入宫作了宦官，当时被分在万贵妃的昭德宫中做事。《明史纪事本末》说汪直“年少黠谲”——小小年纪，做事乖巧，聪明而狡猾，颇得万贵妃的欢心。随后他升迁很快，不久便升掌管御马监的太监。这个御马监并非单纯养马，而是与兵部及督抚共执兵柄的内廷“枢府”，还是管理皇室草场和皇庄、经营皇店的“内管家”。成化十三年（1477年），明朝廷设立西厂，也由汪直把持。汪直以宫廷采办为名，大肆搜刮，逢迎侍奉万贵妃，并罗织罪名，陷害忠良。宪宗知道汪直与万贵妃的关系，也睁一只眼，闭一只眼，不过问。

万贵妃宠冠后宫，独享皇帝的宠幸，宦官又在万贵妃的纵容下，有恃无恐，造成明宪宗时期皇室奢靡、政治昏暗、西厂横行不法的局面。《明通鉴》写道，“后妃乱政、宦官为祸与宪宗朝相终始”。

万妃之死

成化二十三年（1487年），万贵妃58岁，将近耳顺之年。对于这个年龄的人来说，不管是听了好话还是坏话，应该都不会动心不会生气了，心里平静如水。然而，仗着宪宗的宠爱，万贵妃的暴脾气依旧没有变化。这一年春天，一名宫女犯了个小错误，万贵妃大怒，拿起鸡毛掸子连打宫女数下，没想到怒气攻心，气咽痰涌，竟至昏厥，继而身亡。

宪宗听说万贵妃已死，沉默良久之后，凄然说道："万侍长去了，我亦将去了。"他悲痛欲绝，辍朝七日，为万贵妃举行了皇后级别的葬礼，并谥号为："恭肃端慎荣靖皇贵妃"。一般而言，皇贵妃死后赐以2个字为谥号，贵妃不是奉皇帝特旨不予谥号。万贵妃却有6个字的谥号，可见她在宪宗心中的地位有多重要。这年八月，一直郁郁寡欢的宪宗病逝。

成化二十三年（1487年）九月，朱祐樘即位，是为明孝宗。明孝宗下令将从前依附万贵妃的一干人等或贬谪，或处斩。万贵妃的兄弟万喜、万通被降职，万安被贬斥回乡。明孝宗的努力扭转了朝政腐败的状况，史称"弘治中兴"。值得一提的是，明孝宗一生只有一位妻子——张皇后，也是旷古未见。明孝宗的后宫，再无尔虞我诈和血雨腥风。

明朝文人沈德符对万贵妃所受的恩宠感慨道："自古以来妃嫔承恩最晚、而最专最久者，未有如此。"其中缘由，恐怕无人能晓。"卍"是佛祖的心印，藏语叫作"雍仲"，是"永恒不变"的象征。宪宗皇帝将"卍"刻在万贵妃的碑上，也许象征着他们的爱情和谐永恒。然而，在君主专制时代，帝王专一的爱情有时也会带来一场灾难。

第十二章

专家带你看「大明嫔妃」

郑贵妃：万般算计终成空

「明史」说：『明之亡，实亡于万历。』而万历这个失败的皇帝背后，站着一个充满负能量的宠妃。后宫的故事写到这里，画风已然改变。进宫、上位、宫斗、夺嫡、害主，郑贵妃的故事就是各种宫斗剧的现实原型。『妖书案』『梃击案』『红丸案』，反映明代宫廷各种乱象的事件，她都是主角。她的人生，彻底成了一种反面教材。

郑贵妃，何许人也？电视剧《大明嫔妃》说她是明万历皇帝最宠爱的妃子，是爱子如命的母亲，为了让儿子福王朱常洵当上太子，不惜加害皇太子朱常洛。《明宫夕照》说她是“红颜祸水”，牵涉明末“梃击案”“红丸案”等几大疑案，搅得朝廷内外不得安宁，大明江山危在旦夕。历史上，这个女人真有如此大的能耐吗？

“王的女人”

郑贵妃，大兴人（今北京市大兴区），于明嘉靖四十四年（1565年）出生在一个贫困的家庭。她天生丽质，聪颖灵慧，豆蔻年华时已长得袅娜娉婷，肤如凝脂，天姿国色。郑氏的父亲郑承宪为了赚得一大笔聘礼，就将她许配给了一位孝廉为小妾。出嫁那天，郑氏悲伤痛哭。孝廉看见貌美如花的新娘子哭得梨花带雨，就想起古人常说“最难消受美人恩”，这样的美人不是自己能消受得起的。他就派人将郑氏送回去，聘礼也不要了。郑氏十分感激孝廉，脱下一只绣鞋赠送给孝廉，发誓将来要报答他。孝廉只当是句玩笑，没有记在心上。郑氏入宫后，受到万历皇帝的宠爱，念及前事，命小太监拿着另一只绣鞋寻访到孝廉。于是，这个孝廉得到重用，最高官职做到盐运使。

万历九年（1581年）八月，明朝廷下诏采选秀女。因为，万历皇帝自万历六年（1578年）结婚以来，就一直未育有子女。这可愁坏了万历皇帝的母亲慈圣皇太后和朝中大臣。大家一合计，就想出了办法，令太监到民间去选秀女，充实后宫，广种薄收，不怕万历皇帝没有子嗣。对于老百姓而言，女儿获选进宫，看起来是一件光宗耀祖的事情，然而事实并非如此。女子一旦入宫，无异于被宣判为“终身监禁”，没有自由，没有幸福。唐代大诗人元稹写有《行宫》一诗：“寥落古行宫，宫花寂寞红。白头宫女在，闲坐说玄宗。”其中，白头宫女所说的不是玄宗，而是寂寞与凄凉。所以，民间一听说宫廷要选秀女，凡是有女之家，就急急忙忙找女婿，也顾不上体面和婚嫁礼仪，不待新郎车马来迎，便匆匆送女儿上门成亲。这种现象叫作“拉

郎配”。

明朝廷选秀的命令颁发后，太监们到各处采选年轻女子。里巷之间人心惶惶，有女之家争相“拉郎配”，官府有禁不止。郑承宪匆忙之下将郑氏许配给了邻居的儿子为妻。邻家看见有天上掉下馅饼的好事，就打算不给聘礼，白赚一个媳妇。郑承宪很生气，觉得邻居是乘人之危，想占便宜没门，于是反悔，不让郑氏嫁到邻家去。邻家见郑承宪反悔，就召集三五人来郑家抢亲，结果两家吵得不可开交，乃至大打出手。郑氏劝止不住，哭着跑进屋内，恰好被前来选秀的太监看见。太监瞧见郑氏长得花容月貌，就将郑氏姓名登记在册。这一年，郑氏入宫，成为“王的女人”。

郑氏进宫后，晋升很快。万历十年（1582年）三月，郑氏被册封为淑嫔。万历十一年（1583年）八月，郑氏晋封德妃，万历十四年（1586年）三月，郑氏晋封皇贵妃。只用四年时间达到了别人一辈子都难达到的高度，这个女人不简单。郑氏晋升，除了生了皇三子朱常洵，母凭子贵之外，还有什么别的原因呢？在电视剧里，郑氏经常带着万历皇帝偷偷出宫逛逛街，品尝街边小吃，在野外放烟花，用百姓的生活填补皇帝精神上的空虚，所以深得万历皇帝的欢心。这样的电视情节有些离奇，但郑氏确实机警异于常人，并不专恃色相。在宫中，别的嫔妃对万历皇帝百依百顺，不敢违抗圣意。郑氏从小在乡村长大，心比较野，顾忌没那么多。她经常与万历皇帝斗斗嘴，或者公然抱住万历皇帝撒娇，又或者突然跑过去摸摸万历皇帝的头，给万历皇帝平淡的生活带来了惊险和刺激。万历皇帝哪经历过这样“野蛮不驯”的女人，遂觉得郑氏与众不同，越发宠爱郑氏。

万历皇帝专宠郑氏，终日行酒作乐，有时也不上朝理政，引起一些正直大臣的不满。万历十七年（1589年）十二月，万历皇帝生病在床。大理寺评事雒于仁上了一本名为《酒色财气四箴疏》的奏折，他说：“皇上之恙，病在酒色财气也。夫纵酒则溃胃，好色则耗精，贪财则乱神，尚气则损肝。”万历皇帝气不过，找来申时行等人，商量办法惩罚雒于仁。万历皇帝说：“朕自去年开始头目眩晕，胸膈胀满，近来调理稍微好转，可是雒于仁的奏

本肆口妄言，朕极为恼怒，以致肝火复发，至今未愈。”申时行回奏说：“皇上身体最要紧，无知小臣，胡言乱语，不足以惹皇上生气。”万历皇帝将雒于仁的奏折给申时行看，并说：“你看这奏本，说朕酒色财气，试为朕评理。他说朕好酒，谁人不饮酒？又说朕好色，偏宠贵妃郑氏。朕只因郑氏勤劳，朕每至一宫她必相随，朝夕间小心侍奉。如恭妃王氏，她有长子，朕着她调护照管，母子相依，所以不能朝夕侍奉，何尝有偏？雒于仁这是诽谤朕，你看如何重处他。”申时行回奏说：“雒于仁是沽名钓誉，皇上若重处他，反而令他成名，而有损皇上的圣德。唯有不与他计较，乃见皇上胸怀之宽广。”万历皇帝沉默一会儿说：“这也说得是，若要惩处他，不但损了朕的德行，还损了朕的气度。”雒于仁躲过一劫。

郑氏从一介民女荣升皇贵妃，地位高了，就容易生骄横之心，容不下别的女人同她分享同一个男人。当时敬妃李氏也深受万历皇帝的宠爱，引起郑氏的妒忌。万历二十五年（1597年）三月，敬妃李氏偶染小病，太监张明为她治病。不久，李氏病逝了。万历皇帝很悲伤，追封李氏为皇贵妃，但没有追查死因。不过，细心的人发现，张明是郑贵妃的亲信太监，李敬妃去世不久，张明也蹊跷地死了。很多人认为，郑贵妃难以洗脱谋害李敬妃的嫌疑。

郑贵妃还仗着有万历皇帝撑腰，开始觊觎皇后的宝座。万历皇帝的皇后姓王。王皇后是锦衣卫指挥使王伟的长女，是慈圣皇太后指配为婚的。王皇后长得明艳动人，但老老实实，没有情趣。万历皇帝对她没有太大兴趣。郑贵妃有了当皇后的念头，万历皇帝是支持的，但慈圣皇太后这一关难过。慈圣皇太后从小就严格管教万历皇帝朱翊钧。他不愿读书，慈圣皇太后就让他长时间罚跪。他听儒臣讲授课程完毕，慈圣皇太后就让他复述所讲内容。他要上朝，慈圣皇太后五更时来到他的住处，大喊：“皇上应该起来了。”所以，万历皇帝一向惧怕慈圣皇太后。而慈圣皇太后维护王皇后，万历皇帝也不敢忤逆太后懿旨。

郑贵妃见撼动不了王皇后的地位，一计不成，又生一计，向万历皇帝吹枕边风，要皇后的待遇。万历皇帝只能向慈圣皇太后奏请，将郑贵妃服饰的颜色由红色而改为只有皇后才能用的黄色。慈圣皇太后很生气地说：“皇帝讲分上，安得不听！”万历皇帝只好作罢。

郑贵妃的心愿未遂，把怒火都撒到王皇后身上，使得王皇后在宫中处境极差。据史记载，王皇后身边的侍从太监、宫女仅数人，连生病时都缺人照顾。这事传到宫外，引起大臣不满。给事中王德完上疏要求万历皇帝解释。万历皇帝自知理亏，将责任全推给了王皇后，指责她“悍戾不慈”，教训皇后务守妇道。王皇后身边的侍从也经常受欺负。她的“管家婆、老宫人及小宫人多遭到杖击鞭打，死者不下百余人”。面对飞扬跋扈的郑贵妃，王皇后毫无还手之力，只能默默忍受。因为她名义上是中宫之主，但真正的主人是郑贵妃。

阻立太子

万历九年（1581年）的一天，万历皇帝来到慈圣皇太后寝宫请安。恰巧慈圣皇太后不在，不知何故，他性致勃勃，私幸了一名王姓宫女。文书房太监将这件事记在起居注里。万历皇帝很忌讳这件事，所以无人敢提及。不料经万历皇帝春风一度，王氏居然珠胎暗结。几个月后，慈圣皇太后察觉到王氏隆起的肚子，追问起来，王氏只能如实交代，说肚子里怀的是龙种。在一次宴席上，慈圣皇太后向万历皇帝问及此事，万历皇帝矢口否认。慈圣皇太后命太监取来起居注，让皇帝自己看。在证据面前，万历皇帝只得承认。慈圣皇太后劝慰说："我年纪大了，犹未有孙。倘若生个男孩，是宗庙社稷之福。母以子贵，宁分差等耶？"次年四月，万历皇帝册封王氏为恭妃。八月，恭妃生下一男孩，是为皇长子朱常洛。

按明朝"有嫡立嫡，无嫡立长"的皇位继承制度，倘若王皇后未生子，皇长子朱常洛将来就是万历皇帝的接班人。然而，有人跳出来挑战这一项制度了。万历十四年（1586年）正月初五，郑贵妃生皇三子朱常洵。不久，郑氏被册封为皇贵妃。据文秉的《先拨志始》记载，有一次，郑贵妃和万历皇帝到大高元殿拜佛，郑贵妃趁机要求万历皇帝在佛祖前发誓，立自己的儿子朱常洵为太子，并将誓言写下来，放在一个盒子里。这虽是野史记载，但是万历皇帝确实有废长立幼之心，从而引起了旷日持久的立储之争。

万历十五年（1587年），皇长子朱常洛五岁。首辅大臣申时行奏请册立朱常洛为太子，却被万历皇帝一口回绝了。这下捅了马蜂窝。皇长子的母亲王氏是妃。皇三子的母亲郑氏是皇贵妃，要高出二级。朝中大臣早就猜疑郑

氏谋立皇三子，损害国本。于是，众多朝中大臣群起而攻之。户科给事中姜应麟在奏折中批评说：“贵妃郑氏虽贤，所生固皇上第三子也，但地位应亚于中宫皇后；恭妃生皇长子，怎么能屈居于郑氏之下呢？愿首先册恭妃为皇贵妃，次册立皇长子为东宫太子，以定天下之本。”万历皇帝大怒，将他贬为大同广昌典史。贬了一个姜应麟，还有更多后来人。吏部员外郎沈璟、刑部主事孙如法又上疏要求册立皇长子为太子。万历皇帝如法炮制，将他们贬往地方。但这些书生意气的朝中大臣并不畏惧皇权，蜂拥而起，都执“立储自有长幼”之旨，指责万历皇帝。万历十八年（1590年），万历皇帝同时收到申时行、许国、王家屏、王锡爵四位内阁大学士的奏疏，要求册立朱常洛为太子，否则就请求罢免他们的职务。结果，四位内阁大学士离职，在当时引起很大的轰动。

为了达到目的，郑贵妃不惜阻挠皇长子朱常洛正常成长。万历十八年（1590年），9岁的朱常洛还没有出阁读书。大学士申时行等人奏请让朱常洛出阁读书，不料被万历皇帝一口回绝，万历皇帝还处分了当朝的12位官员。直到8岁的皇三子朱常洵该读书了，万历皇帝才让朱常洛出阁读书。但朱常洛读书之路并不顺畅。据史记载，万历二十八年（1600年）冬天，寒风凛冽，气温很低。太监们围着火炉烤火，朱常洛却衣着单薄坐在一旁读书，冻得直哆嗦。讲官郭正域见此情形，实在忍不住，出声质问太监。太监们才把火炉抬到朱常洛身旁。朱常洛的长子朱由校是万历皇帝的长孙，然而直到万历皇帝驾崩，都没有出阁读书。后来，朱由校做了皇帝，即明熹宗，却迷恋于做木工活，根本不具备当皇帝的文化素质。

郑贵妃还不惜诬陷朱常洛，想让他身败名裂。朱常洛13岁时，郑贵妃悄悄对万历皇帝说：“皇长子好与宫人嬉戏，已非童体矣。”意思是，朱常洛年纪这么小，就纵情声色，德行一定不好。万历皇帝立即派人前去查验。不过，王恭妃已有防范，她对来人说：“我十三年与他同起同卧，不敢离开片刻，正为今日之事。”结果证明了朱常洛的清白。

尽管郑贵妃万般阻挠，大臣们仍步步紧逼，要求遵循“有嫡立嫡，无嫡立长”的祖制。万历皇帝无奈之下，提出“三王并封”的拖延策略，将长子朱常洛、三子朱常洵和五子朱常浩一起封王，如果王皇后仍然没有生皇子，再册立太子。这实际上是取消了朱常洛的优先继承权。而如果王皇后崩逝，郑贵妃被册立为皇后，那太子就非朱常洵莫属。群臣哗然，纷纷上折反对这种做法。万历二十六年（1598年），文武百官发起请愿运动，“九卿、科道、都督府等衙门各具疏到文华门，恭进候旨，必得命乃敢退”。有人统计，在这场激烈的政治斗争中，被罢官、解职、发配充军的部级官员及地方官员达三百多位。这表明万历皇帝坚决反对册立长子朱常洛，要“废长立爱”。

万历皇帝、郑贵妃与群臣这样闹下去，必定严重影响政事的正常运行。慈圣皇太后不得不出面干涉此事。有一天，万历皇帝来慈宁宫侍候慈圣皇太后。慈圣皇太后问起册立太子之事。万历皇帝早被喋喋不休的大臣搅得心烦意乱，脱口而出：“彼都人子也。”意思是说，皇长子朱常洛的母亲是宫女，出身低贱，怎么能立为太子呢？这下可触到慈圣皇太后的痛处，因为她也出身卑微，曾在裕王府做宫女。后来，她偶然得到裕王宠幸，生下了儿子朱翊钧。母以子贵，朱翊钧成了万历皇帝，她也成为慈圣皇太后。所以，当她听见万历皇帝说皇长子是都人之子时，勃然大怒说道：“你也是都人子！”接着就是一顿臭骂，骂得万历皇帝“伏地不敢起”。万历皇帝顶不住强大的压力，只能对不住郑贵妃了，于万历二十九年（1601年）十月十五日，册立皇长子朱常洛为太子，三子朱常洵为福王、五子朱常浩为瑞王、六子朱常润为惠王、七子朱常瀛为桂王，立储之争落下帷幕。

可是，郑贵妃不甘心，认为还有翻盘的机会，遂将儿子福王留在身边。《大明嫔妃》也有这个故事：万历皇帝病重，活不过一个月了，他对郑贵妃说：“当皇帝很累，什么事都得由皇帝一个人扛起，你我爱子洵儿没当上储君，也是一种福气。”但郑贵妃并不这么想，她要挟崔公公，把玉玺印在假圣旨上，让其子朱常洵留在京师。按明朝的分封制，亲王受封后应立即去封地居住，不得逗留京城。在郑贵妃的授意下，福王迟迟不动，以各种借口留在宫中。这时，大臣们又不干了，开始催促福王离开京城，前往封地。郑贵妃以给慈圣皇太后祝寿为由，想将出发日期再推迟一年。慈圣皇太后回答说："我的儿子潞王亦可来京拜寿乎！"郑贵妃听她这么说，乃不敢留住福王。这时太子朱常洛才松了一口气。

这一事件被后来的史家称为"国本之争"。看起来，是以太子朱常洛的胜利结束，但实际上落下三输的局面。万历皇帝后因立太子之事与大臣们争执长达十余年，最后索性眼不见，心不烦，做了个"六不皇帝"，即不郊、不庙、不朝、不见、不批、不讲。太子朱常洛心惊胆战，惶惶不可终日，精神压力非常大，沉于酒色，纵欲淫乐，身体羸弱。他的母亲王氏孤苦伶仃，幽居深宫，不但见不到万历皇帝，连自己的儿子也见不到，整日以泪洗面，以至于双目失明。据史记载，万历三十九年（1611年），王氏病危，太子朱常洛急急忙忙赶往景阳宫，要见母亲最后一面。当他赶到时，发现景阳宫居然是铁将军把门，又急急忙忙找太监拿来钥匙把门打开。母子俩见面，王氏只说了一句话："儿长大如此，我死何恨。"就离开了人世。郑贵妃虽然在这一回合的较量中败下阵来，但很快又策划了第二回合的较量。

连涉大案

将皇长子朱常洛立为太子，皇三子朱常洵册封为福王，大明王朝未来的政治格局基本确定了。可是郑贵妃被最高的皇权蒙蔽了双眼，钻起了牛角尖，反而掀起了更大的宫廷斗争，连续牵涉几桩大案。吊诡的是，她竟然能从这些大案要案中全身而退。

《明宫夕照》所谓的“妖书”案是真实存在的，第一次“妖书”案在朱常洛被立为太子之前就已经发生了。万历十八年（1590年），吕坤任山西按察使时，曾撰写一本书《闺范》。司礼监秉笔太监陈矩看到这本书后，就将它呈献给万历皇帝。万历皇帝转身就将此书赐给郑贵妃。郑贵妃看完之后，如获珍宝，不但亲自为之作序，还指使其伯父郑承恩花费巨款重新刊刻出版，并改名为《闺范图说》。郑贵妃大张旗鼓地出版了这本书，引起一些政治敏感性强的人的注意。有人就写了一篇名为《忧危竑议》的文章说：《闺范图说》首先表彰汉明帝的马皇后，因为马皇后是由宫人进位中宫。郑贵妃令郑承恩重刊此书，目的是为自己当皇后、儿子当皇太子制造历史依据。这将郑贵妃的狼子野心暴露于天下，舆论明显对她不利。郑贵妃、郑承恩也感觉到人言可畏，想办法睹住悠悠之口。郑贵妃不时地找万历皇帝哭诉，说自己受他人冤枉，博取万历皇帝的同情和支持；郑承恩就追查《忧危竑议》的作者。之前，全椒知县樊玉衡、吏科给事中戴士衡曾上疏请立皇长子朱常洛为太子，并指责郑贵妃干政。郑承恩就怀疑《忧危竑议》出自樊、戴二人之手，遂奏报万历皇帝。万历皇帝不分青红皂白，下令逮捕樊、戴，严刑拷打后分别充军广东雷州和廉州。第一次“妖书”案就这样糊里糊涂了结，而真正的作者并未查出。

万历三十一年（1603年），皇长子朱常洛已被立为皇太子，但位置不稳，因为在郑贵妃的安排下，福王朱常洵迟迟不离开京城前往封地。这时，京城又广为流传一篇名为《续忧危竑议》的文章。文章只有300多字，但字字像匕首刺中郑贵妃的要害。有一天，内阁大学士朱赓在自家门外拾得这篇文章，阅看之后，吓出一身冷汗。文章说，万历皇帝立朱常洛为皇太子是出于不得已，但在不久的将来必当更换太子。万历皇帝任命朱赓为内阁大臣，“赓”音同“更”，寓有更易之意。此书还假托“郑福成”为问答，意即郑贵妃与其子福王朱常洵定当成功。当时人认为这篇文章“词极诡妄”，所以称它为“妖书”。万历皇帝得报后，大为震怒，立即下令锦衣卫、东厂搜捕奸人，遂兴大狱。一大批官员、百姓被捕下狱，惨遭严刑拷打。皇太子朱常洛的老师、礼部右侍郎郭正域也因此被捕。但郭正域很有骨气，在酷刑之下始终不承认，也就无法定案。最后，东厂为了匆匆结案，捕获一名叫皦生光的男子，让他做了替罪羊。皦生光被凌迟处死，家属被发配边疆充军。第二次“妖书”案又不了了之，“妖书”的真正作者始终没有人知道。

郑贵妃本想利用《闺范图说》为自己和儿子争位宣传造势，但没想到搬起石头砸了自己的脚，在“妖书”一案中，朝野上下舆论都对郑贵妃不利。这只能说明，郑贵妃在政治上是极不成熟的，而在接下来的“梃击案”“红丸案”中她的表现仍是如此。

《大明嫔妃》有个情节说的就是“梃击案”：一名刺客手持木棍闯进太子府，行刺未果被捕。他却反诬太子谋反。三皇子朱常洵进驻太子府，调查案情，实际上是将太子软禁。太子明白自己掉进了郑贵妃精心布下的圈套中，但又无力化解。这个事实是存在的，但情节有不符合历史事实之处。真实的历史是这样的：万历四十三年（1615年）五月初四，一名陌生男子手持木棍闯入皇太子朱常洛居住的慈庆宫。他击倒守门太监后，直奔太子就寝的大殿而去。幸好内侍韩本用闻讯赶到，经过一番搏斗，在前殿将陌生男子逮捕。次日，朱常洛将此事告诉了万历皇帝，说有人行刺。万历皇帝纵然不喜欢朱常洛，但毕竟是自己的儿子，下令一定要查出幕后主使者。

经审讯，陌生男子供称自己叫张差，是蓟州井儿峪人，然后就胡言乱语，不知所云。御史刘廷元认为，张差精神有病，疯癫病发作，才做出行刺太子之事。但刑部提牢主事王之寀认为事情不那么简单，连饿张差几天，然后对他说："如实招来，才有饭吃，不招就饿死你。"张差怕死，只得招供："不敢说。"王之寀屏退众人，张差如实招供。原来，张差路遇庞姓、刘姓两名太监。两名太监将他带到慈庆宫，说要给他指明一条发财路，然后告诉他："进宫后见人即打，尤其是见到穿黄袍的人，要将他打死，重重有赏，如被人捉住，我们会设法营救。"庞姓、刘姓太监就是郑贵妃手下的庞保、刘成，幕后主使一目了然。

王之寀将审讯的结果上奏朝廷，引起轩然大波，大臣们纷纷将矛头指向郑贵妃。郑贵妃这时感到害怕，惶惶不可终日，向万历皇帝一哭二闹。万历皇帝很恼火，但又不能眼睁睁看着爱妃成为杀人凶手而遭受惩罚，便给郑贵妃出了个主意，要她求得太子的原谅，请太子不再追究。万历皇帝这一招很高明，知道太子会给他一个面子，正主都不追究了，那些大臣也就无话可说了。果然，郑贵妃跑到慈庆宫苦诉一番，太子原谅了她。万历皇帝立马来个死无对证，下令将张差凌迟处死。张差临死说："同谋做事，事败，独推我死，而多官竟付之不问。"此后，刑部、大理寺、都察院会审庞保、刘成。但张差已死，庞、刘矢口否认涉案。六月，万历皇帝密令太监将庞保、刘成处死，"梃击案"无从查起，依旧不了了之。

"梃击案"掀起的轩然大波暂时平息，但宫廷争斗并未结束，郑贵妃又牵涉"红丸案"，但这次她没有还手之力。《大明嫔妃》说，郑贵妃从江南选定八名奇女进献给朱常洛。朱常洛陷入杀机重重的温柔乡里而不能自拔。朱常洛连幸八位侍女后一病不起。他又病急乱投医，听信李可灼服用红丸两粒，之后暴崩。这些情节大体能与历史相印证。

万历四十八年（1620年）七月，万历皇帝病死，太子朱常洛继位，是为明光宗，由于年号为泰昌，所以人们习惯叫他泰昌帝。万历皇帝临死前，考虑到郑贵妃树敌太多，遂遗命册封她为皇后，以保全她后半生。郑贵妃一旦变成皇后，在泰昌朝就变成皇太后。不料人走茶凉，大臣们都不买万历皇帝的账。礼部侍郎孙如游强烈反对，认为郑贵妃不是泰昌帝的生母，不能被封为皇后。“臣详考历朝典故，并无此例”。众大臣纷纷附和，泰昌帝想起郑贵妃以前种种刁难，恨得牙痒痒，就顺水推舟，收回了封郑贵妃为皇后的成命。

郑贵妃没想到万历皇帝尸骨未寒，他的遗旨就没有人遵守了。俗话说：“靠人人倒，靠山山倒。”她于是想办法和新皇帝缓和关系，一是请求泰昌帝册立宠妃李选侍为皇后，与她结成联盟；二是向泰昌帝进献珠宝、美女，以取悦于他。据《明史·方从哲传》记载，郑贵妃一次性就进献给泰昌帝大量的钱财、珠宝和八名漂亮妩媚的侍姬。贪恋美色的泰昌帝照单全收。他的体质原本较为虚弱，又经不住美女的诱惑，有时连幸数人，纵欲过度，将身体掏空。八月十二日，大臣们早朝时见到泰昌帝“圣容顿减”，非常憔悴。十四日，泰昌帝病重，召司礼秉笔太监兼掌御药房的崔文升治病。崔文升进“通利药”，泰昌帝服药后，一宿连泻三四十次，危在旦夕。二十九日，鸿胪寺丞李可灼向泰昌帝呈献灵丹妙药。内阁首辅方从哲劝告说：“鸿胪寺丞李可灼自称有仙丹，臣等未敢轻信。”泰昌帝坚持己见，中午时分服用一颗红色药丸，精神变好，称赞李可灼为忠臣。一位太监向大臣们传话：“皇上用药后，暖润舒畅，思进饮膳。”泰昌帝的病好像在朝好的方向转变。傍晚，泰昌帝又服一粒红丸，但病情恶化，次日，在位仅29天的泰昌帝驾崩。他是中国历史上在位最短的皇帝之一。

“红丸案”发生后，朝野哗然，给事中杨涟等人怀疑其中必有阴谋，要求彻查。经追查，发现崔文升是郑贵妃的亲信太监。大臣们联想到泰昌帝登基之前郑贵妃就多次企图谋害他；登基之后，郑贵妃送去美女，将泰昌帝累垮，后又是崔文升进药，形迹十分可疑。但令人费解的是，“红丸案”的最终结果是将李可灼谪戍，崔文升发配南京。郑贵妃又一次有惊无险躲过惩罚，安然度过余生。

崇祯三年（1630年）七月，郑贵妃在冷冷凄凄中死去，被谥为“恭恪惠荣和靖皇贵妃”，埋葬在银泉山。《明史 · 神宗本纪》说：“明之亡，实亡于神宗。”郑贵妃难辞其咎。这个女人为了个人的政治野心，算计了一辈子，她为自己的皇后位置算计，为自己儿子的皇位算计。在她的挑动下，“国本之争”延续二十余年，她又置身于“妖书案”“梃击案”“红丸案”，扰乱了晚明政局。她的所作所为并不符合那个时代的礼法，遭到很多大臣的反对。她是“竹篮打水一场空”，在争权夺利中是个失败者，自己没做成皇后，儿子也没做成皇帝，还将自己丈夫的江山给算计进去了。

第十三章

专家带你看「孝庄秘史」

孝庄太后：逝去了三百年的话题女王

孝庄太后确实曾下嫁多尔衮吗？她曾劝降洪承畴吗？为何她死后多年停棺不葬？本文对这三个问题进行了严谨考证。笼罩在这些问题上的暧昧因素，阻碍人们清晰地认识这个真实的历史人物。澄清史实，才能对这位清朝『兴国太后』的心胸韬略有更客观的认识。

在中国四百多位帝王的后妃中，孝庄太后堪称翘楚。她不靠美色和手段绝宠后宫，历经四朝，辅佐三帝，为清王朝在中原站稳脚跟立下了汗马功劳，也为清初朝局的稳定立下了不世之勋，她的聪明睿智不输于清朝任何一位帝王。但野史中她下嫁摄政王多尔衮的传闻以及正史中停棺不葬之谜，还是让她成为了影视剧创作中长盛不衰的话题女王。《孝庄秘史》以她与多尔衮的爱情为主线，将一个在政治、爱情、亲情中左右为难的女性形象刻画得细腻而生动。还有《庄妃轶事》《一代皇后大玉儿》《大玉儿传奇》《美人无泪》《格格要出嫁》等，无不以她与多尔衮的爱情为中心。关于孝庄下嫁多尔衮之谜，到底真假有几分？孝庄在纵横捭阖的政治旋涡中到底是如何运筹帷幄的？清王朝为何要对她多年停棺不葬呢？

不起眼的庄妃

孝庄文皇后，姓博尔济吉特氏，本名布木布泰，蒙古科尔沁贝勒寨桑之女。她的家族被称为“黄金家族”，因为他们是成吉思汗的嫡系后裔，在蒙古草原上是颇受尊重的。她被诗人纳兰性德称为科尔沁的五色蝴蝶，充满信心和智慧，是高贵的蒙古格格。

在辽阔草原上，四处是飞奔的骏马和成群的牛羊。美丽的草原也孕育俊美的女子，一个个娇美的新娘从这走向四周强势民族的帐营，其中就包括布木布泰的姑姑哲哲。影视剧里描述，哲哲嫁给了建州女真领袖努尔哈赤的第八子皇太极，即布木布泰后来的丈夫。可貌美多情的布木布泰在迎亲队伍中看中了皇太极的弟弟多尔衮。在草原迎风飞舞的牧草中，帅气多情的多尔衮骑马追逐着同样在马背上飞奔的布木布泰，两人情愫暗生，甚至订下了百年之好。可事实是，当年的布木布泰只有3岁左右，只有5岁左右的多尔衮也没到换牙的年龄，顶多算两小无猜，说私订终身未免有点夸张。

建州女真的势力就像顺风草一样蓬勃生长，逐渐成为关外最强大的民族。对逐渐式微的科尔沁蒙古贵族来说，除了用婚姻巩固与他们之间的友好关系，以求得在草原上的一席生存之地，没有更好的方式了。在哲哲多年未育男婴的情况下，皇太极迎娶了蒙古草原上这位高贵的公主——布木布泰。那年她13岁。影视剧里的布木布泰满心不甘，从此，她就要与心仪已久的多尔衮相望而不相守了，但两人又不得不痛苦而无奈地接受这一现实。从此，各种纠结，各种不甘，折磨着彼此。但现实也许并没有这么无奈，两人除在两三岁时见过一次，此后最多见过一次，据猜测是在哲哲回娘家的一次探亲中。当时布木布泰大约8岁，多尔衮也不过10岁左右。草原上的女儿成熟得再早，八岁就你侬我侬的，可能性也不是很大。到13岁出嫁时，作为新娘的布木布泰除了激动、期待、不安之外，估计也没有跟多尔衮谈情说爱之类的心思。作为弟弟的多尔衮觊觎自己哥哥的新娘，而且这个哥哥当时已经成为女真族的四大贝勒之一，即使在民风开放的女真，这也是犯大忌的事。多尔衮母亲阿巴亥与继子代善之间的私情，最终也不被努尔哈赤所容，代善因此失去了继承汗位的资格，这可是前车之鉴。入宫之初的布木布泰颇受皇太极的宠爱，也给哲哲姑姑带来了好运气。不久，哲哲怀孕，生了一个女孩。

努尔哈赤英勇善战威名远播，他的地盘也随势顺风而增。明万历四十四年（1616年），努尔哈赤建立了后金，并宣布要向明复仇，随即带领他的满洲铁骑席卷而下，所向披靡。在宁远，努尔哈赤遇到了他的劲敌，一个进士出身、从未上过战场的书呆子袁崇焕。努尔哈赤身心俱受重创，加上长年鞍马劳顿，积劳成疾，终于一病不起，在离沈阳四十里的叆鸡堡去世。

后金没有嫡长子继承制，只有八大贝勒共推制。努尔哈赤一死，汗位之争就达了白热化的程度。大妃阿巴亥的三个儿子子凭母贵，最有可能继承汗位，尤其是第二子多尔衮最得努尔哈赤的宠爱，成为最热门的人选。八大贝勒之一的皇太极虽然母亲早逝，但由于勇力过人也机智过人，不但战功赫赫，还替父亲掌管财政多年，成为实际上的八大贝勒之首。皇太极联合其他贝勒逼死大妃阿巴亥，成为四大贝勒之一的和硕贝勒，布木布泰的身份也跟着水涨船高。在汗位继承人的推选上，虽然一波三折，但很明显，皇太极在幕后做了不少工作。明天启七年（1627年），皇太极南面而王。

影视剧中大肆宣扬一个故事，就是庄妃力劝洪承畴，因此被后人称为“清宫第一谋士”。明崇祯十四年（1641年），明抗金前线八路总兵主帅洪承畴被俘。雄心勃勃的皇太极不甘偏安东北一隅，力图逐鹿中原，洪承畴是他一心求取和物色的人才，为此他想不惜一切代价劝降他，但洪承畴不为所动，一心求死，皇太极束手无策。当时庄妃赞襄内政已有多年，已成为一个精明练达的后宫谋士。庄妃也充分意识到洪承畴对夫君攻略大计的重要性，

于是主动请缨，盛装入狱，一席淡酒薄茶之间，动之以情，晓之以理，终于说服这位“忠君死士”以天下黎民为念，以家人子女为念，选择贤君以保天下安宁。当野史传说有根有据，但未必真实。女真后宫也不许女子干政，所以对女子行为少有记载。皇太极再求才心切，派自己的后妃去色降肯定也是不可能的，即使只是劝降，可能性也不大。

布木布泰聪明睿智，虽大方有余，却柔媚不足，缺乏的不是才智，而是一个柔情似水的怀抱。布木布泰与皇太极的感情虽绵长却有些淡泊，皇太极后妃众多，布木布泰未必有多少优势。明崇祯七年（1634年），皇太极娶了布木布泰寡居的姐姐海兰珠，并迅速陷入情网，对其极尽宠爱。皇太极每次征战归来，迫不及待地想见到的总是海兰珠，他们情意相投，欢声笑语引来整个后宫的侧目和忌妒，庄妃的落寞可想而知了。皇太极南面而王时，海兰珠被封为四妃之首的关雎宫宸妃，布木布泰被封为庄妃。但海兰珠福浅命薄，她为皇太极生下的男孩夭折在襁褓之中，海兰珠为此悲痛欲绝，很快病入膏肓。当正在前线的皇太极得知消息心急如焚地赶回去时，海兰珠已经撒手人寰。皇太极伤心过度，不久便追随海兰珠而去。

皇太极过世，并没有指定皇位继承人，一场暗流汹涌的皇位争夺战再次拉开了帷幕，一向在后宫中并不起眼的庄妃在这个时候被推到了政治的风口浪尖，为她年仅6岁的儿子福临争取皇位。可以说，这才是布木布泰真正政治生涯的开始。

太后下嫁

《庄妃轶事》《一代皇后大玉儿》《孝庄秘史》等众多电视剧无不将孝庄与多尔衮的爱情作为主线，太后下嫁在影视剧中言之凿凿，让大多数观众误以为多尔衮才是孝庄一生挚爱，太后下嫁是铁板钉钉的事。当然，就此断言创作者们为了赚取收视率无中生有，捏造事实，未免有些冤枉。虽然正史和史学家大多不赞同此说，但野史和个人笔记，都给了创作者们留下了大量的想象空间。

太后下嫁之说据说最早源于明末抗清遗臣张煌言的词，《建夷宫词》第七首为："上寿觞为合卺尊，慈宁宫里烂盈门；春宫昨进新仪注，大礼恭逢太后婚。"这首诗在清末禁书开禁时开始流行，加上个别文人的演绎，变得更加丰满立体，再加上小说家的细节杜撰、演说家的添油加醋，这个故事的可信度似乎逐步加强，流传也愈加广泛。但是张煌言毕竟是反清的，对孝庄怀有成见，他是极有可能捏造史实的。加上诗之为物，就像小说一样，挥洒自如，缺乏根据。根据史实，孝庄太后搬进慈宁宫应该是在顺治十一年后，而多尔衮在顺治七年十二月就死了，太后下嫁根本就属无稽之谈。顺治七年正月，多尔衮逼死肃亲王豪格，夺其福晋为妃，在《清实录》里是有明文记载的，张煌言作诗于顺治七年正月，是否道听途说、张冠李戴而造成了误解不得而知。

孝庄与多尔衮的私情不可能毫无由头。顺治帝的上台，很大程度上得力于多尔衮的支持。皇太极过世，庄妃正式登上政治舞台。要在众强环伺中将幼子推向政治舞台，仅凭机遇难以成事。孝庄冷静分析形势，利用各大势力激烈对抗的时机和条件，争取拥立福临。影视剧基本上一致的意见是孝庄利用与多尔衮的私情，争取多尔衮拥立福临。倘若多尔衮与孝庄早有私情，且人尽皆知，

豪格与两黄旗的大臣们岂不担心多尔衮利用孝庄独揽朝政？皇太极还有一子，且母妃地位稍高于庄妃，拥立此子也是顺理成章的。事实与小说差距不小，当时34岁的皇太极长子豪格战功赫赫，拥有父亲的两黄旗、伯父代善的镶红旗和堂叔济尔哈朗镶蓝旗的支持。睿亲王多尔衮32岁，雄才伟略，曾西征河套，迫降朝鲜，拥有正、镶白旗的支持。双方的对立十分严重，诸王大会时，双方张弓戴甲，环立宫殿。议立之初，豪格以为帝位已是囊中之物，一番谦辞后离去。代善又提出立多尔衮，正黄旗大臣以死抗拒，会议陷入僵局。多尔衮虽权力欲极强，可他清楚，清廷一旦发生内乱，大清的江山就可能毁于一旦。在此关键时刻，多尔衮权衡再三，提出一个折中方案，提议立庄妃之子福临。正黄旗只要是拥立皇子，便不再反对，双方达成一致，豪格就此退出皇位竞争舞台。

福临即位时年仅6岁，孝庄还须为他巩固皇位费尽心机。多尔衮的皇帝梦并没有就此熄灭，他曾令史官为他撰写起居注，令工匠按皇帝规制为他造府第。当时军队调度、赏罚黜陟，一出其意，全国上下只知有睿王一人。孝庄为了大局，委曲求全，甚至通过顺治不断给他提高地位，由“摄政王”到“叔父摄政王”再到“皇父摄政王”，连连加封，取消多尔衮御前跪拜礼仪；遇节日或庆典，多尔衮与皇帝一道接受文武百官的朝贺拜谒。通过这种种措施，笼络和稳定了多尔衮之心，从而让多尔衮死心塌地地充当顺治的朝中大梁和开路先锋。顺治继位之初，曾有两起“悖乱”事件，一是豪格曾想打击多尔衮，取代幼主，被多尔衮剪灭；一是阿达礼、硕托等再次谋立多尔衮，被多尔衮揭露诛灭。稳定内部后，多尔衮又奉顺治命令“进取中原”，并连连取胜，充当小皇帝进取中原的开路先锋。多尔衮死后不久，顺治即以“谋篡大位”等多项罪状将其清洗。旋即济尔哈朗取代多尔衮成了新的权力中心。孝庄觉察到这一变化，为防微杜渐，让顺治发布上谕，宣布一切奏章必须进呈皇帝亲览，从而消除了可能产生的政治隐患。在影视剧中，多尔衮是男一号，表现的大多是正面形象，其政治上的果敢刻画得都比较细致，但对其权力欲望一面的表现往往比较隐晦，叔侄间的矛盾也往往集中到“夺爱”上，多尔衮与孝庄之间难舍难分的爱情，与顺治大脑中逐渐深入的贞洁

观念产生了深刻的矛盾，从而达到难以调和的程度。

影视剧描写太后下嫁，大张旗鼓，且声色具备，毕竟是有情人终成眷属，当然值得万众期待。有野史记载，顺治六年冬，多尔衮与孝庄太后已然情投意合，于是授意大学士范文程、大学士刚林、礼部尚书金之俊合拟了一个奏议，称皇父摄政王多尔衮正妻刚逝，皇太后又独居寡偶，秋宫寂寞，顺治帝以孝治天下，应该请皇父皇母合宫同居，以尽皇上的孝道。紧接着又以顺治皇帝名义下了一道上谕，顺治皇帝对母亲孝庄与皇父摄政王“合宫同居”是十分赞同的，“斟情酌理，具合朕心”。上谕一颁布，太后宫中、礼部衙门等为筹备大礼四处奔忙，文武百官一律朝贺。顺治皇帝又颁布恩诏，大赦天下，京内外各官各加一级，豁免天下钱粮一半。但野史毕竟不是正史，附会杜撰是极有可能的。如大赦天下这等大事，居然在正史中未留下零星半点的痕迹，能抹杀得如此干净，似乎不合常理！

当然，“太后下嫁”一事的佐证还有蒙满旧婚俗。清入关前，蒙满两族婚姻中存在不论序次、不管辈分的习俗，也不忌讳嫂嫁小叔、兄纳弟妇以及妻其后母等嫁配关系。如豪格死后，其福晋由他叔叔多尔衮和阿济格分纳。但此事于顺治八年时，成为了济尔哈朗等指控多尔衮的一条罪状，称多尔衮将豪格杀害，又夺其正妃，这是一大罪状。可见满蒙贵族入关受汉文化影响，在观念上已有变化。其实早在天聪三年（1629年）皇太极就发布过禁止族中婚娶的法令。孝庄以国母之尊，断不会以身试法。而且太后下嫁必然有颁诏告谕之文，如今却无一佐证。皇帝们能毁清宫档案，但民间档案、大臣笔记抹得如此精光，并非易事。

按满蒙习俗，如果寡妇改嫁，她便失去了对先夫遗产的继承权。可见，如果孝庄真成了摄政王妃，便无权再指挥两黄旗，而事实上两黄旗始终以孝庄之命是从，可见下嫁之传言并不属实。另外，朝鲜李朝对清朝并不友好，凡对清朝不利的事件无不津津乐道，记载详细。太后下嫁无论从哪种渠道传入朝鲜，都会详细记录，不加隐讳，可偏偏在《李朝实录》中并无太后下嫁的诏书和大婚的记载，连相关的猜测、疑问也不曾见于史册。德人汤若望曾

在清初皇宫生活多年，对于多尔衮要图谋国家最高权位、霸占豪格之妻毫不隐讳；对他的学生顺治帝福临性格暴躁，受太监引诱“过一种放荡淫逸的生活”以及用强制手段将董鄂妃收入宫中等问题都有如实记载，而太后下嫁这种轰动一时的大事不可能在传记中不留只言片语。

许多史家或作家以多尔衮“亲到皇宫内院”一条作为与孝庄幽会的佐证。据济尔哈朗等《追论摄政王罪状诏》记载，多尔衮“又亲到皇宫内院，以为太宗文皇帝之位原系夺立，以挟制皇上侍臣”，明确宣称，多尔衮去内院是逼迫孝庄母子让位，而非幽会。如果孝庄果真下嫁，多尔衮大可自由出入宫禁，甚至天天住在皇宫内院也是再正常不过的事。可据记载来看，多尔衮一直住在摄政王府，孝庄也一直住在宫殿，合宫而居只在野史的诏书中出现，秩官也并未提供他们婚后的确切住所。

1947年1月28日《中央日报》的《文史周刊》第35期，刊登学者刘文兴先生的《清初皇父摄政王多尔衮起居注跋》，声称他的父亲在清宣统初年找到了顺治时太后下嫁皇父摄政王诏，摄政王致史可法、唐通、马可书稿等。此文当时成为太后下嫁的铁证，引起一时轰动。后来又有故宫博物院的朱家溍研究员为此求证，他与刘文兴先生私交甚好。据称刘老师对文字音韵的考证极其严谨，生活中却喜欢开玩笑，承认跋中提到的文稿只是加点噱头，不必当真。

顺治二年（1645年）改“叔父摄政王”为“皇叔父摄政王”，到1648年再改为“皇父摄政王”，当时的谕诏如是：“叔父摄政王治安天下，有大勋劳，宜加殊礼，以崇功德，尊为皇父摄政王。凡诏疏皆书之。”明确宣称，改称号的原因是崇功德，而非由叔变父。如果太后下嫁都能大肆张扬，偏偏改称呼一事，要欲盖弥彰，是完全没有必要的。学者孟森在《太后下嫁考实》中分析，皇父犹如古代“尚父”“仲父”，是皇帝对臣下的尊称，并不能作为太后下嫁的确据。在满文习惯中，“皇叔父摄政王”即可译为“汗的叔父父王”，在金元旧俗中本就有称尊者为父的传统，只是汉人对此难于理解而已。

太后下嫁，必然引来女人之间的争风吃醋。影视剧塑造了一个有型有款的人物——孝庄的堂妹，皇太极的养女，多尔衮的嫡福晋小玉儿。可这样一个人物在史实中很难捕捉到原型。多尔衮的嫡福晋是博尔济吉特氏。她13岁时嫁给多尔衮为妻，两人相濡以沫，在一起生活了25年，多尔衮对她感情颇深。博尔济吉特氏逝世后，多尔衮十分悲痛，还追封她为敬孝忠恭正宫元妃，追悼仪式也十分隆重。《廿五史纲鉴·世祖福临》记载："摄政王多尔衮的元妃去世。命令两白旗牛录、章京以上官员及官员的妻子都穿着白色丧服，其他六旗的牛录、章京以上官员都摘去红头缨。"多尔衮因为悲伤过度，身体越来越不好，顺治曾亲临王府探望。所以小说中多尔衮与嫡妻不和的传言应当是不属实的，与孝庄之间的恩怨就更只是野史的附会和杜撰了。影视剧中多尔衮嫡妃叫小玉儿，但蒙语和满语中无玉儿一称呼，这个称呼只能是汉译，正史不可考，估计是野史中有此一称呼，连孝庄被称为大玉儿也无可考。孝庄在世时应称为博尔济吉特·布木布泰，庄妃是皇太极南面称帝时所封，孝庄更是对她的谥号。影视剧多以大玉儿或是孝庄相称，跟现实肯定是有出入的。当然，多尔衮的嫡妃也并非皇太极的养女。皇太极之妃衍庆宫淑妃，曾抚养一蒙古女，皇太极命多尔衮娶之，当然这位女子并非嫡福晋。元妃逝后，多尔衮还有一位嫡福晋，即朝鲜的李氏。这位主子就更不可能是影视剧中小玉儿的原型了。

受影视剧的影响，普通百姓对后宫的印象往往是女人为争宠尔虞我诈、钩心斗角，但历朝历代对后宫的控制都是比较严格的。皇后母仪天下，各宫安守本分，稍有逾规，即遭惩处。后宫女人兴风作浪的事例常有，但往往是皇帝昏弱或年弱时，才会有女主出头的机会，否则她们难越雷池半步。所以影视剧中那种步步惊心的设计、肆无忌惮的迫害往往是作者们的合理想象，跟现实还是有一定差距的。

太后下嫁，从目前的资料来看，还只是一个"江山换美人，美人保江山"的美丽传说。入关之后，多尔衮娶一个侄媳妇尚且罪名很大，以他的远见卓识，怕是不可能做出娶一国之母这种得不偿失的交易。像孝庄这种稳重端庄的人，断然不会为了一己情欲，而殃及幼子及后代。

清朝兴国太后

只要是与孝庄相关的影视剧，无论将爱情描述得多么缠绵悱恻，一代兴国太后的聪明睿智、在政治惊涛骇浪中的雍容大度都是创作者必须琢磨和深化的主题之一。

有史家称孝庄为“清朝杰出的女政治家”，也有人称她为清朝的兴国太后。她有谋略卓识，又隐忍大度，顺治、康熙时期，更是大展宏图，为清朝定鼎中原立下了不世功勋。

皇家婚姻同时也是政治问题，孝庄在处理子孙的婚姻问题上善于权衡谋划。为了满蒙关系的延续，孝庄选自己的侄女、科尔沁贝勒之女为皇后，可顺治偏偏痴迷上同父异母弟的福晋董鄂氏，逼死弟弟，立董鄂氏为妃，甚至还想废后继立。孝庄果断干预，母子出现嫌隙，孝庄最大限度地对他理解宽容。

清朝初年，宫廷斗争异常复杂，加上后期多尔衮的专政，使顺治敏感而任性。顺治帝时有命妇轮流到皇宫侍奉后妃的旧例，顺治帝在这个过程中偶遇董鄂氏。她本是顺治弟媳、襄亲王博穆博果尔的福晋，来宫中侍奉太后，不料顺治对她一见钟情，强行收为后妃，并对其宠幸有加。博穆博果尔不久后被逼死。这一事件引来朝野侧目，孝庄见无法阻止，主持废除命妇轮流到皇宫侍奉后妃的旧例，以“严上下之体，杜绝嫌疑也”。她又让顺治亲自撰写内则规范，编纂成册，写上序言，颁布内宫。所幸董鄂妃虽然身受宠幸，但并不恃宠而骄，反而谨守后宫，尊长爱幼，对皇后极为尊重，顺治帝后宫总体而言还算井然有序。当然，这也离不了孝庄的斡旋之功。

董鄂妃24岁即香消玉殒，顺治帝因此悲痛欲绝。影视剧对此段的反映基本比较真实，但大多取顺治出家一说，甚至大肆渲染此事，以增加悬念，吊观众胃口。但正史一般认为，顺治死于天花。因为当时京城天花盛行，不少人因此丧命。玄烨当时已经得天花出痘，后来被选为皇位的接班人在很大程度上是出于这个理由。

孝庄教育有方，对子孙勤勉督导，从而培养出两代明君。顺治八年（1651年），孝庄下了一道诰谕，集中反映了她的治国理想和对儿孙的政治寄托。诰谕中说，为天子者要以民为本，在地方上选用贤才，在朝廷中任用忠良，为人要深沉，办事要勤勉，要勤学不辍。孝庄为子孙执政不断扫除障碍，排忧解难。招降郑成功初期，清军败绩连连，顺治一度惶恐，甚至萌生了返回满洲之念，遭到孝庄严厉批评："怎可把祖先们以他们的勇敢所得来的江山，竟这么卑怯地放弃了呢？"于是顺治"拔剑碎御座，下令亲征"。后来虽被劝阻，但这说明孝庄对儿子的过失能及时指正。顺治在临终前的罪己诏中说，其在弱龄时，是母亲教训抚养，可惜隆恩难酬，子道不终，实在是罪过。

鉴于多尔衮任摄政王时飞扬跋扈、难以约束，孝庄同意顺治遗命选定四位皇室老臣索尼、遏必隆、苏克萨哈和鳌拜为辅政大臣。朝政大事全权委托四人，身处后宫的孝庄则一心一意教孙子为君之道，结果康熙倒确实被培养成一代明君。康熙幼怀大志，八岁时就以天下为职志，"惟愿天下治安，民生安乐，共享太平之福而已"。孰料四大臣之一的鳌拜很快露出专横暴戾的本性，欺负康熙年幼、太后身居后宫，在朝结党营私、培植势力。辅政大臣中索尼年老畏缩，遏必隆依附鳌拜，唯一敢跟鳌拜抗衡的苏克萨哈势单力薄，不久被罗织罪名下狱。情势危急，稍有不慎即激成巨变。康熙仅十多岁，太后当时不干政，朝廷有事，康熙只能多请教祖母孝庄而后执行。在孝庄的一手策划下，为了拉拢索尼，孝庄选索尼孙女为皇后，保证了索尼在铲除鳌拜过程中的立场，然后授意康熙在貌似玩乐的布库游戏中培植势力，借机将鳌拜一举擒获。一个庞大的鳌拜集团被朝廷不动一刀一枪就连根拔起。

康熙的胆略见识令孝庄十分欣慰。

一浪不停又生一浪。平西王吴三桂、平南王尚可喜、靖南王耿精忠被称为三藩，可三藩在清初势力坐大，尤其是平西王吴三桂，实力最强，已威胁到朝廷安危。康熙十二年（1673年），康熙与祖母商量决定撤藩。吴三桂率先动手，提出“兴明讨虏”，矛头直指朝廷。康熙采取坚决打击吴三桂，对其他两藩实行招抚的政策，通过分化力量而孤立吴三桂。军事上仅以湖南为进攻重点，同时充分相信汉将，这大大鼓舞了士气。耿精忠和尚之信很快归顺朝廷，吴三桂也于康熙十七年（1678年）走向穷途末路。第二年，其孙吴世璠自杀，三藩之乱被平定。康熙的政治和军事才能得到一次全面的检阅，孝庄只在大局上给予指点，事无巨细都由康熙自己定夺。

吴三桂发动三藩之变时，蒙古察哈尔部乘机反叛，康熙起用在顺治时因罪免职的图海统兵进剿。图海不负所命，迅速平叛。当时康熙只有十多岁，孝庄对图海的了解、器重是此事成功的最关键因素。当然孝庄并非事事指点，亲政后不久即放手让康熙理政，没有特别重大的事情或难以决断的问题，都不插手过问，让康熙在实践中迅速成长。

现在的影视剧大多展现了孝庄作为女性阴柔的一面，以爱情、婚姻、家庭为中心，但作为一个政治家，家事皆国事。中国人有句话：“一屋不扫，何以扫天下。”孝庄能妥帖地处理好皇室大家庭的种种矛盾，本身就显示了一个英明政治家纵横天下的能力。

停棺不葬之谜

孝庄是一位福禄寿皆全的老人，虽然儿子早逝，但孙辈绕膝，而且康熙对她至诚至孝，是古今帝王中所罕见的。她身后名誉享世，受后辈子孙景仰，受百姓尊重爱戴。她享年75岁，在人生七十古来稀的封建时代，是少见的长寿老人。至于她的停棺不葬，也自有其道理，而非外界猜测的无颜附葬昭陵的万年吉地。

康熙对祖母十分孝顺，每次外出，总是时时处处想着祖母。一次，他驻跸南苑，遣使为祖母送鲜果。孝庄年老后身体不适，康熙先后六次亲自陪祖母去温泉疗养，沿途照顾得无微不至。孝庄晚年对仅存的皇五女固伦淑慧长公主十分思念，康熙不仅飞驰驿站迎接姑姑，还接济居地物资，以安祖母之心。

孝庄病逝前中风，康熙常亲侍汤药，侍奉祖母至半夜，还遍访医书，亲自调药。祖母临终前，他时刻不离，连米粥都备了30多种，以备不时之需。他还竭诚为祖母祈福，下令减刑。孝庄去世，康熙连续十余日痛哭不止，水浆不入，以至吐血昏迷。有如此至诚至孝的孙儿，这是多少老人求不得的福分。

孝庄逝后，康熙并未将祖母遗体迁葬昭陵，而是将慈宁宫东边刚建成不久的五间寝宫拆运至清东陵，改建为暂安奉殿。直至雍正二年（1724年）十一月二十一日才将暂安奉殿改建为昭西陵，将停入36年之久的孝庄梓宫安葬进地宫。

孝庄逝后为何停棺多年不葬？孝庄的昭西陵为何修建在清东陵大红门

风水墙外呢？是否如影视剧所猜测，太后下嫁多尔衮，因而无颜附葬昭陵的万年吉地？或是曾孙雍正对其不守妇道之行深恶痛绝，便将其葬在东陵风水墙外？

影视剧毕竟不是正史，其根据很可能来自野史记载，给孝庄戴上了莫须有的罪名。据史实记载，康熙二十六年（1687年）十二月，孝庄病重时，面谕康熙"'皇太极'梓宫安奉已久，卑不动尊，此时不便合葬，如果另起茔城，未免劳民动众。我舍不得你父子，不忍远去，务必于遵化安厝，我才会无遗憾。"可见，安葬遵化是孝庄本人遗愿，理由是孝庄牵挂儿孙，当时皇太极的昭陵已有皇后哲哲和宸妃海兰珠。孝庄本是一个有主见、不循常规的伟大女性，不愿远离亲手抚育的儿孙，也在常理之中。

孝庄执意不往昭陵，只愿在孝陵外安歇，这给康熙出了个难题。因而康熙在世时，一直对祖母下葬一事犹疑不决。满蒙有火葬的习俗，皇太极及先逝的妃嫔都是实行火葬。孝庄病逝时，入关后的清皇室受汉族土葬习俗影响，康熙早逝的几位妃嫔都采用了土葬，康熙对孝庄感情颇深，岂会忍心对祖母实行火化。如不火化，长途运输，关山阻隔，路途遥遥，确实多有不便之处。于是，康熙干脆将这一难题扔给了儿子雍正。

皇后陵一般由其儿子修建，但昭西陵却由孝庄的重孙雍正完成。孝庄入土为安的事困扰了康熙多年，雍正即位，御史陈允恭就提出了这一问题。关于孝庄的陵寝到底该建在哪儿的问题，朝野热议。雍正帝对此早已胸有成竹，他遵照孝庄要求葬在孝陵附近、与子孙相伴的遗嘱，又引用《礼经》的话：夫妻合葬不是古已有之。雍正帝表示，前代大儒说过，神灵有知，无所不通。合葬不合葬，只是名义上的事。现太宗已入葬昭陵多年，重新打开地宫，不免会惊扰先人。若不开地宫，在昭陵附近单独建陵，又不算是合葬。自孝庄停灵遵化的暂安奉殿以来，圣祖皇帝在位时间绵长，国泰民安，多子多孙，人丁兴旺。由此看来，孝庄在天之灵极为安妥；况且孝庄临终之时一再叮嘱要将自己葬在孝陵附近，圣祖皇帝已经遵照遗嘱将孝庄的梓宫停在那里30多年了。圣祖皇帝把整个江山社稷都托付给了他，孝庄的陵寝是件大事，他一定要把这件事办得合情合理，尽善尽美。让诸王大臣把这件事好好议论一下，拿出个正确的意见来上奏给他。雍正帝表面上要群臣讨论，实际上谕旨已经很明确，孝庄的梓宫在暂安奉殿以来，天下四海升平，人民安居乐业，国家昌盛，说明暂安奉殿是个上佳吉地。于是群臣遵从其意，上奏请葬暂安奉殿，且正式定名为昭西陵。

昭西陵内外两道围墙，三座门建在大殿之前，无沟、河、砂山，在整个东陵中独成体系。在清朝，皇后陵是皇帝陵的附属，没有独立名称，只能随自己的丈夫的陵名和自己陵墓与丈夫陵墓的相对方位来命名。从名称看，昭西陵喻示其仍为昭陵的一部分，是其子孙承认其为皇太极妃子的最好明证。昭西陵在清东陵最左，古代以左为尊，从康熙到宣统，每次皇室祭拜都先到昭西陵，足见孝庄子孙对她的景仰。孝庄的陵寝大大超过了祖制，殿里有龙生九子之一的螭首，这个吉祥物只在皇宫才出现，它是第一次出现在皇后陵里。而且孝庄陵寝大殿是重檐庑殿顶的，庑殿顶是古代建筑中最尊贵、最高级的形式。

“孝庄文皇后”的“文”是皇太极的庙谥，在太庙和奉先殿，孝庄神牌与皇太极神牌都是同室供奉，共享玉筵。在寿皇殿，孝庄的画像与皇太极的画像挂在一起。如此种种，足见皇家认定孝庄是皇太极之妃，而并非多尔衮之妃。昭西陵独建是羞于见地下长眠的皇太极一说也就无从说起。

无论发生过多么细腻婉转的爱情、多么波澜起伏的政争，三百年前的故事已经在历史的烟尘中渐行渐远。孝庄精明强干、睿智明晰，但爱情生活却未必有影视剧那么丰满，荧幕上展现的只是披着古代人外衣的现代爱情，它本身跟小说并无多大区别。

第十四章

专家带你看「康熙王朝」
苏麻喇姑：
清宫的『大腕』宫女

人的一生，能得到命运的眷宠当然令人羡慕，但那些将一手坏牌打精彩的人却更值得敬佩。苏麻喇姑出身贫贱，却成为清朝官服的设计师和康熙皇帝的启蒙老师；她与皇室无任何血缘关系，却被孝庄皇后视为亲姐妹，被康熙视为母亲，被康熙的皇子们视为祖母。根本不需要电视剧里虚构的与帝王的男女之爱，她就已然成为中国历史上绝无仅有的『第一宫女』。平凡的人做出了不平凡的事，必有她不平凡的人生哲学。

在电视剧《康熙王朝》中，围绕在康熙皇帝身边的女人，最为引人注目的有三个：一个是孝庄太后，是她将康熙教育成为文韬武略的好皇帝；一个是容妃，这个美貌与智慧并存的女人，与康熙相知相爱，却成为爱新觉罗家族政治的牺牲品；还有一个是苏麻喇姑，这个女人美貌聪明、乖巧多智、心善重情，很得康熙皇帝的欢心。当康熙皇帝寂寞时，他就会说："朕寂寞呀！朕8岁丧父，9岁丧母，是老祖宗带着朕冲破千难万险，披荆斩棘创建这大清基业。唉！老祖宗走了，朕想老祖宗呀！还有苏麻，苏麻呀！唉！"容妃只在电视剧中出现过，历史上并无此人。但清初还真有一位叫苏麻喇姑的女人。苏麻喇姑的职业只是清宫中地位低微的宫女，是孝庄太后的贴身侍女，与爱新觉罗家族没有丝毫血缘关系，也不是大清皇帝的嫔妃。但康熙帝称她为"额涅"（满语，即额娘、母亲之意），康熙帝的子女们称她为"妈妈"（满语，即奶奶、祖母之意）。苏麻喇姑把宫女做到这个份上已是极致！苏麻喇姑究竟是一个什么样的人？她究竟做了什么事情赢得了皇室的尊重呢？

孝庄身边的红人

苏麻喇姑，名字应该叫苏麻喇，是满文名，意思是“半大口袋”；“姑”是对长者的尊称，在苏麻喇病逝之后，宫中上下尊称她为苏麻喇姑。苏麻喇姑是蒙古族人，出生在内蒙古科尔沁草原上一个普通的牧民之家，最初的名字叫“苏茉儿”，或者“苏墨尔”，为蒙古语的音译，意思是“毛制的长口袋”。我国民间有“贱名好养”的取名习俗，大体是说阎王爷看到贱名不喜欢，就不去收，所以才好养活。虽然“苏茉儿”这个名字意思不好，但可以看出她的父母希望她一生平平安安，长命百岁。

在《康熙王朝》中，苏麻喇姑小时候就失去母亲，被父亲送进宫里。孝庄太后因为苏麻喇姑叫了一声“婆婆”而倍感亲切，将她收在自己身边，作为最贴心的丫头，并让她照顾玄烨的饮食起居。不料，玄烨突然染上天花，病情危急。顺治皇帝怀疑是生过天花的苏麻喇姑传染所致，命令太监把她赶出宫廷。太监们却准备活埋苏麻喇姑，幸而孝庄太后及时赶到，加以制止。苏麻喇姑出宫后，上山寻找到一种治疗天花的良药——芨芨草。玄烨服用芨芨草后，病情好转，不久病愈。孝庄太后欣喜之余，说苏麻喇姑是玄烨的救命恩人。这个剧情很感人，但历史上却没有这么一回事。

苏麻喇姑具体的出生年月已不可知，但应与孝庄太后是同时代的人。孝庄太后，姓博尔济吉特氏，名布木布泰，也叫本布泰，意思是“天降贵人”，生于明万历四十一年（1613年）二月初八日（3月28日）。有一年，科尔沁贝勒府挑选侍女，聪明美丽、蕙质兰心的苏麻喇姑就被相中。她进府后被分配给布木布泰，做了布木布泰的侍女。如此看来，她们差不多就是同龄

人。这样，苏麻喇姑用岌岌草救玄烨的故事就不可能发生。在《康熙王朝》中，康熙皇帝与大他几岁的年轻少女苏麻喇姑还有一段温馨浪漫的爱情故事，这也纯属虚构。

后金天命十年（1625年），布木布泰已经13岁了。科尔沁贝勒寨桑决定与努尔哈赤联姻，将布木布泰嫁给他的第八个儿子皇太极。皇太极此时已34岁，比布木布泰大整整21岁。不管布木布泰愿不愿意，这桩政治婚姻已经结成。二月，她在哥哥吴克善的护送下，从蒙古大草原出发来到了后金的都城盛京（今沈阳），与皇太极举行了婚礼。皇太极封布木布泰为侧福晋。布木布泰也把贴身侍女苏麻喇姑带到了盛京。

不久，苏麻喇姑就参与到一项国家重点工程中来，即清朝初年衣冠饰样的定制。俗话说，“佛靠金装，人靠衣装”，服饰除了遮体保暖，还有区分尊卑贵贱的功能。后金天命初年，官员服饰差别不大，体现不了等级秩序。天命六年（1621年），努尔哈赤开始制定各级官员补服制度，就是在官员衣服的前后面各缝上一块“补子”，绣上不同的飞禽走兽，辨别官员的品级，比如贝勒穿四爪蟒缎补服，都堂、总兵官、副将穿麒麟补服，参将、游击穿狮子补服，备御、千总穿绣彪补服。皇太极称帝后，为彰显皇权，更加强化服饰的等级差别，规定服装款式、颜色、纹饰等都要体现出官员身份的等级差异。为此，他令人物色服饰设计师。

苏麻喇姑擅长女红，裁剪缝纫业务过硬，又熟悉蒙古族和满族服饰。庄妃布木布泰就将她推荐给了皇太极。皇太极很高兴，他强调说，服制是立国之根本，大清以骑射为业，不能轻易改变国初之制。实际上就是说满族服饰的基本特征不能改变。苏麻喇姑心领神会，在继承满族服饰传统式样的基础上，吸收蒙古族、汉族等各民族服饰的优点，制定了清朝的衣冠服饰，出色地完成了任务。据《啸亭杂录》记载，清崇德初年“衣冠饰样”，皆苏麻喇姑“手制”，说的就是这个故事。这是一项历史性的工作。清崇德初年制定的衣冠服饰样式，经历此后近三个世纪无太多的变动。即使清朝灭亡后，有些旗装仍受人们欢迎。在某种程度上说，如果你现在身着旗装，就应想到约

400年前的参与制定者——苏麻喇姑。

天聪十年（1636年），皇太极称帝，改国号为大清，册封五大福晋。由于布木布泰给皇太极生了一男三女，受封为永福宫庄妃。此后，苏麻喇姑常出外办事，成为庄妃的得力助手。

据《啸亭杂录》载，苏麻喇姑"性巧黠"，意思是说她心思灵敏，聪明狡猾，是一个很能干的女人。受宫廷规矩的限制，庄妃不便在公开场合抛头露面，她就将一些事情交给苏麻喇姑去办理。而史书对一个宫女的事迹总是惜墨如金，是不会大书特书的。有一次，庄妃的侄女、也是未来顺治帝的皇后博尔济吉特氏患病，庄妃派了三位满族妇女向德国传教士、钦天监汤若望求医。汤若望身边没有药物，就送给她们一块圣牌，嘱咐她们把这块圣牌挂在博尔济吉特氏的胸前，四天之内可愈。几天之后，博尔济吉特氏果然痊愈。据《汤若望传》记载，"一蒙古妇女携带一使女""这位蒙古妇女为人诚实""她说，她的女主人，就是皇帝的妈妈。"这位蒙古妇女就是苏麻喇姑，她是受庄妃委托带着大量的财物来酬谢汤若望的。

崇德八年（1643年），皇太极猝死于盛京后宫，多尔衮以辅政王身份辅佐福临即帝位，称"摄政王"。多尔衮大权在握，觊觎皇位，以清宫规矩为由阻挠顺治帝与孝庄太后见面。孝庄太后很是愁闷和苦恼，既担心多尔衮篡夺皇位，又忧虑年幼的顺治帝懵懂无知，时时需要她的扶持和指点。这个时候，她就将自己与顺治帝联系的任务交给了苏麻喇姑。这个任务风险很大，稍有疏忽便有性命之忧，但苏麻喇姑对身处险境的孝庄太后不离不弃，出色地完成了任务。顺治七年（1650年）冬，多尔衮死于塞北狩猎途中。顺治帝亲政第二个月，以14项大罪为由，削去多尔衮官爵，没收他的家产，并对死去的多尔衮掘墓鞭尸。苏麻喇姑这种提心吊胆的生活结束，但委屈和危险却时时存在。

顺治八年（1651年）八月，顺治帝大婚。按惯例，皇室应派一些福晋、公主、女官侍候皇帝、皇后吃合卺宴、长寿面等活动。孝庄太后就指派内大臣席纳布库之妻去侍候皇后，席纳布库对此事非常不满。他对年轻的顺治帝

的风流韵事早有耳闻，担忧顺治帝对他美貌的妻子图谋不轨，在一次偶遇中就把气撒到苏麻喇姑身上了。据《北游录》记载，苏麻喇姑奉孝庄太后之命去公主府办事，路上遇到了席纳布库。席纳布库拦住她，诘问道：“为何选派我的妻子侍候皇后，这都是你向太后进谗言所致。”不由苏麻喇姑争辩，将她痛打一顿。孝庄太后知道席纳布库是冲自己来的，但鉴于他是朝廷重臣，不能轻易得罪，只好息事宁人，对外宣称苏麻喇姑是坠马摔伤，请医生调治了事。

共过患难，才知真心。苏麻喇姑忠心、有担当，而且能干，赢得了孝庄太后的尊重。她称苏麻喇姑为“格格”，这是清朝皇族女儿的称呼，意为“姐姐”。在私底下，她俩情同姐妹，是闺中密友。

宫中的良师慈母

清圣祖康熙大帝，姓名爱新觉罗·玄烨。他8岁登基，14岁亲政，少年时挫败了权臣鳌拜集团，成年后收复台湾，平定三藩之乱和准噶尔贵族叛乱，驱逐沙俄侵略军，开创了“康乾盛世”，是清朝较有作为的皇帝之一。然而，却少有人知道他的启蒙老师竟是苏麻喇姑。《康熙王朝》说，苏麻喇姑精通琴棋书画、诗词歌赋，那倒未必是真实的。但苏麻喇姑能讲一口流利的满语，还能写一手漂亮的满文，这在历史上是真实的。

顺治十一年（1654年），康熙帝出生，次年北京城内天花流行。天花，又称“痘疮”，是一种烈性传染病。当时医疗水平低下，天花被视为不治之症。民间俗语说：“生了孩子只一半，出了天花才算全。”可见天花对小孩危害之严重。当时天花闹得宫中人心惶惶。为躲避天花，顺治皇帝连忙避居南苑，并下令将附近未出过痘的居民全部迁走，以免传染给自己。在不得已的情况下，乳母孙氏将年幼的玄烨抱出紫禁城，暂时寄居在西华门外的一座宅邸中“避痘”。所以，童年时期的玄烨长期得不到父母之爱。他晚年还引以为憾，叹息说：“世祖章皇帝因朕幼年时，未经出痘，令保姆护送于紫禁城外照顾，父母膝下，未得一日承欢。此朕六十年来抱歉之处。”不过，两岁那年，玄烨还是没能幸免，染上了天花。然而幸运的是，在保姆瓜尔佳氏和朴氏的悉心照料下，他奇迹般地从天花的魔掌中挣脱出来，而且有了免疫力，永远不用担心再染上天花。《康熙王朝》说玄烨患过天花，这是事实。据说，玄烨也因祸得福。顺治皇帝在考虑继承人的时候，比较喜欢次子福全，想立为储君。但是孝庄太后则打算立玄烨。双方意见相持不下时，顺治

皇帝征求了在钦天监供职的德国传教士汤若望的意见。汤若望建议立玄烨为储君，理由很简单：玄烨出过天花，不会再受到侵害，而福全尚未出过天花。于是顺治皇帝遗命玄烨继承皇位。

在玄烨避痘期间，虽然保姆们能够将他的生活起居打理得妥妥当当，但没法传授给他礼仪法度和文化知识。毕竟玄烨要做皇帝，还得具备皇帝的基本素质。

孝庄太后身居紫禁城内，也不可能天天前往玄烨避痘之所，对他进行文化教育。苏麻喇姑曾经帮助孝庄太后养育一子三女，有丰富的育儿经验，而且熟悉宫廷礼仪法度，精通满文。孝庄太后就委托苏麻喇姑来完成这个任务。当然，这一点正史不会写，因为说皇帝的文化启蒙老师是一位宫女，这是一件不光彩的事情。但礼亲王昭梿《啸亭杂录》却记载了，玄烨年幼时，“赖其（即苏麻喇姑）训迪，手教国书”。昭梿是努尔哈赤次子礼亲王代善的第六世孙，爱好文史，熟知清朝典故，这一史实可信度较高。

“训迪”是教诲开导的意思，“国书”是指满族文字。教育玄烨做人的道理和熟悉满文，就成为苏麻喇姑在这一时期的主要任务。她每天骑马往返于孝庄太后居所与玄烨避痘居处之间，以帝王所应具备的素质，严格规范玄烨的言行举止，同时又悉心辅导玄烨学习满语，手把手地教他书写满文。康熙后来说：“朕自幼年学步说话开始，凡饮食、动履、言语皆有规矩法度。”如果你去翻阅《康熙朝满文朱批奏折》，就会发现康熙帝的满文写得非常漂亮，这应该是康熙帝在苏麻喇姑精心调教下，从小练习的结果。

《康熙王朝》中有一个故事：苏麻喇姑曾经爱上康熙皇帝的老师伍次友。当康熙皇帝打算重用伍次友时，伍次友却请辞离去。苏麻喇姑追上，问他为何舍她而去。伍次友回答说：“皇上对你有意，我岂能与皇上争妻。”孝庄太后下旨封苏麻喇姑为德妃，苏麻喇姑抗旨，将头发剪了。孝庄太后无奈之下，命令给她新建一座尼姑庵，让她永久居住，带发修行。其实，历史上根本就没有伍次友这个人。苏麻喇姑信佛，终生未嫁，但未削发为尼。这对她的晚年生活影响很大。

康熙二十六年（1687年），孝庄太后病危，苏麻喇姑悲急交加，昼夜不离地侍奉在慈宁宫，一听到动静，就立刻赶到榻前。但不久，孝庄太后还是离世了。《康熙王朝》中说，孝庄太后病逝以后，苏麻喇姑很快也圆寂了。历史却不是这样的。在此之后，又过了18年，苏麻喇姑才去世。这18年，孤身一人的苏麻喇姑又是怎么过下去的呢?

失去了相伴60余年的女主人，苏麻喇姑开始很不适应。她陷入孤独、悲痛之中不能自拔，在精神上受到打击，整日闷闷不乐。有人把这个情况报告给了康熙皇帝。康熙皇帝很担心她的健康，思前想后，觉得必须找一些事情让她做，才能缓解她孤独与愁闷的情绪。于是，他决定将皇十二子胤祹交由苏麻喇姑抚养。按清宫规制，只有嫔以上的妃子才有资格抚养皇子。让苏麻喇姑抚养胤祹，足以体现康熙皇帝对苏麻喇姑的信任、敬重和关心。

这一年，胤祹虚岁3岁，而苏麻喇姑已是70多岁的老人，但这不妨碍她重振精神，投入到抚养胤祹的事业中来。历史对于苏麻喇姑如何养育胤祹没有详细的记载，但她绝对在胤祹身上倾注了余生的母爱。对胤祹来说，这是他人生的转折点。胤祹的母亲万琉哈氏身份很低，　当时是康熙皇帝的定嫔，直到雍正皇帝继位以后，她才被尊为皇考定妃。所以，万琉哈氏反不如得到康熙帝尊重的苏麻喇姑。正所谓“爱屋及乌”，成年后的胤祹受到了康熙帝的重用。

据史记载，胤祹称苏麻喇姑为“阿扎姑”，译成汉文是“母姑”的意思，换言之，苏麻喇姑是以母亲的身份抚养胤祹的。苏麻喇姑身处深宫60余年，知道宫廷斗争的残酷性，因此，她教育胤祹在处理人际关系方面尤其要做到机智圆润，无可挑剔。在苏麻喇姑身边生活了近20年，胤祹受益匪浅。他头脑聪明，生性豁达，办事能力强，多次奉旨办理各种政务，得到康熙皇帝的称赞与奖赏。

康熙四十八年（公元1709年），胤祹晋封为贝子。

康熙五十一年（公元1712年），胤祹因办事出色，受赏银4000两。

康熙五十六年（公元1717年），胤祹被任命署理内务府总管事。

康熙五十七年（公元1718年），胤祹办理正白旗满洲、蒙古、汉军三旗事。

康熙六十一年（公元1722年），胤祹被册封为多罗履郡王。

在康熙晚年夺嫡之争中，胤祹的处世风格有苏麻喇姑的遗风。康熙四十七年（1708年），康熙皇帝以“不法祖德，不遵朕训，惟肆恶虐众，暴戾淫乱”为由，宣布废掉当了33年的太子胤礽，并下令将其囚禁。胤礽被废，引起了众多皇子觊觎太子的位置。经过激烈的斗争，逐渐形成了以胤禛为首的四爷党和以胤禩为首的八爷党两大势力。最终胤禛获胜。在残酷复杂的夺嫡之争中，大多皇子难得全身而退，非死即伤。唯有胤祹保持中立，跟谁也不掺和。雍正皇帝即位后，还封他为郡王。乾隆皇帝即位后，又晋封他为和硕履亲王，授为议政大臣。在康熙皇帝所有皇子中，胤祹是最长寿的，直到乾隆二十八年（1763年）才去世，享年79岁。这与苏麻喇姑的抚育教诲有直接的关系。

死后的旷典殊荣

胤祹成年之后，就不需要苏麻喇姑照顾了。于是，晚年的苏麻喇姑过上了悠闲自在的生活，每天早上都会打坐，念佛经，既祈求心灵的平静与满足，也祈求佛祖保佑康熙皇帝。苏麻喇姑经常说礼佛念经，就是为了报答康熙皇帝的恩德。她说："蒙主子厚恩，每日只是在佛像前尽力为主子祈祷，祝愿主子万万岁。""愿意多活几年，为主子叩头祈祷，以尽奴才的一点心意。"俗语说："物老成怪，人老成精。"这样忠诚的行为和言辞怎能不令康熙帝感动呢！

康熙四十四年（1705年），苏麻喇姑已是90岁以上高龄，时间正在吞噬她的健康。八月，她突染重病，出现便血，卧床不起。她将胤祉、胤祹叫到床前吩咐说："老奴才我蒙皇上厚恩，惟在佛前效力，天天祝福皇上万万岁。如今我便血，腹内疼痛难忍。尔等着以邸报急奏，则皇上必赐治病良方，尔等代奏我此言。"胤祹请来大夫为苏麻喇姑治病，大夫说："年老之人，如此便血，腹内坠疼，是脾虚内火盛之症，病情十分严重。"然而，苏麻喇姑执意不肯服药。

胤祹万分焦急，与他的福晋昼夜在旁看护，又快马加鞭，紧急向正在外巡视的康熙皇帝奏报。康熙帝得知苏麻喇姑病重后，令在京城所有皇子敬谨服侍，不可稍有疏忽，并下旨说："祖母病势重大，你们不能送她去养病所。准许祖母留在她的住所治病。若已送去养病所，则速将她接回来。"按清宫规定，下层嫔妃、宫女、太监凡患重病的，就要发配到养病所，以避免传染给其他人。这显然是康熙皇帝的格外开恩。

苏麻喇姑生活上有两大习惯：一是常年不洗澡，只有在除夕之夜用少量的水擦洗一下身体，这可能是由于蒙古草原缺水，她在童年时期养成的生活习惯；二是终生不吃药，即使患病，也利用自身的免疫力达到自愈。康熙帝很清楚苏麻喇姑特殊的生活习惯。于是，他派人送来一种名叫“西伯噶古纳”的药材，吩咐皇子们说：“对你们妈妈说，这是主子送来的一种草根，不是药，然后混入鸡汤让她服用。”然而，苏麻喇姑顽固地坚守着老习惯，坚决不喝。她对皇子们说：“主子想让奴才活下去，特地送来草根让我服用，这是主子的恩典。只是主子也知道，奴才从小就不吃药，虽说是草根，但也算是药啊。你们把我的话告诉主子，主子会懂我的心思。”康熙帝得悉后，知道无法挽回，令内务总管开始准备后事。

康熙四十四年九月初七日（1705年10月24日），苏麻喇姑逝世，结束了她那丰富多彩的传奇人生。康熙帝得知她的死讯后，下旨暂不安葬，留待七日再净身入殓，目的是想回宫后能看苏麻喇姑最后一眼，并亲自为她举行隆重的葬礼。可见，康熙帝对苏麻喇姑感情之深。

当然，最悲痛的莫过于苏麻喇姑亲手抚育成人的胤祹。他在遗体前痛哭哀悼，久久不愿离去。皇三子胤祉、皇八子胤禩担心他哀伤过度，有伤身体，强行将他带回家。胤祹对他们说：“阿扎姑将我养大，我无以为报。请求守灵数日，供献饭食百日，三七念经。”可是，大清开国以来，尊卑有序，等级森严，从来没有皇子为一个逝世的宫女供饭食及念经的先例。胤祉、胤禩只能奏报康熙帝定夺。康熙帝下旨批允：“十二阿哥之言甚是，依其所请为之。”

康熙帝回宫后，决定按嫔礼的规格为苏麻喇姑办理丧事。在清朝后妃中，丧礼的规格仅次于皇后、皇贵妃、贵妃和妃。这对一个未曾与皇帝有过夫妻关系的宫女而言，已是旷世荣典。这在清朝历史上也是前所未有的事情。康熙帝年幼时的保姆朴氏生前被封为奉圣夫人，于康熙二十年（1681年）六月去世，康熙帝以公夫人礼安葬。康熙三十八年（1699年）七月，乳母瓜尔佳氏去世，赠保圣夫人，但没有按公夫人品级安葬。从入葬的等级来

看，苏麻喇姑高出朴氏及瓜尔佳氏。这显示出苏麻喇姑在后宫的特殊地位。

苏麻喇姑出殡那天，几乎所有的皇子都参加了出殡仪式。康熙帝将苏麻喇姑的灵柩停放在“暂安奉殿”。“暂安奉殿”位于河北遵化昌瑞山，是孝庄太后梓宫的停放之处。当年孝庄太后死后，悲痛欲绝的康熙皇帝想将她的梓宫永久留在慈宁宫内，被大臣们劝阻才作罢。于是，他在孝陵建了一个一模一样的宫殿，将它作为孝庄太后的“暂安奉殿”。康熙皇帝的特意安排让相伴60余年的主仆二人再次团聚，不离不弃，生死相守。

雍正三年（1725年）是皇太极与孝庄太后成亲的100周年。停灵37年之久的孝庄太后也应入土为安了。尊重她不与皇太极合葬的遗旨，雍正帝只能另择吉地。他认为自孝庄太后梓宫停放“暂安奉殿”以来，国家昌盛，子孙繁衍，想必此处是一块风水宝地，所以将“暂安奉殿”改建成陵寝，命名为昭西陵。12月，雍正帝将孝庄太后正式葬入了地宫。苏麻喇姑不是皇室成员，不能葬入昭西陵。为了照顾苏麻喇姑与孝庄太后之间的亲密关系，雍正帝将苏麻喇姑葬在昭西陵的东墙外，距昭西陵只有1.5千米。

中国上下五千年的历史中，宫女千千万，而能与太后情同姐妹，能与皇帝、皇子形同母子、祖孙，将宫女做成“大腕”的只有苏麻喇姑一人。苏麻喇姑无法选择高贵的出身，但奉献、忠诚与感恩的品质成就了她高贵的人生。苏麻喇姑将孝庄、顺治、康熙、胤禑等人视为至亲，他们也就将她视为亲人。你若想被爱，就应先去爱人。

第十五章

专家带你看「甄嬛传」熹贵妃：福禄寿齐全的女人

历史上的熹贵妃，容貌普通，家世普通，资质平庸，不工于心计。与雍正帝对皇后乌喇那拉氏和年贵妃令人无限感佩的深情相比，她对雍正帝的重要性极弱。她完全凭借出色的儿子实现了华丽转身。乾隆即位之后，她长达四十多年的生活中既有『荣华极盛，儿子极孝』的『眼前』，又能走向『远方』，多次与乾隆帝一起旅行。熹贵妃堪称中国历史上最幸福的后宫女性。

在清宫众多后妃中，熹贵妃是一个特殊的存在，她家世普通，资质平庸，却洪福齐天，寿禄双全。“福”，她是康熙帝钦点“有福之人”，生活在“康乾盛世”，后来晋封为孝圣宪皇后；“禄”，她的儿子是大名鼎鼎的乾隆帝，她一生享尽了荣华富贵；“寿”，她活了86岁，比她的公公康熙帝多活了17年，比她老公雍正帝多活了28年，比她的儿子、中国所有皇帝中年寿最长的乾隆帝只少活了3年。电视剧《后宫·甄嬛传》让这个被历史湮没的女人又火了一把，使之家喻户晓。不过，这部电视剧将熹贵妃描述为从一个不谙世事的少女成长为一个善于权谋的妇人，斗倒华妃，扳倒皇后，最终母仪天下，获得无上尊荣，这与真实的历史有出入。

钮祜禄氏家族

熹贵妃，姓钮祜禄，名不详，生于康熙三十一年（1692年），满洲镶黄旗人。《后宫·甄嬛传》说甄嬛是汉人，后来皇上给她赐了钮祜禄姓，改为了满人。这个情节是杜撰的。钮祜禄姓氏是清朝八大姓之一，也是清朝最为显赫的大族之一，出了很多名人。为我们所熟知的大贪官和珅就是钮祜禄氏家族成员。钮祜禄氏不但出大官，而且出皇后、妃子。有人粗略统计，钮祜禄氏在整个清朝出了10余位皇后、贵妃，可以称得上皇后、贵妃的制造工厂。

天聪朝有元妃钮祜禄氏，即皇太极的原配夫人。

康熙朝有孝昭仁皇后钮祜禄氏，温僖贵妃钮祜禄氏。

雍正朝有孝圣宪皇后钮祜禄氏，即本文的主角。

嘉庆朝有孝和睿皇后钮祜禄氏，恭顺皇贵妃钮祜禄氏。

道光朝有孝穆成皇后钮祜禄氏，孝全成皇后钮祜禄氏，成贵妃钮祜禄氏。

咸丰朝有孝贞显皇后钮祜禄氏，即慈安太后。

钮祜禄氏出了这么多皇后、贵妃，当然离不开这个显赫家族的支持。但钮祜禄氏女子个个贤良淑德、恬静淡泊、不与人争，也确实让皇帝们喜爱。康熙帝的孝昭仁皇后钮祜禄氏家庭背景相当惊人，她的父亲是辅政大臣遏必隆，义父是权倾朝野的鳌拜。康熙帝本来很喜欢花容月貌的钮祜禄氏，但却由于非常讨厌鳌拜，就立了索尼的孙女赫舍里氏为皇后。换作别人，可能就会哭哭啼啼找父亲、义父，给皇帝和太后施加压力，甚至来个乾坤大挪移。可是，钮祜禄氏却没有这么干，她不但不去争宠，反而“览史披图”，努力

提高自己的文化修养，有时还帮康熙帝分析政治问题，讲得头头是道。这些举动，康熙帝看在眼里，痛在心里，被感动得一塌糊涂，大赞钮祜禄氏是自己的“良配”，是“内廷之良佐”。《康熙王朝》里说，自从皇后赫舍里氏死了之后，康熙帝就没有立别的女人当皇后，然而，真实的历史是，皇后赫舍里氏死后，康熙帝还立了两个皇后，其中之一是孝昭仁皇后钮祜禄氏。孝昭仁皇后去世之时，正值三藩之乱的决战时期，康熙帝还每天抽出时间待在钮祜禄氏梓宫前默哀。

孝昭仁皇后就是熹贵妃的远房姑姑，她的祖父额亦都是清朝开国第一功臣。熹贵妃的曾祖父为额亦腾，与额亦都是堂兄弟。额亦都曾对他姑姑说：“大丈夫生于世间，岂能以碌碌终乎？我一定要建立功业，誓不让姑姑担忧。”他跟随努尔哈赤四处征战，未尝败绩。努尔哈赤为答谢额亦都，一口气将自己的族妹、女儿都嫁给他。额亦腾却碌碌无为。《后宫·甄嬛传》中甄嬛的父亲甄远道任大理寺少卿，是个儒雅文官。但熹贵妃的父亲凌柱曾在礼部任职，后官至四品典仪，是个武职京官，只能算个中等官员。

熹贵妃出身不高贵也就罢了，姿色也一般。康熙四十八年（1709年），熹贵妃13岁，入宫参加选秀，选中之后，就被康熙帝赐给当时的雍亲王胤禛为格格，也就是地位较低的小妾。《后宫·甄嬛传》中说，17岁的甄嬛与好姐妹沈眉庄、安陵容参加选秀，皇帝相中了智慧、气节与端庄仪态兼备的甄嬛。熹贵妃是选秀入宫的，这一点与历史记载相吻合。但请千万别被“秀女”这个字眼迷惑了，以为“秀女”就是闭月羞花、沉鱼落雁的美女。清朝公开的两条选秀标准，一是品德，二是门第，跟相貌八竿子打不着关系。秀女接受选阅时，必须身穿宽大的旗装，严禁穿暴露身体的时装，更不能穿秀出好身材的紧身装。所以，皇帝也有无奈时刻：后宫中真没有多少漂亮的美女。关于熹贵妃钮祜禄氏的相貌，可以参看《孝圣宪皇后朝服像》。这是她六十大寿时，乾隆帝命画师为她画的盛装像。画中老太太端坐宝座上，气定神闲，长脸宽嘴大耳，双颧高耸明亮，额头宽阔饱满，下巴圆润有肉。这样的面相绝对是福相，但谈不上美貌。所以，胤禛不怎么待见她，让她入府多年一直做侍妾。

雍正帝的宠妃

《后宫·甄嬛传》中，雍正帝的宠妃一直在变换，从纯元皇后、华妃、安陵容到甄嬛……事实上，雍正帝的宠妃远没有那么多，甄嬛的原型熹贵妃也不在宠妃名单之内。

雍正帝是有名的工作狂，不巡幸，不狩猎，常常批改奏折至深夜，每天睡眠时间不足4个小时。有人统计，雍正朝现存汉文奏折和满文奏折共有4万余件，平均每天批阅奏折10余件，留下的批语就多达1000多万字。他哪有时间留宿后宫，贪恋美色。《后宫·甄嬛传》里有句反复提到的台词："皇帝又十几天没有临幸后妃了，太后要过问了。"这有一定的历史根据，说的就是雍正帝的勤政和不贪恋美色。

雍正年间，湖南出了个反清的曾静案。曾静是一个屡试不第的书生，偶然读了反清志士吕留良的诗文集，萌生了反清思想，四处散播雍正帝十大罪状，其中之一是长期贪图女色，乱服春药。这让雍正帝既尴尬又委屈，他亲自撰写辩解书："逆臣写书说朕好淫色。朕在藩邸即清心寡欲，自幼性情不好色欲。即位以后，宫人甚少。朕常谓天下人不好色，没有比得过朕的。远离淫色，朕非常自信，而身边的王公大臣近侍等，都知朕不好色。现在诽谤朕好色，不知所好者何色？所宠者何人？"历史上公开辩解自己不好色的帝王，他是第一人。

雍正帝的后妃不多，皇后、皇贵妃、妃一共才7位，其他不超过20位。女人少，口舌是非自然就少了，后宫就相对简单。有人说，与女人相比，权力才是雍正帝的最爱。这与事实并不相符。雍正帝一生喜欢的女人有两个，一

个是中宫皇后，一个是年贵妃。

《后宫·甄嬛传》中说，雍正帝的纯元皇后是被继皇后毒死的，所以他恨极了继皇后。事实上，雍正帝生前只有一个皇后——孝敬宪皇后乌喇那拉氏，而且两人感情还不错。乌喇那拉氏为人温和恭敬，12岁就被康熙帝册封为雍亲王胤禛的嫡福晋。雍正元年（1723年），她被册封为皇后。乌喇那拉氏深知雍正帝是个工作狂，将他的起居生活以及后宫打理得妥妥当当，有时候还弄来一些从西方传来的新东西如望远镜，供他业余消遣。然而，在他们40年银婚后不久，乌喇那拉氏逝世了。正在病中的雍正帝非常难过，要亲自为皇后“含殓”，就是将珍珠放于皇后口中入棺。这可吓坏了他身边的王公大臣。因为他们认为，死者开嘴时会把晦气喷到雍正帝身上，那是极不吉利的事情。最终，在大臣一片反对声中，雍正帝留下了终生遗憾。皇后死后，雍正再也没有立新皇后。这样的夫妻关系是很难被挑拨的。

《后宫·甄嬛传》中说，出身高贵的华妃在宫中飞扬跋扈，惹是生非。华妃的历史原型是年贵妃，也是雍正帝最宠爱的妃子。年氏是湖广巡抚年遐龄的女儿，名将年羹尧的妹妹。年贵妃的人品不像电视剧演得那样差，事实上她是一个身体柔弱、善良可亲、识大体的女人。

年贵妃身体羸弱，深得雍亲王胤禛的怜爱。从康熙五十四年（1715年）到雍正元年（1723年）这9年里，年贵妃几乎达到专宠的地步，一共为雍正帝生育三男一女，而其他妃嫔一无所出。但是频繁的生育也使她的身体越来越差。她怀子福沛时，正值康熙帝的大丧，一路磕头行礼下来，动了胎气，导致难产，身体更是一落千丈。这让胤禛心痛不已，他即皇位后，立马封她为贵妃，名号仅次于皇后。

年贵妃也不是恃宠生娇、不识大体的人。据史料记载，她“于皇后前恭谨小心”，摆正自己的位置，事事多请示汇报。所以，她和皇后乌喇那拉氏的关系也不差。她的哥哥年羹尧自恃劳苦功高，擅作威福，结党营私，招致雍正帝的警觉和忌恨。雍正二年（1724年），年贵妃回家省亲，看到年羹尧妄自尊大，强娶蒙古贝勒之女，以及年府家人违背礼仪，与官员平起平坐。

回来之后，她向雍正帝报告了这些情况，但也强调年羹尧绝对没有谋反之心。而且，为避里通外合之嫌，凡是家里送来的信件，年贵妃都先送给雍正帝拆开阅看，然后再自己看。这样识大体的女人，让雍正帝越发怜爱。

《后宫·甄嬛传》中说，雍正帝发现年羹尧的野心，令甄父剪除年氏一族，甄嬛终于斗倒了华妃。这都不是史实。雍正三年（1725年），年贵妃重病卧床，可急坏了雍正帝。他非常自责，说自己一直忙于政务，没把年贵妃照顾好，“凡方药之事，悉付医家，以致耽延日久”。为了让年贵妃好起来，他几乎想尽了所有办法，万不得已的情况下用了冲喜的办法，将年贵妃的位号提升一个档次，升为皇贵妃。清宫规制，皇贵妃是皇后的继任者，皇后在世，一般不立皇贵妃，以免给皇后压力。那时皇后乌喇那拉还在世，这不摆明让皇后难堪。好在皇后通情达理，也没有大吵大闹。接下来的日子，雍正帝也不工作了，专心陪着年贵妃走完人生的最后一程。这一点对于“工作狂”雍正帝来说，不是爱之深，是很难做到的。年贵妃死后，雍正帝休朝五天，还决定将来死后与年贵妃合葬在一起，永远不分开。本来，雍正帝的地宫，除了皇后能合葬，其他人是不准进入的。可是雍正帝一生之中，最疼爱的女人就是年贵妃。他的儿子乾隆帝最终帮他完成了这个愿望。爱屋及乌，年贵妃死后，雍正帝才逮捕年羹尧，赐其在狱中自裁，但对年家人从轻发落，年羹尧父兄族中任官者俱革职，其余亲族一律不究。在真实的历史中，在雍正帝处置年羹尧的过程中，根本看不到熹贵妃钮祜禄氏及其家人的参与。

历史上熹贵妃钮祜禄氏不是雍正所爱之人，却是有福之人。有人会问，福从何来？一是她碰对了一个不是好色之徒、不以貌取人的皇帝，否则很难有翻身的机会；二是性格决定命运，钮祜禄氏贤良淑德的品性让她把握住了改变命运的机会。钮祜禄氏自从入了雍亲王府，十余年一直在格格的位置原地踏步，胤禛甚至很可能没有与她同房，因为也不见她生个一儿半女。康熙四十九年（1710年）冬，胤禛身患传染病，病情严重，其他妻妾害怕被传染，能躲则躲，躲不过的侍奉也不甚殷勤。这个时候，钮祜禄氏站了出来，

她不顾个人的安危，尽心尽力，日夜守护，煎汤熬药。胤禛非常感动，逐渐对钮祜禄氏产生了好感。也就是在这段时间，钮祜禄氏和胤禛有了夫妻之实，几次接触之后，她居然怀孕了，第二年生下一个男孩，即弘历，后来的乾隆帝。《后宫·甄嬛传》中，甄嬛的地位是要阴谋斗出来的；历史上，钮祜禄氏后来的地位却是自己辛苦挣来的。

母凭子贵

康熙六十一年（1722年）春，钮祜禄氏和弘历这一对母子迎来了人生的大贵人，也就是她的公公康熙帝。

康熙帝已是69岁高龄的老人，也想与儿女们共享天伦之乐。然而，十几个儿子搞阴谋诡计，竞争储位，让他心力交瘁，时常感到孤独。他一生有35个儿子，20个女儿，97个孙子。儿孙太多，有些他甚至都没有见过。胤禛知道父亲康熙帝的心思，在圆明园牡丹花开之时，便邀请康熙帝到家中来赏牡丹。康熙帝欣然应允。这又是一次难得的放松的家庭聚会。

三月二十日晚，康熙帝驾临圆明园，把酒赏花，心情十分舒畅。胤禛不失时机地提出要让康熙帝见见自己的儿子，康熙帝点头表示同意。不久，在多个孙子中，康熙帝第一眼就捕捉到一个身材修长、长相俊美、举止大方的孩子——弘历。这一年弘历12岁。他是第一次见到自己的爷爷，但并不害怕和拘谨，而是落落大方地介绍了自己，并讲起自己学习的功课，还背了《爱莲说》。凭着长年积累下来的阅人经验，康熙帝觉得弘历这个孩子与众不同，情不自禁地夸赞说，弘历“福将过予”。他临走时向胤禛要走了弘历的生辰八字。

清朝灭亡后，内阁大库档案公布，其中就有乾隆生辰八字及康熙六十一年（1722年）时人批语。批语说：“此命富贵天然，这是不用说。占得性情异常，聪明秀气出众，为人仁孝，学必文武精微。幼岁，总见浮灾，并不妨碍。运交十六岁为之得运，该当身健，诸事遂心，志向更佳。命中看得妻星最贤最难，子息极多，寿元高厚。柱中四方成格祯祥，别的不用问。”从命

相看，弘历的命已经好得不能再好了。康熙帝对自己“福将过予”的判断更加深信不疑。

过了几天，康熙再次驾临圆明园，宣布一个决定：要将弘历带回宫中抚养。事情的发展超出了胤禛的预料。康熙帝97个孙子中，也只有皇太子的长子弘皙曾经养在宫中，而弘皙很可能就是未来皇位的继承人。可弘历只不过是一个普通的皇孙，胤禛猜不透康熙帝的心思，但这绝不是一件坏事。于是，他就派人将弘历送到宫中。

弘历跟随康熙帝生活长达半年之久，既给康熙帝最后的岁月带来了亲情和欢乐，又锻炼了自己的才干。康熙帝每次与大臣商讨军政要事时，都让弘历旁听。弘历“屏息而侍”，默默地记在心里。康熙帝教授弘历射箭，弘历也真争气，“持满连中”。八月，秋高气爽，康熙帝带着弘历参加每年例行的狩猎活动。康熙帝用火枪击中一头熊，立即命弘历过去补射一枪，以让弘历博得“初围即获熊”的美名。弘历准备上马去补射，没想到熊突然立起，向弘历扑来。康熙帝赶紧复发一枪，将熊射死。狩猎回来后，康熙帝对妃嫔说：“弘历这孩子诚为有福之人，假使他快一步至熊前，而熊立起，不知道会出多大的事啊。”康熙帝更加相信弘历福大命大，由是益加宠爱。

狩猎回来之后，康熙帝指名要见乾隆的生母钮祜禄氏。钮祜禄氏是选秀出身的，由于长相平庸，康熙帝当时没有细看，就指派给胤禛做格格。这一次，康熙帝让钮祜禄氏抬起头来，仔细端详一番。钮祜禄氏早已习惯了不被人关注的生活，跪在康熙帝面前，心中惶惑不安。康熙帝阅看良久之后，说道：“果是有福之人”。只是，钮祜禄氏还没意识到，这将帮助她扭转命运。

康熙六十一年（1722年）冬，康熙帝驾崩，胤禛即位。有人说，康熙帝传位给雍正，是因为他喜欢弘历，想让弘历做皇帝。事情的真伪已很难考证。但是，钮祜禄氏的命运确实是因弘历而得到很大改变。雍正帝即位后，册封钮祜禄氏为熹妃。《后宫·甄嬛传》讲雍正帝利用皇权将甄嬛改为“钮祜禄”氏，同时，晋升她为熹妃，并指定甄嬛为弘历的生母。这与历史有很

大的出入。钮祜禄氏由一个王府小妾一跃而成为熹妃，身份已今非昔比。但皇后乌喇那拉氏和年贵妃还在，她还不是后宫的主人。

雍正三年（1725年），年贵妃病逝，熹妃升为宫中的二号人物。但雍正帝把对年贵妃的感情转移到她所生的儿子福慧身上，这时弘历并不是父亲最宠爱的儿子。雍正六年（1728年）六月，《古今图书集成》出版，计棉纸书19部，竹纸书45部。雍正帝将它赏赐给皇弟、皇子以及大臣们。福慧是皇子里唯一得到棉纸书的，赏赐规格高于弘历。乾隆帝登基后回忆说："朕弟八阿哥，素为皇考所钟爱。"可惜的是，三个月后，福慧病逝。雍正帝非常伤心，将福慧按亲王例殡葬，这时年过18岁的弘历连贝子都还不是。

雍正八年（1730年），熹妃晋升为熹贵妃，地位仅次于皇后。次年，皇后乌喇那拉氏病逝，雍正帝没有立后，也没有立皇贵妃，于是熹贵妃成为宫中的一号人物，统领后宫。雍正十三年（1735年）雍正帝去世，内侍从"正大光明"匾后取出谕旨，宣布弘历即位。不久，乾隆帝又封熹贵妃为皇太后，称"崇庆皇太后"。《后宫·甄嬛传》说，雍正帝驾崩后，弘历登基，甄嬛被尊为太后，虽然母仪天下，无上尊荣，却也失去了一切：爱人、亲人、朋友，实乃天下第一孤独之人。事实上，乾隆帝对皇太后非常孝顺，熹贵妃的晚年生活非常幸福，五代同堂，是史上最有福气的太后。

安享晚年

雍正十三年（1735年），皇太后钮祜禄氏44岁。母以子贵已是很幸福了，偏偏乾隆帝还是个大孝子。他对皇太后的孝顺超乎一般人的想象，曾宣称“以天下养”这位老太太。这样的富贵荣华，崇庆皇太后还要享受40多年。

崇庆皇太后没有特别的爱好，生活单调，没有知心朋友，身边的宫女因畏惧而敷衍她，一句知心话也说不上。为了减轻老太太的孤独寂寞感，乾隆帝常到老太太住的慈宁宫请安，陪她吃饭聊天。有资料记载，乾隆元年（1736年）正月二十七日至乾隆四十一年（1776年）九月初四日，乾隆帝给皇太后专门请安的请安折有109份。著名清史专家戴逸先生在《乾隆帝及其时代》中说：“乾隆对他的母亲，感情深挚，发自天性。故礼敬有加，始终不渝。”乾隆晚年时曾自我总结一生有“十全武功”，自我夸赞为“十全老人”。“十全武功”指两次平定准噶尔之役，平定大小和卓之乱，两次金川之役，镇压台湾林爽文起义，缅甸之役，安南之役及两次抗击廓尔喀之役。也就是说，乾隆年间局势并不太平，乾隆帝在战事不断、政务繁忙的情况下，仍坚持三天请安，五天陪吃饭，对皇太后的生活起居，关怀备至。

崇庆皇太后出身一般，为了给她脸上增添光彩，乾隆帝大肆封赠她的家人。崇庆皇太后的曾祖父额亦腾、祖父吴禄早已去世，被追封为一等公，他们的妻子俱被追封公妻一品夫人。她的父亲凌柱为现任四品典仪官，被封赠为一等公，被赐可以在紫禁城骑马，妻子被封赠为公妻一品夫人，世袭罔替——辈辈长子承袭爵位不降级。凌柱死后，还得谥号“良荣”。一般而言，古代的官员会按照他们的功劳大小被授予公、侯、伯、子、男等爵位，以作为恩宠。崇庆皇太后的祖上俱封公爵，最大的功劳就是有一个有福气的女性后代。

崇庆皇太后酷爱旅游，但在雍正时期一直不得如愿。因为雍正帝一生励精图治，忙于政务，不搞北巡、南巡。满人酷爱狩猎，取得天下后，清朝统治者把一年一度的“木兰秋狝”定为“祖制”，以延续满人尚武的习俗。然而，雍正帝将“木兰秋狝”也取消了。所以，前半生钮祜禄氏的脚步没有踏出宫中半步，就被关在紫禁城里。但是她的后半生却饱览了大清的大好河山，品尝各地的风味美食，因为乾隆帝每次巡幸各地，都要带着她观光娱乐，游山玩水。据《啸亭杂录》记载，“纯皇侍奉孝圣宪皇后极为孝养，每巡幸木兰、江浙等处，必首奉慈舆，朝夕侍养”。乾隆帝在位60年，巡游150余次，外出巡游的时间大约占了他在位时间的六分之一。他北谒盛京，东巡天津、泰山曲阜，西幸五台山，中游嵩洛，南下江南，总是带上崇庆皇太后，一路殷勤周到地侍奉。

崇庆皇太后从50岁开始坚持随同乾隆帝北巡，开始是两年一次，后来改为一年一次，直到她去世才停止，总计北巡31次。有人统计，崇庆皇太后陪同乾隆帝先后南巡4次，游历456天；东巡4次，游历187天；巡幸五台山3次，游历108天；巡幸嵩洛1次，游历76天；谒盛京2次，历时260天；去避暑山庄29次；谒陵10次。对于乾隆帝来说，巡游还带有检阅军队、察吏安民、加强对北方少数民族部落的控制的政治目的，而对于崇庆皇太后而言，巡游就是观光活动。

农历十一月二十五日，是崇庆皇太后的生日。每逢她的生日，乾隆帝都要带着王公大臣给她操办隆重奢华的寿庆活动。她的60岁、70岁、80岁寿辰庆典，一次比一次隆重。

乾隆十六年（1751年），是崇庆皇太后的60岁生日。为了给皇太后祝寿，乾隆帝在前一年就开始大兴土木，将瓮山更名为“万寿山”，并在万寿山前建造了为皇太后祈福的“大报恩延寿寺”。他下令建造“清漪园”，即

后来的颐和园。这座世界闻名的皇家园林，也只是乾隆帝为皇太后祝寿的一件礼物而已。

故宫博物院所藏的四卷《崇庆皇太后万寿庆典图》，长达百余米，可以见证皇太后60寿庆的盛况。卷一名“嵩呼介景”，绘图从万寿山昆明湖东宫门外起，至昆明湖南长河入口段止。图中亭图林立，风景旖旎，尤其是东堤上有为贺寿而来的域外国家的使臣。岸边有马术表演队及抛球、耍刀、踢毽、打花鼓的童子们。卷二名“川至迎长”，绘图从长河广源桥起，至高粱桥止。河中一只船上大批官员簇拥着皇太后，岸边有戏台、乐队表演以及跪迎的民人百姓。卷三名“康衢骈庆”，绘图从西直门至西安门。途中有各地官员为贺寿建的牌坊和楼阁。比如河东河道总督顾琮搭建的是一座西洋顶戏台；浙江巡抚永贵搭建的是一朵祥云，云中有祝寿的仙人；江苏巡抚王师、江西巡抚舒辂、安徽巡抚张师载搭建的是一个巨大的蟠桃。卷四名“兰殿延禧”，绘图从西安门起，至寿安宫止。图中为中央各部门、皇室成员建造的祝寿景点，以及为庆寿所组织的各种戏曲、歌舞、杂耍等表演队伍。这幅画淋漓尽致地描绘了崇庆皇太后寿辰的奢华场面和热闹气氛。

古人认为，“九”作为数字，是阳数的极数，有最尊贵之意。乾隆帝以最高的规格向崇庆皇太后恭进九九寿礼：御笔万寿颂缂丝围屏一架、三秀双清绿玉如意一柄、天和长泰绣迎手靠背坐褥一份、长生智慧佛一尊、无量福德佛一尊、吉祥尊胜佛一尊、华藏庄严佛一尊、大通智胜佛一尊、日月灯明佛一尊、妙光普照佛一尊、大慈广润佛一尊、蕊香幢王佛一尊，以上佛一九；万品同辉绣花灯一对、八方绮合绣花灯一对、佛沼层云绣花灯一对、湘台四照绣花灯一对、华井舒霞绣花灯一对、鳌山露萼绣花灯一对等。

乾隆三十六年（1771年），崇庆皇太后已80岁高龄，乾隆帝又为她举行了隆重的寿庆活动。这些活动又被记录在《崇庆皇太后八旬万寿图》中，热闹依旧，奢华依旧，所不同的是画中有站立的皇子，嬉戏的小皇孙以及被抱着的曾孙。她已是一个五代同堂、儿孙绕膝的幸福老太太。

乾隆四十二年（1777年）正月，一向健康的崇庆皇太后偶感风寒病倒，

调治数天后无效，病情反而加剧。二十二日深夜，崇庆皇太后已是油尽灯枯，进入弥留状态，乾隆帝守候在旁。次日，皇太后病逝，享年86岁。乾隆封她的谥号为“孝圣慈宣康惠敦和诚徽仁穆敬天光圣宪皇后”，后世称她为孝圣宪皇后。四月，孝圣宪皇后的棺木迁葬泰东陵。五月，她的牌位奉入太庙。

历史上，熹贵妃钮祜禄氏的漫长人生，都是在波澜不惊中舒坦地度过。她没有很强的权力欲和政治野心，从而造就了她福禄寿齐全的辉煌人生。

第十六章

专家带你看「后宫·如懿传」

乌喇那拉皇后：断发引发的人生悲剧

乾隆帝第二任皇后乌喇那拉氏的真实人生与「如懿传」并不相同，但都向后人昭示了经营帝王之爱的难度。出身不高贵但还算聪明，得太后支持登上后位，乌喇那拉氏被命运分到的牌不算太坏。但她对自己的丈夫——对自己并非『深爱』且身为集权制度最高统治者的皇帝的一次非理性举动『断发』，造成了不可逆转的悲剧。她成了被皇帝丈夫深恶痛绝的皇后，甚至在死后不得不寄居妃陵。

深情赢得梦魂牵，依旧横陈玉枕边。

似矣疑迟非想象，来兮恍惚去迁延。

生前欢乐题将遍，别后凄愁话未全。

无奈彻人频唱晓，空余清泪醒犹涟。

这首诗是清代乾隆帝为悼念他的第一位皇后富察氏所作，读起来情意绵绵，刻骨铭心。现在的人都说爱新觉罗家族出“情种”，看来果然如此。可是，“情种”乾隆帝对待与他相濡以沫30余年的第二位皇后乌喇那拉氏不但无情，反而绝情。乌喇那拉皇后生前被打入冷宫，死后葬礼规格降级，以至于借葬在他人的陵墓之中，寄人篱下，这在历史上相当罕见。乾隆帝与乌喇那拉皇后夫妻之间有多大的仇恨？电视剧《后宫·如懿传》中如懿姑娘的历史原型就是乌喇那拉皇后，这让很多人开始对这一段历史产生了浓厚兴趣。那让我们来看看历史上真实的“如懿”的身份和命运吧！

正位中宫

乌喇那拉氏，满洲正黄旗人，是乾隆帝的第二任皇后，故又称“那拉皇后”或者“纯帝继皇后”。《后宫·如懿传》讲述的故事是：如懿年少时即成为时为皇子的弘历的侧福晋，与其相知相爱，并在弘历登基之后默默扶持，自己也如愿登上了后位。既然是宫廷戏，那肯定少不了宫斗。如懿与皇后富察氏之间的明争暗斗也成了这部电视剧的一个噱头。然而，真实的历史事实是，无论是家世背景还是宫廷地位，乌喇那拉氏都远远敌不过富察氏。换句话说，这两个历史人物在后宫舞台上根本不是一个重量级的选手，而乾隆帝又不是一个公正的裁判。

娘家实力的强弱，直接影响女子在婆家的地位。乌喇那拉氏的父亲那尔布是一个品级不高的佐领。富察氏却出身名门贵族，家世显赫。富察氏的曾祖父哈什屯是一位名将，曾追随清太宗、清世祖征战四方，官至内大臣，加太子太保，逝世后追赠一等公。她的祖父米思翰官居户部尚书、议政大臣。她的父亲李荣保官至察哈尔总管。她的兄弟傅恒、傅清，她的侄儿福康安、福隆安等均官居高位。而且富察氏聪明美丽，端庄娴静，又深明大义，文化修养高，是一位标准的大家闺秀。雍正五年（1727年），富察氏参加了宫中选秀，被雍正皇帝一眼相中。雍正帝就将她指配给皇四子弘历为嫡福晋。

也可能有人会说，乾隆帝与富察氏的结合纯粹是政治联姻，没有感情基础。如果这么想，那就大错特错了。富察氏在16岁时就嫁给17岁的乾隆，这对夫妻可以说是青梅竹马，感情深厚。富察氏也非常贤惠，把乾隆帝照顾得无微不至。一次，乾隆帝患病，需要静养百日。富察皇后听说后，就搬到

乾隆帝寝宫的外屋居住，日夜侍奉。还有一次，富察皇后陪同乾隆帝狩猎。乾隆帝抚今追昔，与她谈起先祖创业时生活的艰苦与节俭，不像现在皇宫中生活奢华，衣服上都缝上金丝银线。富察氏回去之后，亲手做了一个用鹿皮缝制的小囊送给乾隆，表示不忘俭朴的本色。乾隆帝非常感动，一直带在身边。

无论是打“家世背景牌”，还是打“夫妻感情牌”，乌喇那拉氏都不可能撼动皇后富察氏的地位。但她能成为乾隆继皇后的机会却是富察氏给的，因为富察氏死了。

乾隆十三年（1748年）三月，皇后富察氏随乾隆帝东巡，一行人浩浩荡荡来到山东，谒孔庙，祭泰山，不想富察氏突然逝世。《后宫·如懿传》讲，由于儿子夭折，富察皇后受到打击，精神崩溃，不幸坠入水中，幸得侍卫凌云彻救助，但最终逝去。其实，关于富察氏之死，历史没有定论。正史、野史均有记载，有的说是染寒疾而死；有的说因儿子永琏、永琮相继夭折忧郁而死；有的说失足落水而死。

富察皇后死后，乾隆帝伤透了心，悲悲泣泣地写下了悼念富察皇后的名篇《述悲赋》：“易何以首乾坤？诗何以首关雎？惟人伦之伊始，固天俪之与齐。念懿后之作配，廿二年而于斯。痛一旦之永诀，隔阴阳而莫知……”。大体意思是：《易经》为何开篇讲乾坤？《诗经》为何开篇讲关雎？因为夫妻是人伦的开始，所以将天地名为乾坤与之相配。我与皇后成婚，至今已有二十二年。一夜之间与皇后永远诀别，从此阴阳两隔而不知消息，我是多么伤痛啊！这篇文章字字含情，句句有爱，表达了乾隆帝对皇后深深的爱意。

乾隆帝的脾气也变得暴躁，喜怒无常。当时刑部尚书阿克敦奉命办理富察皇后的册文，册文中满文译“皇妣”为“先太后”，乾隆皇帝认为翻译错了，阿克敦过于草率，立刻要召见他询问。不想阿克敦不待候旨就已经回家了。乾隆帝大怒，依“大不敬”罪名，将阿克敦关进牢房，定为“斩监候”。不久，有人向乾隆帝说，阿克敦翻译没有错。不过，乾隆皇帝还是固执己见，要给阿克敦一点颜色看看，一定要论罪处斩。这把阿克敦吓得不轻，自己好好端地没有犯错，却要遭杀身之祸。不过，六天后，乾隆皇帝又赦免了他。阿克敦从鬼门关转了一圈又回来了。除了阿克敦之外，还有很多官员受到处分，降级调用者有之，险被斩决者有之，赐以自尽者有之。乾隆帝为孝贤皇后的丧葬一事胡闹了一番。太后钮祜禄氏急在心里，不能让乾隆皇帝为了一个女人把朝中大臣全给得罪了，思前想后，决心找一位孝贤皇后的替代者，转移乾隆帝的思念之情。而乌喇那拉氏以端庄稳重的个性赢得了皇太后的赏识。

乌喇那拉氏生于康熙五十七年（1718年），比乾隆帝小7岁，是雍正帝赐给弘历的侧福晋，乾隆即位后晋封为娴妃，乾隆十年（1745年）又晋封为娴贵妃。《后宫·如懿传》说，乾隆帝后宫的妃嫔们接二连三地滑胎，怡贵人所住的景阳宫突然出现蛇袭击。这一切都是皇后和慧贵妃收买娴妃的丫头做的，以此来陷害如懿。不知细情的乾隆帝龙颜大怒，把如懿打入冷宫。这个故事在真实的历史中是子虚乌有的。乌喇那拉氏服侍乾隆时间长，资历深，了解乾隆帝的脾气和爱好。而且她青春貌美，举止稳重，处事大方得体，就是性子刚烈，但性子不烈，也管不好争风吃醋的后宫妃嫔。于是，在孝贤皇后逝世三个月后，太后郑重其事地向乾隆帝提起此事，要求乾隆帝册立乌喇那拉氏为皇后。然而，乾隆帝对乌喇那拉氏的感情一般。他说不出乌喇那拉氏有什么不好，但就是找不出一丝爱意。所以，乾隆帝以富察皇后去世不久为由委婉拒绝了太后的提议。

皇太后有些失望，但坚持要在婚姻大事上为乾隆帝做主。她立马下了一道懿旨：娴贵妃那拉氏是先皇所赐，人品端庄，现在中宫虚悬，皇帝应该命她管理后宫。若皇帝碍于孝贤皇后去世不久，心有不忍，那么可以三年之后再册立。皇太后毕竟是乾隆的生母，乾隆帝又是一个大孝子，母亲的话都说到这个份儿上，他也不好拒绝。

乾隆十三年（1748年），乾隆帝勉强遵从皇太后懿旨，发布上谕：秉承皇太后的旨意，册封乌喇那拉氏为皇贵妃，总摄后宫事务。但他在一首诗中

坦言："六宫从此添新庆，翻惹无端意惘然。"没有丝毫喜悦之情。

乾隆十五年（1750年），乾隆帝发布上谕，册封乌喇那拉氏为皇后。

《后宫·如懿传》说，乾隆帝与如懿互相扶持，共同渡过难关，然后如愿将如懿推到皇后位置，与他共有天下。实际上，若没有皇太后的鼎力扶持，乌喇那拉氏是坐不上皇后宝座的。而乌喇那拉皇后与乾隆帝的感情基础并不十分牢靠，又为此后的悲剧人生埋下了大隐患。

夫妻决裂

乌喇那拉皇后做了大清的国母后，春风得意，荣耀非常，但并没有皇恩优渥，备受宠幸。乾隆作诗说："岂必新琴终不及，究输旧剑久相投。"乌喇那拉皇后是那把"新琴"，孝贤皇后是那把"旧剑"。在乾隆心目中，乌喇那拉皇后始终不如孝贤皇后。而乌喇那拉皇后也是一个聪明的女人。她知道要坐稳后宫，还得主动赢取皇帝的欢心。

册立典礼刚举行过半个月，乌喇那拉皇后就主动陪着乾隆帝展谒祖陵、巡幸江南、木兰秋狝，努力做好皇帝的贤内助，顺便培养一下感情。乾隆十六年（1751年），乾隆第一次南巡江浙，令乌喇那拉皇后伴驾随行。他们从京师出发，经过直隶、山东，后乘船南下，经扬州、镇江、丹阳、常州至苏州、杭州，游览西湖名胜。回京时，又沿运河北上，后改陆路，到泰山进香，历时五个多月。在这五个多月里，乌喇那拉皇后一路上尽心尽力服侍乾隆帝和皇太后。乾隆帝本是多情之人，明白乌喇那拉皇后的心意。他反省自己，认为既然已经立了乌喇那拉氏为皇后，就应该接纳她。南巡回来后，他开始改变对乌喇那拉皇后的态度，舍得花时间与她谈心论文，增进感情，也经常跑到乌喇那拉皇后寝宫歇息。

乾隆十七年（1752年）到乾隆二十年（1755年）这四年时间是乌喇那拉皇后最幸福的时光。她得到了乾隆帝的万千宠爱，在四年内生下三个儿女，乾隆十七年（1752年）生下皇十二子永璂，次年又生下皇五女，乾隆二十年（1755年），生皇十三子永璟。然而，乾隆二十年（1755年），她已38岁了。这个年纪的女人，再想得到皇帝的宠爱，已经是很困难的事了，何况她又遇到了一个强劲的对手——魏佳氏。《后宫·如懿传》说，娴贵妃晋升为皇贵妃，一时恩宠鼎盛，令贵人晋升为令嫔，势头日益渐长，如懿接下来的日子如何，还是未知数。真实历史上的魏佳氏，就是令嫔。她的确是乌喇那拉皇后一个强劲的对手。

魏佳氏生于雍正五年（1727年），比乾隆帝小16岁，比那拉皇后小9岁。父亲是内管领魏清泰，原为汉军正黄旗包衣，也就是奴才。她虽然出身低贱，但容颜秀美，性格温婉，因此深得乾隆帝宠爱，后来被乾隆改入了满洲镶黄旗。乾隆二十年（1755年）以后，乾隆帝是魏佳氏寝宫的常客，频频召幸她。于是，魏佳氏创下了一项纪录——乾隆帝后妃中生育最多的妃子。乾隆二十一年（1756年）生皇七女，二十二年（1757年）生皇十四子，二十三年（1758年）生皇九女，二十五年（1760年）生皇十五子，二十七年（1762年）生皇十六子，三十一年（1766年）生皇十七子。早已习惯皇帝恩宠的乌喇那拉皇后面临一落千丈的境况，心生不满在所难免。两人脆弱的感情说破就破，而乌喇那拉皇后刚烈的个性又是一个致命弱点。

乾隆三十年（1765年）正月，乾隆帝第四次南巡。这次南巡规模大于前几次，随行人员除了皇太后、皇后，还有令贵妃魏佳氏、庆妃、容妃等，以及大学士傅恒、尹继善等。一切都那么风平浪静，他们从北京启程，一路游山玩水，蠲赋恩赏，观民察吏，加恩士绅，题诗作赋，好不快活。但已是“山雨欲来风满楼”，历史详细记载了接下来发生的事情。

二月初十日，乌喇那拉皇后48岁生日，乾隆帝特意给她过了一个幸福快乐的生日，早晚膳都另加膳品。

闰二月，乾隆一行来到杭州。十八日，乾隆帝与后妃们在西湖十八景之一的“蕉石鸣琴”处用早膳，乌喇那拉皇后还得到乾隆帝的赏赐。可是到晚膳时，却不见乌喇那拉皇后出席。乌喇那拉皇后去了哪儿?

据《上谕档》记载，闰二月十八日，额附福隆安奉旨扈从皇后由水路先行回京。

四月二十日，乾隆帝南巡回到京师，立即打算废除那拉皇后。

显然，十八日早膳后，乌喇那拉皇后与乾隆发生了严重冲突，被乾隆赶回京师。乾隆皇帝还下定决心废除她。发生了什么冲突呢？乾隆皇帝不说，当时谁也不好问，也不敢问。斗转星移，这件事情慢慢被人淡忘了。不过，13年后，却有一个不怕死的人跳了出来，当时乾隆帝正在巡游山东，四处观赏美景，玩得不亦乐乎。锦县有一位生员金从善上书，谈到了建储和立后之事。乾隆帝阅后大怒，召集群臣说："乌喇那拉氏本朕青宫时皇考所赐侧室福晋，孝贤皇后崩后，进为皇贵妃。越三年，立为后。国俗忌剪发，而竟悍然不顾"。原来，13年前那场冲突是由乌喇那拉皇后不顾大清习俗，剪了头发引起的。在满人的习俗里，当时皇太后、皇帝都还活着，乌喇那拉皇后剪掉头发就是诅咒他们去死，这是一种几近疯狂的举动。可是，那拉皇后为何疯狂地剪断青丝，乾隆帝就三缄其口，不说了。

断发之谜

关于乌喇那拉皇后剪发的原因，官方史料没有记载，这就给野史秘闻留下了想象的空间。

有野史记载，这次南巡途中，乌喇那拉皇后时常劝谏乾隆不要太奢侈，不要过分迷恋江南美景，应早日返京，遭到乾隆帝的唾骂，因而一气之下，就把头发全部剪光。黄维善先生作诗说："乾隆皇帝游杭州，卅处行宫尽华楼。水陆码头铺棕毯，百姓笑面痛心头。官员百姓齐跪迎，八十老翁香高擎。象牙紫檀雕雅座，劳民伤财尚自鸣。沿途彩绸搭彩棚，戏班五腔声迭声。这份热闹加美景，乾隆不知有北京。第二皇后心坦诚，苦劝皇帝回北京。竟遭弘历一顿骂，羞愤断发以抗争。大清风俗忌发光，弘历怒火喷颈腔。下令皇后回京去，自此一病入冥乡。穷奢极欲乾隆皇，皇后死去心亦惶。从此不再立皇后，何得诤妻指兴亡。"

还有野史记载，乾隆帝是一位喜欢拈花惹草的风流皇帝，南巡途中，一边游览美景，一边乘机寻花问柳。到杭州后，乾隆深夜登岸，召幸烟花女子。乌喇那拉皇后知道后，再三劝谏，遭到乾隆的训斥，一气之下剪断头发，以示悲愤和抗议。乾隆大怒，乌喇那拉皇后失宠。

乌喇那拉皇后是满族女子，理应知道贸然剪发的严重后果。但能让那拉皇后不计后果，决绝到自行断发，其原因仔细想来必定惊心动魄，不似野史描述得那么简单。乾隆帝前三次南巡也非常奢靡，乌喇那拉皇后伴驾随行，也时时劝谏，为何独这一次劝谏掀起轩然大波呢？皇帝寻欢纵乐本是寻常事，据史记载，乾隆受过封号的后妃有41位之多，可以看出，乌喇那拉皇后不是一个心胸狭窄、嫉妒心强、喜好争风吃醋的女人。乾隆帝南巡途中偶尔在外采摘野花，不至于引起乌喇那拉皇后大动干戈，冲动之下触犯了乾隆的大忌。

乾隆四十一年（1776年）发生了一桩“微贱莠民”关心皇帝床笫之事的离奇文字狱。曾任都察院书吏的山西高平人严谱到大学士舒赫德府宅投呈一份奏折，请求转呈乾隆帝。这份奏折涉及乾隆帝与乌喇那拉皇后的关系。乾隆阅后极为震怒，下令将严谱逮捕下狱，严刑拷打，逼问消息来源。严谱供词称：“三十年皇上南巡，先送皇后回京。我那时在山西本籍，即闻得有此事。人家都说，皇上在江南要立一个妃子，皇后不依，因此挺触，将头发剪去。”事情真相大白，在南巡途中，乾隆帝就酝酿晋封令贵妃为皇贵妃，从而极大地刺激了乌喇那拉皇后，因为这件事对她极为不利。

清宫规制，皇帝后妃额有定数，设皇后1人，皇贵妃1人，贵妃2人，妃4人，嫔6人，其他贵人、常在、答应没有定数。皇贵妃的位次仅次于皇后，是皇后的继任者。为了不给皇后压力，避免宫内争斗，皇后活着时，清朝册封皇贵妃的情况仅出现过几例。雍正帝曾经册封敦肃皇贵妃，乾隆帝曾经册封慧贤皇贵妃和纯惠皇贵妃，但目的是给病中的贵妃们冲喜，不久这些皇贵妃就病逝了。顺治帝曾经痴迷董鄂妃，将其晋封为皇贵妃，不久就拟废掉皇后博尔济吉特氏，只因朝廷阻力太大和董鄂妃劝阻才作罢。

前车之鉴在眼前，乌喇那拉皇后不会不知。十八日早膳之后，当她得知乾隆帝与皇太后商议欲册封魏佳氏为皇贵妃，情绪开始失控。她已预感到，不但令贵妃将来会取代她坐上皇后的宝座，而且令贵妃的儿子也将取代她的儿子继承皇位。乾隆帝一生有17位皇子，但不是早年夭亡，就是过继给他人，至乾隆三十年（1765年）能留在身边的只有六位皇子：皇五子永琪、皇八子永璇、皇十一子永瑆、皇十二子永璂、皇十五子永琰，皇十七子永璘。

皇五子永琪，善骑射，精通汉、满、蒙三种语言，深受乾隆帝钟爱。乾隆帝曾经打算传位于永琪。可惜的是，乾隆三十年（1765年），永琪患附骨疮，次年不治去世。

皇八子永璇和皇十一子永瑆是同父同母的兄弟，他们的生母淑嘉皇贵妃已过世。皇八子永璇整日沉溺于酒色之中，性情古怪，经常私自出宫游玩，不得乾隆帝喜欢。皇十一子永瑆，著名书法家，但为人刻薄吝啬。他的嫡福晋富察氏，是大学士傅恒之女，也是孝贤皇后的亲侄女。永瑆不但没收了富察氏的嫁妆，还让她穿粗衣麻布，以吃薄粥度日。傅恒见爱女受此欺负，就向乾隆告状。这样一人，乾隆如何放心将皇位传于他。

皇十二子永璂是那拉皇后的儿子。

皇十五子永琰和皇十七子永璘均是令贵妃的儿子。永琰做事稳重，文武双全。永璘四处惹是生非，最令乾隆帝头痛。

在六位皇子中，最具储君潜力的就是永璂和永琰。但太后和皇帝酝酿晋升令贵妃，乌喇那拉皇后就明白永琰越来越占有优势了。乌喇那拉皇后虽然贵为一国之母，可是在专制皇权面前，她又是一介弱女子，抗争之后知道无可挽救，就以极端的剪发方式发泄不满，以示抗议。

可就是这一剪，几家欢乐，几家悲伤，大清皇家与国家的形势也就明朗了：乌喇那拉皇后被打入冷宫，令贵妃成为皇贵妃，主持后宫事务；乌喇那拉皇后的儿子永璂的政治前途戛然而止，令贵妃的儿子永琰后来继承了大统，就是嘉庆皇帝。

身后凄凉

断发之后，乌喇那拉皇后被遣送回京，之后一直活在恐惧之中，战战兢兢地等待乾隆帝的发落。令她没想到的是，乾隆帝用一系列行动告诉她，他们夫妻已经恩断义绝。

乾隆三十年（1765年）五月初十日，乌喇那拉氏被封为娴妃、娴贵妃、皇贵妃、皇后时的四份册宝被收回销毁。这是她辛苦得来的引以为傲的身份证明，顷刻化为乌有。

接着，那拉皇后被打入冷宫。乾隆帝下令将服侍皇后的宫女由8人裁减为2人，调走全部的太监和厨师，这在清宫中已是答应的待遇了。

乾隆帝仍余怒未消，意欲效仿先祖顺治帝废后之事，废掉乌喇那拉皇后。

可是，乌喇那拉皇后还有一个身份——大清国母，一国之母怎能说废就废呢？一批忠义的朝中大臣站了出来，披肝沥胆地直陈，为乌喇那拉皇后鸣冤叫屈。觉罗少司寇、刑部侍郎阿永阿欲力阻乾隆帝废后，但怕连累家中老母，颇为犹豫。其母知其意，对他说：“你是皇族宗室，不能因为怕连累我而不能尽忠，可以舍弃我，以展你忠义之志。”阿永阿听从母命，勇敢上书劝谏。乾隆勃然大怒，将阿永阿革职，贬到黑龙江戍边。为了堵住悠悠众口，乾隆帝还特意召集大臣加以训斥：“皇帝、皇后是为臣者的父母，父母失和，为人子者怎能参与其中、明辨是非？”刑部尚书钱汝诚回答说：“阿永阿有母在堂，尽忠不能尽孝也。”乾隆训斥说：“你父母老病居家，你为独子，何不归家尽孝也？”将钱汝诚革职，命他回家养老。最终，乾隆帝见反对者众多，废后之事只好作罢。

“可怜红颜总薄命，最是无情帝王家。”经过此番打击，乌喇那拉皇后心灰意冷，孤独地走完了人生最后一段旅程。七月十四日，中国传统上鬼门大开的日子，乌喇那拉皇后薨逝，年仅49岁。此时乾隆帝正在木兰狩猎，接到丧报后，不但没有回京料理丧事，反而发了一道指责的上谕：“去年春，朕恭奉皇太后巡幸江浙，皇后性情大变，于皇太后前不能恪尽孝道。至杭州时，则举动尤违正理，迹类疯迷。昨天病逝，此是皇后福分浅薄。若论其行事乖违，我废黜她亦是理所当然。但朕仍保存其皇后名号，已为格外宽容。”俗话说，“死者为大”，爱恨恩怨都应随逝者烟消云散。然而，乾隆帝仍继续不公正地对待死后的乌喇那拉皇后，指令按皇贵妃的丧仪规格办理。实际上，乌喇那拉皇后的丧礼规格比皇贵妃的级别还要低。

乌喇那拉皇后的整个丧事极为简陋。大臣、公主等为乌喇那拉皇后举哀行礼一项被取消；她的棺具是用粗劣的杉木制成；出殡时抬棺雇夫64人；从制棺到下葬，共用银207两9分4厘。据《钦定大清会典》载，皇贵妃的棺具应由金丝楠木制成，抬棺雇夫需96人。

乌喇那拉皇后死后不入帝陵地宫，不享祭祀。清宫规制，凡先于皇帝崩逝的皇后，理应葬入帝陵地宫之中，与皇帝合葬。乾隆帝的孝贤皇后、慧贤皇贵妃、哲悯皇贵妃、淑嘉皇贵妃均葬入乾隆帝的地宫。乌喇那拉氏贵为皇后，却葬在了妃园寝内。她的具体葬地在官修《昌瑞山万年统志》《清实录》中居然没有记载，致使时人和后人都不知其葬身何处。

乌喇那拉皇后死后没有谥号。谥号是君主、大臣、后妃等人死后的特殊封赠，依据生平事件和个人品德评定褒贬。但乾隆帝没有颁给乌喇那拉皇后谥号。

对于这种不公正的待遇，朝中大臣大多数敢怒不敢言，只有御史李鸣玉上书乾隆帝，要求按皇后礼仪安葬乌喇那拉皇后。乾隆帝恼羞成怒，指斥李鸣玉丧心病狂，将李鸣玉革职锁拏，发往伊犁。自此以后，朝中再无人敢为乌喇那拉皇后鸣不平。

然而，专制皇权再强，也掩盖不了历史真相。

光绪年间，一位管理东陵的官员在翻阅《陵寝易知》时看到：“宝城内，皇后、纯惠皇贵妃。”“皇后，乾隆三十一年七月十四日酉薨，是年九月二十八日入宝顶奉安，未入享，无祭。”如果记载属实，纯惠皇贵妃地宫内应有两具棺椁。纯惠皇贵妃先于那拉皇后薨逝，照此来看，乌喇那拉皇后是死后被塞进了纯惠皇贵妃的地宫。

1981年，清东陵文保所开启了纯惠皇贵妃地宫，长达200多年的乌喇那拉皇后葬地之谜真相大白。地宫内葬有2人，纯惠皇贵妃的棺椁居中，乌喇那拉皇后的棺椁位于一侧。堂堂的大清皇后却成了皇贵妃的下属，真是应验了“自古皇家多无情”！

娴者，柔美文静；懿者，美好安静。无论是娴妃，还是如懿，若要重来，乌喇那拉氏也许会宁愿做个“娴妃”或者“如懿”，只求得岁月静好，现世安稳。

第十七章

专家带你看「苍穹之昴」

珍妃：

枯井里的冤魂

历史上的珍妃曾卖官鬻爵，以中饱私囊，维持奢华的物质享受，这与大多数电视剧塑造的支持变法的爱国嫔妃有很大不同。但她确实与光绪帝有过真诚的爱情，也曾展现少女的活泼与美丽。故宫的珍妃井，为她留下供后人凭吊的遗迹，也是一处当代人了解清代后宫的特殊景观。

在清朝历史上有两位珍妃，一位是默默无闻的道光帝的妃子赫舍里氏，另一位是大名鼎鼎的光绪皇帝的妃子他他拉氏。而我们要说的就是他他拉氏。光绪帝的珍妃是中国历史上著名的女性，已经广为人知。珍妃的名气既不是出于她做出了惊天动地的大事，也不是出于她有着国色天香的容貌，而是因为人们习惯于把她当作襄助光绪帝变法维新的爱国嫔妃。在《清宫秘史》《西太后与珍妃》《苍穹之昴》等影视作品中，珍妃均被描绘成一位个性耿直，不讨好权贵，接受西方新思想，敢于和宫廷礼教相抗衡，与慈禧太后作斗争的刚烈女子。她也因此获罪于慈禧太后而被投井杀害。北京故宫宁寿宫内的“珍妃井”，就是她的葬身之处。人们喜爱珍妃的故事，也大抵是因为这位妃子的性情刚烈与反抗旧礼教。然而，历史上的珍妃果真如此吗?

光绪的宠妃

珍妃，满洲镶红旗人，出生于光绪二年（1876年）二月初三日。在中国民间习俗中，二月初三日是掌管士人功名禄位的文昌帝君诞辰日。这一巧合似乎注定了她不平凡的一生。

珍妃的祖父是裕泰。裕泰生活于清朝由盛转衰的时期，一生征战无数，立下赫赫战功。道光二十年（1840年）裕泰擢升湖广总督，次年就遇上湖北崇阳钟人杰起义。他率领清军两万余人，分四路围攻起义军，花了近五个月时间才平息这场农民起义。道光二十九年（1849年），湖南人李沅发在新宁起义，盘踞县城，杀害官吏。裕泰又前往督师，与贵州、广西的军队联合夹击，花了一年多的时间才擒住李沅发。之后，裕泰调任闽浙总督、陕甘总督等职，深受朝廷器重。他的两个儿子也被委以重任，次子长善任广州将军，四子长叙任户部侍郎。珍妃是长叙生的第五位女儿，也算是高官家庭出身。

《苍穹之昴》有个镜头描述珍妃身着男装在大街上照相。历史确有珍妃身着男装的记载，不过那是在皇宫，而不是在街上。这表明珍妃思想比较开明，不拘封建礼节，也是符合历史的。这还得从她的生活经历说起。就在珍妃出生这一年的十一月，她的家庭发生了一场巨大变故。长叙欲与山西布政司葆亨结为儿女亲家，将第二女嫁与葆亨之子。两人商议后精心挑选了一个黄道吉日——十一月十三日，准备为儿女完婚。婚礼当天也相当热闹，宾客满门，鼓乐喧阗。这本是一件寻常的事情，却差点引来一场杀身大祸。当时号称“翰林四谏”之一的御史邓承修参劾了他们：“本月十三日是圣祖康熙帝的忌辰，朝廷上下应着素服，禁鼓乐。长叙、葆亨以二品大员世受国恩，

内跻卿贰，外任封疆，却以是日嫁女娶媳，公然鼓乐，藐法妄为一至于此，罪不容诛。”朝廷议处的结果是将长叙、葆亨革职。长叙一时疏忽，吉日变晦日，家道遂中落。

珍妃的伯父是广州将军长善。长善膝下无子，又十分喜欢孩子，便将弟弟长叙的孩子全部接到广州生活。广州是中国的“南大门”，是西方文明传入中国的窗口。珍妃自幼便受到西方文明的熏陶，接受了西方资本主义生活方式，而且围绕在她身边的大多是具有新思想的人物。长善虽为武将，但喜好广交名人雅士，当时广东名士沈泽棠、梁鼎芬、王存善、于晦翁、文廷式等均与他交往甚密。这些人多是具有先进思想、要求改革内政的著名人物。长善还特意聘请文廷式教珍妃和她的姐姐、后来的瑾妃两人读书。珍妃的两位兄长志锐、志钧也都是思想比较开明的人物。在这样的氛围之下，她养成了思想开明、性格活泼、猎奇心强的个性。

光绪十年（1884年），长善卸任广州将军，珍妃也随同还京。三年之后的冬天，慈禧太后发布懿旨，下令选秀，要为光绪帝选择配偶。经过大半年的千挑万选，于次年九月二十四日挑选出31名秀女。这31名秀女分别来自满洲的正黄、镶黄、正白、镶蓝及汉军、蒙古八旗。又经过一番挑选，最后有5人入围，即慈禧太后的亲侄女、江西巡抚德馨的两个女儿、长叙的两个女儿。据清朝太监唐冠卿所言，一天，慈禧太后叫来光绪帝，让他在体和殿从这5名秀女中选出皇后和妃子。慈禧太后故作开明，将一柄白玉如意和两个荷包交到光绪帝手里，告诉他，这5个秀女，如意交给谁，谁就是皇后，荷包交给谁，谁就是妃子。光绪帝推托说：“此等大事应请太后做主”。但慈禧太后执意让皇帝自己选择。光绪帝信以为真，手持如意走到自己中意的德馨之女面前，刚要递出如意时，就听到慈禧太后恼怒地喊道：“皇帝！”光绪帝看了看慈禧太后，发现她正望着她的侄女。光绪帝明白慈禧太后的意思，哪敢违抗，于是将如意递给了她的侄女，就这样选中了皇后，即隆裕皇后。慈禧太后心想，皇帝看中了德馨之女，如果她们被选为妃嫔，将来会与皇后争宠，所以，命人拿一对荷包，分别赏给了长叙的两个女儿，这就是珍妃、瑾妃。不料，慈禧太后还是失算了。光绪皇帝没有眷顾她的侄女，反而热恋上了珍妃。

光绪十五年（1889年）正月，隆裕被正式立为皇后。然而，由于她与慈禧太后的关系，光绪帝一点儿也不喜欢这位比他大三岁的表姐，甚至在谢婚宴上还大耍了一通脾气。三月六日，“国丈”桂祥带着一大班子亲戚，在太和殿等了很久，可等来等去，肚子早就唱起空城计，皇帝就是不来。皇帝不来，这饭还怎么吃啊？好不容易听到殿外有急匆匆的脚步声，大家以为皇帝来了，振作精神。结果，进来的是皇帝的老师、户部尚书翁同龢。翁同龢一看这阵势，就明白了，这是皇帝在表达对太后包办婚姻的不满。最后，光绪皇帝还是没有露面，下令将婚宴上的果脯赏给王公大臣，但就是没有赏给太后的人马。这种事情，慈禧太后也不好勉强。

据清宫太监信修明说，光绪从成年开始，就有遗精的毛病，而且久治不愈，这让他的身体越来越差，造成生理上有病。当晚，慈禧太后派了四位命妇到光绪和隆裕的房外听声。结果，其他声音没有，只听见皇后叹息道：“这也是你们家的德行啊！”这句话严重伤害了光绪帝的男性自尊。从此，隆裕皇后与光绪帝失和。

光绪帝处于慈禧太后的淫威之下，处境压抑，心情忧郁。这时珍妃进入他的生活，成为他的心灵伴侣。珍妃入宫时被封为珍嫔，年仅13岁。这位年轻的女子天真活泼，生性机警，又擅长书画、下棋，而对男女情欲一事毫不在意。有时，珍妃身着男装，头戴顶戴，身穿马褂，足蹬朝靴，与光绪共食共饮，共玩共乐。按清宫礼制，皇帝一般不能到嫔妃寝宫里过夜，如果想要哪位嫔妃陪他睡觉，就把她召到皇帝的寝宫里来。被临幸的嫔妃不能整夜住在皇帝寝宫，事后要住到皇帝寝宫附近的临时住处。但是，陷入热恋中的光绪帝经常让珍嫔睡在自己的寝宫。有人偷偷向慈禧打小报告。慈禧认为那是青年男女的私事，自己没必要管得太宽，也就没加以制止。

《苍穹之昴》有一个两人游戏的情节，在光绪帝办公时，珍妃戴着面具悄悄过来吓唬他。与历史的真实相比，这样的游戏是小巫见大巫。珍妃与光

绪帝经常玩角色扮演的游戏，有一次珍妃竟然要求光绪帝把龙袍脱下给她穿上。这就玩得太出格了。这个情节在电视剧《十三格格新传》中也有呈现。皇后隆裕现场抓到珍妃穿光绪帝的龙袍，于是向慈禧告状。十三格格觉得穿龙袍不是大事，帮珍妃解了围。古往今来，很少有妃子提出这样的无理要求，因为除了皇帝，任何人穿龙袍，都会被视为犯上作乱。然而，光绪帝竟然没有表示恼怒，反而觉得珍嫔非常大胆可爱，就真的把龙袍脱下来，给珍嫔穿上。他们丝毫没有顾忌皇室的禁忌，偌大一个皇宫，俨然成为他们的二人世界。

婆媳矛盾

不少电视剧认为，慈禧太后与珍妃这对婆媳是死对头。可是，很多资料显示，在珍妃进宫之初，慈禧太后是十分喜欢她的。

珍妃进宫时只有13岁，天真烂漫，胸无城府，外无心机，麻利飒爽，文化水平又高。这给沉闷的皇宫带来了一丝丝生机活力，不但太监、宫女喜欢与她为伴，而且慈禧太后也极为钟爱她。慈禧太后的人生有个很大的缺憾，就是字写得不好。咸丰十一年（1861年），慈禧与恭亲王奕䜣联合发动辛酉政变前，亲自起草将肃顺等人解任的密谕。这封密谕共237字，不但字迹歪歪扭扭，而且还错字连篇，达12字之多。珍妃却写得一手好梅花篆体字。于是，逢年过节和喜庆寿宴，慈禧太后就叫来珍妃，让她写一些福、寿、喜字，作为她赏赐朝中大臣的礼物。据《西太后轶事》记载，慈禧太后披览章奏时，还有意让珍妃从旁窥阅，锻炼她的行政能力。珍妃也聪慧异常，往往通过阅看章奏，就能预料慈禧太后将如何批答。但年幼的珍妃犯了一个大错误，管不住自己的大嘴，想说就说，无所顾忌，经常将慈禧太后的想法事先说与众人听，夸耀自己的预判能力。这引起慈禧太后的不满。

又有一些电视剧说，隆裕皇后不得宠，对珍妃有各种羡慕忌妒恨，经常向慈禧太后打小报告，导致老佛爷越来越不满珍妃的所作所为。隆裕皇后与珍妃关系较差，这个是有历史记载的。据记载，慈禧太后六十大寿庆典当天，隆裕皇后和其他妃嫔早早来向慈禧太后行礼祝贺，唯独不见光绪皇帝和珍妃。众人等了半晌之后，光绪皇帝和珍妃才一起有说有笑地来了。隆裕皇后猜测珍妃是在光绪皇帝的寝宫过的夜，心里气闷。光绪皇帝见隆裕皇后脸色难看，就问怎么了。隆裕皇后如实说道，清朝祖制，妃子不能在皇帝的寝宫过夜。珍妃也不是个吃素的主儿，马上指责说，这是隆裕皇后嫉妒。一个妃子当着众人的面诘责皇后，让隆裕皇后下不了台。她觉得自己是六宫之主，珍妃就要骑到自己头上了，如果不拿出点儿皇后的尊严来，以后就无法镇住六宫的众多妃嫔。所以，隆裕皇后就讽刺珍妃喜好穿男装，不守妇道。两人大吵一架。慈禧太后听闻两人吵架后，把珍妃叫过来责骂一顿。珍妃认为是隆裕皇后向慈禧太后告状，导致自己被责骂，仇恨的种子就埋下了。慈禧太后袒护皇后是肯定的。但袒护归袒护，她把珍妃当作仇敌的心却没有。因为在这一年，珍妃是因慈禧太后六旬万寿加恩得以晋嫔为妃的。《苍穹之昴》讲，慈禧太后与珍妃关系出现裂隙，但在张夫人的劝导之下，为了修补关系，慈禧太后升珍嫔为妃。这是不符合史实的。

《西太后与珍妃》讲，慈禧太后思想保守，反对新政事务，而珍妃的思想观念较新潮，这让保守派的慈禧太后很不高兴。揆诸史实，这有些以偏概全。中国第一家大型煤矿——开平矿务局，中国第一家大型纺织企业——上海机器织布局，中国第一艘现代化军舰……无数个第一是在慈禧太后主政时期产生的。同治五年（1866年），恭亲王奕䜣上奏请于同文馆中增设天文算学馆，聘请洋人担任教师，培养技术人才。不料，这一建议遭到倭仁等保守官员的反对。倭仁说："天下之大不患无才，如果天文算学必须讲习，国内必有精通者，何必以夷人为老师呢？"两派相持数月，天文算学馆也招不满学生。这时，慈禧太后站了出来支持奕䜣，并有意让倭仁难堪。她首先给倭仁出了一道难题，令他保举数名精通科学技术的中国人，充当教习，择地另设一馆，培养技术人才。可是当时国内精通科学技术的人才寥寥无几，倭仁到哪去找啊！隔了数天，慈禧太后又发布一个上谕，谕曰：命大学士倭仁在总理各国事务衙门行走。总理各国事务衙门是清政府为办理洋务及外交事务而特设的中央机构。倭仁你不是拒绝同"夷人"打交道吗？我就让你去总理各国事务衙门工作。这两道上谕简直是要这个老夫子的命。他一下子傻眼了，心里不是个滋味儿。有一次，倭仁给同治小皇帝讲课，讲着讲着，就感到十分委屈，“潸然泪下”，把同治小皇帝都吓得不轻，“骇愕良久”。最终，倭仁向慈禧太后交辞职报告，可慈禧太后不干，拒不让他辞职，让他熬着难受。直到倭仁的第四次辞职报告交上来，慈禧太后才赏给他一个月养病假。可见，慈禧太后并非一概反对新事物。

还有电视剧为证明慈禧太后保守，说她反对照相。而慈禧太后最初听说照相一事，也是持保守的拒斥态度，这可能与一种迷信的说法有关系。《苍穹之昴》有个情节，珍妃在帮两个小朋友照相时，有人跳出来阻止，大声嚷嚷是救了这两个小朋友，理由是：“这玩意儿是洋人摄魂的妖术，会亮火光。火光一亮，人的魂魄就被吸到黑匣子里面了，就永远留在一张纸上了。”这确实是当时人们对照相术的认识，所以照相术传入中国之初遭到很大的阻力。据史记载，大约在光绪十一年（1885年）后，慈禧太后逐渐接受了照相术，并且很快成为一个照相迷。翻译女官德龄曾回忆慈禧太后第一次照相的经过：“太后听说我哥哥会照相，便立刻召他进宫，决定第二天早晨照相。第二天天气很好，哥哥带了相机来，在院子里等候。太后走进庭院，把每只照相机仔细看了一会儿说：‘这真奇怪，怎么这东西就能把人相拍下来？’我哥哥就趁行列前进的时候替太后拍了一张，太后问：‘有没有照一张？’我哥哥回答照过了，太后说：‘为什么不先关照我一声，我刚才的样子太板了，下次我要照个和气些的相’。”据相关资料统计，慈禧太后一生总计拍了786张相片，有单人全身照、集体照。据说，她尤其喜欢装扮成观音照相。所以，慈禧太后与珍妃这对婆媳为了照相这一事件闹得你死我活的，这不符合常理。不过，珍妃在宫中穿着光绪帝的服装拍照，这让慈禧太后有些生气。

珍妃被囚

前文所述的矛盾也就是普通家庭都或多或少存在的婆媳矛盾，根本没有到你死我活的地步。有人可能要问，这对婆媳真正的矛盾在什么地方呢？据很多史籍披露，两人从根本上决裂的原因在于珍妃卖官赚钱。《十三格格新传》也讲了这样一个故事：珍妃收受贿赂买卖官爵。慈禧的密探得知珍妃卖官，告知慈禧。慈禧决定静观其变。通过珍妃买官的官员因为不学无术，在皇帝面前露了馅儿。慈禧命十三顺藤摸瓜查下去，结果查出许多买卖官爵的事来，于是将珍妃打入冷宫。除了人物、情节虚构，珍妃卖官基本符合历史事实。

清朝后妃的工资待遇也是分三六九等的，皇后年例银1000两，皇贵妃年例银800两，贵妃年例银600两，妃年例银300两，嫔年例银200两，贵人年例银100两，常在年例银50两，答应年例银30两，此外每月、每日还有布匹、茶叶、果蔬等福利。按理来讲，这些待遇足够后妃们不愁吃、不愁穿，悠闲地过上小康生活。可是珍妃生活较为奢华，习惯大手大脚花钱。珍妃曾有一件用珍珠、翡翠串制成的旗袍，在阳光下，光彩夺目。有一天，她身着珍珠旗袍在玩耍时，被慈禧太后撞见。慈禧太后大怒道：“我都没舍得用这么多珍珠串珠袍，你一个妃子竟敢这样做。你也太放肆了！”她立马叫太监崔玉贵给扒下来。但这次遭遇似乎没有给珍妃留下什么警示。她继续挥霍无度，每月的工资根本不够用。她向光绪皇帝和姐姐瑾妃借，可他们也没有太多富余的。怎么办呢？她就和身边要好的太监商量。可太监又不会生钱，也拿不出好主意。这个时候，珍妃的堂兄志锐建议卖官，由他执行，珍妃负责在光绪

帝耳边吹枕边风。年幼无知的珍妃一听这事来钱快，与志锐一拍即合，就干起这无本买卖。她胆儿够肥！

珍妃卖官到什么程度呢？不说不知道，说出来吓一跳。当年她把上海道台都卖出去了。清代道台均为正四品，行政级别与现在省级副职相当。据说，光绪十一年（1885年），光绪帝秘密出海，观看海军演习，临行前珍妃将自己推荐的上海道台的名单交给了光绪帝。光绪帝开始也没太在意，以为珍妃居住深宫，不会知道上海道出缺。就随口应承下来。不久，陪同巡阅的礼亲王取出一张名单，对光绪帝说："苏松太道聂仲方奉旨升任浙江臬司，需要简派人员递补，这是军机处选定的二人，请皇上定夺。"这下光绪帝傻眼了，但很快回过神来，将珍妃的字条交给礼亲王说道："朕已知上海道有缺，可授予鲁伯阳。"礼亲王心里想：鲁伯阳何许人也，他什么时候跟皇帝扯上了关系。他问身边的其他大臣，所有的大臣都摇摇头，说不认识这么一号人物。礼亲王只好硬着头皮问光绪帝，光绪帝也摇头说："我也不知鲁伯阳的底细，你们回去查查就知道了。"其实，鲁伯阳什么官也不是，只是一位大富豪，花了几十万两银子，才走了珍妃的后门。虽然如此，光绪皇帝还是下令简放鲁伯阳为上海道台。两江总督刘坤一却不买账。他知道鲁伯阳的官是花钱买来的，便故意刁难他，并借故参了他一本。结果，鲁伯阳竹篮打水一场空，官财双失。

珍妃私卖官缺的事慢慢传开了，她便为舆论所指责，但还不知收敛，又帮玉铭谋取四川盐法道一职，最终引火烧身。按例这一职别的官员赴任前，皇帝都要接见，进行一番诫勉谈话。光绪皇帝问玉铭："你在哪衙门当差？"玉铭回答说："在木厂。"满朝文武官员掩面偷笑。光绪帝大吃一惊，脸面挂不住了，下令让玉铭将自己的履历写出来。可让众人都没想到的是，这个玉铭大字不识，呆了半晌，一个字都写不出来。光绪皇帝只能下旨将玉铭开缺。

这件事闹得太离谱，有些官员就跑到慈禧太后那奏报了。慈禧太后于是命人将光绪皇帝带来。这位胆小的皇帝见到慈禧太后，就像老鼠见到猫，不等慈禧太后问话，便一五一十交代了实情。慈禧太后大怒，命人又将珍妃带来，问道："大清例禁后妃干政，你可知错？"不料，珍妃犯上了倔脾气，不仅不认错，反而说："你破坏了祖宗家法在先，我今天所做的一切，都是在学你。"

慈禧太后差点儿没背过气，没想到一向乖巧的珍妃竟说出这番讥讽的话，于是恼怒之下命人将珍妃扒去衣服进行杖刑。《台湾1895》中就有慈禧下令打珍妃的情节。慈禧太后还不解恨，逼着光绪皇帝下旨将珍妃降为贵人，并牵连她的姐姐瑾妃也被降为贵人。谕旨说："朕钦奉慈禧皇太后懿旨，本朝家法严明，宫闱后妃从不敢干预朝政。瑾妃、珍妃近来习尚浮华，屡有乞请卖官之事，均著降为贵人，以示薄惩，而肃内政。"

《苍穹之昴》就以这则史实编撰了一则故事情节，不过对珍妃加以美化了，把卖官的罪责安到太监李莲英头上：珍妃得知有个不学无术的木厂老板玉铭贿赂了李莲英，谋得四川盐法道的肥缺，便向光绪告状。光绪帝发现后，将玉铭罢免。玉铭找李莲英算账，李莲英打听到是珍妃从中作怪，禀报慈禧。慈禧太后认为这是珍妃在干政，便唤来珍妃进行一番训斥，不想珍妃竟然顶嘴，反讽慈禧，慈禧气得发抖，当场杖责珍妃，并说："大清宫中天天挨打的是奴才，还从来没有挨打的妃子。"逼光绪帝下旨，将珍瑾二妃降为贵人。

其实慈禧太后在处罚珍妃时已是手下留情，给了光绪皇帝面子。其他参与卖官一事的太监被处死不少。据信修明讲："太后宫的掌案太监王俊如，其徒弟小太监宣五、聂八，皆在其内。因为太后留面子，将王俊如等三人发遣奉天，缓些时日，方以密旨命盛京将军长顺将王俊如就地正法。其余奏事处总管太监郭小车子，奏事太监文澜亭，以及光绪御前太监杨姓孪生两兄弟、人称对儿杨者，并无姓名可稽的内殿技勇太监，珍妃景仁宫的太监等，共同交内务府慎刑司立毙杖下，前后打死的太监六十余人。"

据《故宫通览》记载，珍妃被囚禁后，生活异常艰难，居住在一个原本是下人住的地方，门均被锁住，打上封条，吃饭、洗脸均由下人从一扇活窗中端进递出。她所吃的饭菜也极差，平时还不准与人说话。逢年过节或每月初一、十五，这些别人高兴的日子，珍妃却要被看守太监代表慈禧太后训斥一番。训斥结束，珍妃还必须叩头谢恩。

很多电视剧说，珍妃因支持光绪皇帝变法维新，而获罪被囚禁。实际上，珍妃于光绪二十年（1894年）卖官事发后，就被幽禁。此时距离戊戌变法还有四年之久。目前没有史料佐证珍妃参与过戊戌变法，不过她的哥哥志锐、老师文廷式的确参与了。

珍妃之死

中日甲午战争后，中国进入一个多事之秋，西方列强争相在中国掠夺路矿等权利，强占“租借地”，划分“势力范围”，企图瓜分中国。而清政府束手无策，显得软弱可欺。“天下兴亡，匹夫有责”，这种状况激起中国人民的反抗。时人大声疾呼：“我君可欺，而我民不可欺；我官可玩，而我民不可玩。”在华北地区就兴起了一场义和团运动，大家打着“助清灭洋”的旗帜，四处展开了反教会侵略的斗争。西方各国公使要求清政府取缔义和团，但未获回应。于是，英国、美国、法国等国派遣联合远征军，打着镇压义和团运动的幌子入侵中国。慈禧太后盛怒之下下旨应战。史称“八国联军侵华战争”。

现在的影视剧基本上都以上述历史为背景来设计珍妃之死的情节。《西太后与珍妃》描述义和团作乱，引发八国联军入侵，慈禧太后仓皇逃难，出走前逼珍妃投井。《珍妃泪》描述珍妃大义凛然痛斥慈禧太后卖国，然后投井自杀。这种说法几乎占了主流。真实的历史记载也是杂然纷呈，到底珍妃是投井自尽，还是被太监扔进井中呢？真相已很难知道。不过关于珍妃之死，有一个非常有意思的事情，就是慈禧太后与珍妃的后人的描述是不一样的。

慈禧太后的内侄曾孙叶赫那拉·根正是这样说的：洋人的军队打到了北京，谁也不清楚这次洋人又会干出什么伤天害理的事情。慈禧太后非常紧张。因为在40余年前慈禧太后就经历过英法联军攻占北京的事情，洋人在北京烧杀强奸、火烧圆明园的情景还历历在目。因此，慈禧太后准备效仿当年西行避难。当时的情况非常紧急，西行又不可能将整个紫禁城的后妃、太监、宫女全带上，因为人多了就会成为负担，所以慈禧太后就选择性地带上皇帝、皇后以及部分妃子，其他的妃嫔就暂时回娘家躲避。慈禧太后也把珍妃放了出来，告诉她不准带她西行。可是当时珍妃的倔脾气又犯了，再次与慈禧太后发生冲突。珍妃苦苦哀求慈禧说："我是皇上的妻子，我要跟着去。您有偏见，皇后是您的侄女，所以您带她走。我也请求您带我走。"这把慈禧太后的一点私心当面揭露，让她非常难堪，也引起她的不高兴。而且慈禧太后要带珍妃西行，就必须带走其他的一些人，所以要开这个口子很难，加上洋人已经打到北京了，再不走就来不及了。慈禧太后气得脸色发白，直打哆嗦，也不理会珍妃，抬脚就走。珍妃就一直跟着说自己的理由，慈禧太后还是不理会她。最终，珍妃对慈禧太后说："我是皇上的妻子，就要跟皇上在一起，不在一起，宁愿死。活着是皇家人，死了是皇家鬼。"慈禧太后一听，就更加生气，于是就对珍妃说："你自己愿意死就死去。"珍妃紧走两步到一眼井前说："那既然这样，我就死给你看。"话音未落，就奔井口去了。慈禧太后一看情况不对，赶紧要太监崔玉贵拉住她。但是为时已晚，崔玉贵跑过去的时候，珍妃已经跳了下去。慈禧太后一看没办法了，就走了。

珍妃的侄儿唐海沂是这样描写的：慈禧太后在西行前命人将珍妃从冷宫里带了出来，当着光绪皇帝的面，假意要带珍妃西逃。但珍妃义正词严地说："国难当头，我不走，而且皇上也不能离开京师。"她便与慈禧太后争吵起来。慈禧太后大怒说，如果她不走只有死路一条。珍妃毅然选择了死亡。于是慈禧太后命李莲英指挥，由太监崔玉贵、王某执行。珍妃便自己跳入井中。崔玉贵马上向井内投入两块大石头。当时珍妃年仅25岁。

光绪二十八年（1902年），慈禧太后返回北京，对外宣称：珍妃是为了免于遭受洋人的污辱而投井自杀的，并给珍妃恢复了名誉，追封为贵妃。珍

妃的家人获准将尸体打捞出来，安厝于西郊田村，后葬于清西陵的崇陵妃园寝。珍妃的姐姐瑾妃在井北侧的怀远堂东间设了一个小灵堂，立牌位，摆上香案，以示哀悼珍妃。后人称此井为“珍妃井”，成为著名的旅游景点。

珍妃是一个有七情六欲的人，这就是她的故事。人非圣贤，孰能无过！

第十八章

专家带你看「血染紫禁城」

慈禧太后：栖息在皇权上的女人

论在后宫钩心斗角和以太后身份驾驭群臣，慈禧太后无疑是高手中的高手。这也是她出身普通，却能达到专制政体下女性权势巅峰的原因。但她一生被一己私欲束缚，在晚清时代专制政体行将灭亡的世界背景下，没能将国家引向富强之路，反而落下淫乱、奢侈、卖国等一世骂名。

管理一个国家，如同管理一个庞大的公司，没有目的性、没有凝聚力、没有领导能力和威信、不懂谈判、不懂博弈……肯定只能戴上“败家子”的桂冠。真正的赢家，永远懂得如何把握自己的高度，秦皇汉武、唐宗宋祖无不如此。但在男权社会，一个四品道员的女儿要爬到权力巅峰的位置，并运营大清这条封建大船四十八年之久，除了洞悉人性、工于心计、敢作敢为的帝王素质之外，征服、聚拢当时中国最优秀的男性资源是必不可少的能力。

马云说：“中国历代以来有两个伟大的女性，一个是武则天，另一个是慈禧太后。她们的伟大之处就是欣赏男人，并且用好男人。”咸丰帝、同治帝、光绪帝、安德海、李莲英、荣禄、恭亲王奕䜣、李鸿章以及围绕着皇权的当时中国最优秀的男人们，几乎都成为慈禧太后攀上权力顶峰及玩弄权术的垫脚石。但作为那个时代的领航人，虽然她长袖善舞，却昧于世界形势，最终将大清这条封建大船搁浅在了共和的沙滩上。她因此留下了一世骂名。

她在世时处在舆论的风口浪尖，她逝去后一百多年，依然是文人墨客笔下的常客。刘雪华、米雪、欧阳佩珊、奚美娟、邓婕、吕丽萍、袁立、斯琴高娃、赵柯等四五十位女星饰演过她，《少女慈禧》《慈禧秘史》《戏说慈禧》《大清后宫》《慈禧西行》《血染紫禁城》等影视剧无不充斥着出轨、阴谋、权势等负面信息。通过这些影视剧，慈禧太后留给世人的印象，不是淫乱，便是狠毒。但一个女人如果只有邪恶，那肯定是不真实的。这个世上没有单面的纸片人，几乎任何人都是善恶的结合体，只是有所偏依而已，何况是慈禧这样一位立于皇权之上的女人。

靠近“权力核心”

统治中国近半个世纪的慈禧太后，她的生活经历应该是事无巨细都有记载。然而，事实是她的身世仍是一个疑案。

据光绪帝的起居注官恽毓鼎的私人笔记《崇陵传信录》记载，慈禧的父亲叶赫那拉·惠征原为湖南副将，后死于官任上。慈禧姐妹归丧，灵船经过江苏清江浦时，恰巧与当地县令吴棠一位去世的朋友的灵船停靠在一起。吴棠派人携银三百两祭奠朋友。不料来人疏忽之下将银两送给了慈禧。吴棠很生气，要将银两追回。他的幕僚劝说：“听说船中是入京参加选秀的满洲闺秀，安知非贵人？区区三百两结好一贵人，说不定是一大利好。”吴棠觉得有道理，立马命人抬一桌祭品，登船致祭。后来，慈禧垂帘听政，为报答吴棠的恩情，果然提拔他为四川总督。

又据晚清遗老金梁所著的《四朝轶闻》记载，慈禧的父亲叶赫那拉·惠征为徽宁池太广道道台，后被罢官，在回家途中死了。慈禧家庭贫穷不堪，无以为生，便充当“丧娘”，为家有丧事者哭丧，以资糊口。

还有人说，慈禧是汉人，出生在山西长治县一个农民家庭，取名“王小谦”。后来，她被卖给本县宋四元为女。12岁时，她又被卖给潞安府知府叶赫那拉·惠征为婢，获得精心培养。咸丰二年（1852年），她以叶赫那拉·惠征之女的身份，应选入宫，后平步青云。

现在的影视作品大多以这些野史中的传闻为依据加以演绎。比如，在电视剧《戏说慈禧》中，慈禧为生计不得不抛头露面打腰鼓做喜娘。那么，慈禧到底家世如何呢？比较盛行的说法是，慈禧是满洲镶蓝旗人，出身官僚家

庭。她是“安徽徽宁池太广道惠征之女”。她父亲的这个职位是正四品，官位不算太高，但不至于潦倒贫困，落魄到让她给人家做丧娘的地步。

然而，在咸丰的后宫女人中，一个来自镶蓝旗的四品道员的女儿，显然只能垫底。清顺治时即规定，凡旗人女子，年13岁至17岁必须参加每三年一次的皇宫选秀，以“备内廷主位，或为皇子皇孙拴婚，或为亲郡王及亲郡王之子指婚”。但清中期规定，备内廷主位者须四品以上官员家女子，其他只能做“官女子”。

即使秀女能“备内廷主位”，可后宫等级森严，大多数人不受皇帝待见，往往成了宫中“怨女”。要在后宫出人头地，没有一些手腕和技巧，是不可能成功的。咸丰元年（1851年）春，咸丰帝大选秀女。叶赫那拉氏中选，被封为兰贵人，时年18岁。慈禧从此登上了历史舞台。

慈禧太后在通向权力核心的道路上，必须一步步搞定几个核心人物：丈夫咸丰帝、肃顺等辅政八大臣、议政王奕䜣、儿子同治帝、侄子加外甥光绪帝。

搞定咸丰帝，是慈禧登上权位的第一步，也是最关键的一步。咸丰帝后宫女子众多，他时常流连花丛却无固宠。美貌和手段是后妃们邀宠的必备法宝。慈禧留存于世的照片，大多干瘪皱巴，难于入目，但二八年华的她还算明艳动人。据慈禧的女侍官德龄的书中记载，宫中人时常称，太后在妙龄时是一位“风姿绰约、明媚鲜明”的少女。美国女画家卡尔在清廷为画师达九个月之久，称太后广额丰颐，明眸隆准，眉目如画，各部分十分匀称，年近七旬的慈禧看起来像40岁的中年美貌妇女。西方作家赫德兰在《一个美国人眼中的慈禧太后》中，如是评价：“她的容貌说不上是倾国倾城，但她精力充沛，充满活力，十分令人愉快。”这些话语难免有溢美之词，但在佳丽如云的皇宫，慈禧凭自己的美貌和讨喜的个性，确曾使咸丰帝对她宠幸有加。

后宫女人要掌权，面对的必须是远比自己懦弱的皇帝。可是要把身为皇帝的丈夫玩弄于股掌之中，估计只有贾南风或是武则天等少数女人有这等运气了。而母凭子贵，永远是后宫女人制胜的唯一法宝。可在咸丰朝要获得

子嗣，仅仅凭宠爱远远不够，强大的受孕能力才是更具优势的资源。可能由于纵欲过度及清入主中原以来近亲生育较多，咸丰帝纵使后宫佳丽无数，子嗣却寥寥无几。到咸丰四年（1854年）底，圣眷正隆的丽嫔终于生下皇长女荣安固伦公主，皇室不孕的传言才被打破。看过电视剧《慈禧秘传》或者电影《垂帘听政》的读者一定对其中慈禧残酷迫害丽妃的情节印象深刻。在影视剧中，丽妃总与慈禧争风吃醋，想方设法获取咸丰皇帝的欢心。慈禧掌权后，模仿汉代吕后残杀戚夫人的手段，拔其发，断其肢，剜其目，熏其耳，将其做成“人彘”，置于茅厕之内，使其受尽凌辱而惨死。实际上，这是有悖于史实的。丽妃不仅没有受到慈禧的迫害，反而受到了她的格外关照。咸丰十一年（1861年），慈禧以“丽妃侍奉皇考有年，诞育大公主”为理由，晋封丽妃为丽皇贵妃，一次连升了两级。同治十三年（1874年），丽妃被册封为丽皇贵太妃。直到光绪十六年（1890年）十一月十五日，丽妃因病逝世。丽妃所生的女儿于同治九年（1870年）被封为荣安固伦公主。按清朝制度规定，只有皇后生的女儿才有资格受封为固伦公主，其他妃嫔生的只能受封和硕公主。可是慈禧对丽妃的女儿是不一般的好，破例封她为荣安固伦公主。所以，慈禧与丽妃的关系并不像影视剧渲染得那么糟糕。

咸丰五年（1855年），慈禧也喜获龙种，次年生下皇长子载淳。咸丰帝终于有了皇嗣，满朝文武额手相庆，慈禧母凭子贵，地位节节高升。后来皇宫再也没有出生过男孩，载淳成了皇宫里最后的嫡子。

慈禧不仅比咸丰帝长寿，而且长寿很多年。春秋正富的咸丰帝面对千疮百孔的内政外交一筹莫展。英法联军入侵北京时，咸丰帝忧惧交加，带领嫔妃和重臣“北狩热河”，从此一病不起，最终驾崩于此，终年31岁，当年慈禧才27岁。慈禧的机会来了，可能不能“挟天子以令诸侯”，还得看这位皇太后的手腕。电影《垂帘听政》演绎这一段历史：在咸丰皇帝弥留之际，肃顺力劝咸丰皇帝杀懿贵妃，避免将来天下大乱，咸丰皇帝未采纳。咸丰皇帝召见太子，托孤于肃顺等八大臣，令他们辅佐幼主。他还召见了懿贵妃，嘱咐懿贵妃与皇后同心同德，共保大清江山。懿贵妃与恭亲王勾结，准备除去

肃顺等人。肃顺暗遣刺客欲杀慈禧未遂，双方之争愈演愈烈。回京途中，恭亲王率军擒获肃顺等八名“顾命大臣”。肃顺被斩首于北京菜市口，其余7位大臣或被杀或被囚，肃顺的党羽从此势力殆尽。这部电影是以部分史实作为依据的。

历史上，咸丰帝显然是防着慈禧的，临终托孤给了肃顺等八大臣。肃顺向来以刚毅著称，是一位典型的铁腕大臣，内外朝臣依附于他者不在少数。可咸丰帝低估了枕边人的能力。慈禧虽只是一位西太后，但她的幼子毕竟是皇帝。为了防止权臣干政，咸丰帝规定辅政大臣的奏议须经两宫太后盖章方能生效。这样一来，咸丰帝为慈禧走向权力巅峰打开了方便之门。慈禧一方面成功地将东太后慈安笼络起来，与她形成统一联盟；另一方面与咸丰帝一直忽视的政治对手恭亲王联手。她利用恭亲王多年经营起来的政治集团和军事上的实力，以突袭的方式，在不到六天的时间内，将肃顺等八大辅政大臣或处死，或监禁。以慈禧为首的政治集团登上了历史舞台。

阴谋得天下难，守天下更难。如果慈禧沿袭咸丰帝的政策一成不变，大清江山延续不了多久。她掌握政权后，大刀阔斧，大胆任用提拔汉人，花四年时间平息了太平天国运动。虽然她的对外政策并无多少值得赞赏之处，但她允许公使驻京，并派遣留学生，迎接欧风美雨，主动或被动地打开了中国紧闭的国门，对中国融入世界还是大有裨益的。

垂帘之初，议政王恭亲王奕䜣聪明干练，锐意进取，对内主持军事、行政大事，与朝中众臣来往甚密；对外主持总理衙门，与各国公使交往频繁。两三年时间便成绩显著，获得朝野一致赞誉。恭亲王功高盖主引来了慈禧的不满，慈禧命手下罗织恭亲王罪名，乘机革去其议政王等一切职权，让他回家做了一个多月的闲散亲王。慈禧通过此举也让朝野大臣明白，谁才是大清的“当家人”。恭亲王后来虽然复职，但权力远不如前，也锐气大减，慈禧从此独霸天下。

作为母亲，慈禧曾经也想作“孝庄第二”，但她缺乏孝庄那样的胸怀，她的欲望和私心如此之强烈，注定了她对儿子教育的失败。她精选李鸿藻、

翁心存等为帝师，渴望将儿子打造为扛鼎之才，但事与愿违。慈禧借皇帝生母的身份揽权，虽对儿子管教严厉却缺乏必要的温情，同治帝在成长过程中对母亲更多的是怨恨和不满。同治从小顽皮厌学，到十多岁仍是“连奏章都不会批”的无能皇帝。爱权如命的慈禧却以此为借口，一再拖延让同治帝亲政的时间。

同治帝17岁时，在朝野的一致呼吁下，终于大婚。顺治和康熙都是12岁就大婚了，17岁的男孩放在平常富贵人家都已经是大龄青年。结婚即宣告孩子成年了，慈禧就必须归政。但在正宫皇后的人选问题上，母子俩的意见再次出现分歧。虽然同治帝选中的阿鲁特氏最终入主后宫，慈禧的侄女落败，但婆媳关系再次成为矛盾的中心和母子关系的导火索。

18岁的同治帝终于亲政，慈禧却不愿放权。于是，同治帝希望通过重修圆明园让慈禧离宫居住，远离权力中心。然而，清廷国库空虚，财政紧张，重修圆明园，耗资巨大，不利国计民生，因而遭到群臣的反对。恭亲王奕䜣联合了三个王、三个大学士、三个军机大臣、一个皇帝的老师，联衔上书，请求暂时缓修圆明园。这十人的身份非同一般，跺跺脚，清廷的官场就要发生一场大地震。可是同治帝年轻不懂事，犯了孩子气，居然要将十个大臣全部革职。慈禧太后一看这事情麻烦了，立马将同治帝和十个大臣召来，让同治帝跪下，训斥说：“这么些年来，全仗着恭亲王才挽救了局面，没有他就没有我们孤儿寡母的今天，你怎么能把他们都革职了呢！还不快收回成命。”同治帝窝了一肚子火，但只能照做。同治帝在政治舞台上的拙劣表现使得慈禧再次找到了垂帘听政的借口，从此，同治帝再也没能回到舞台的中央。他开始自暴自弃，甚至到花柳巷中寻找刺激，不到一年，他便因得“天花”而驾崩。但坊间传言和影视剧大多渲染他是在花柳巷中染性病而亡。正史与野史在此事各执一词，但从当时情形来看，坊间传言更为可信，因为天花是一种传染病，同治帝驾崩时，北京城并无此疫疾。

慈安身为东宫太后，权威应在慈禧之上，但慈安无意弄权，对慈禧的作为也是睁一只眼闭一只眼。但她的存在对慈禧擅权无疑是一个潜在的威胁。

电视剧《慈禧秘传》讲了一个处死太监安德海的故事：咸丰驾崩，慈禧正值虎狼之年，权欲、性欲极强，曾经阉割而未净的太监安德海让她春宵苦短。慈安得知慈禧与安德海有不轨之事，乘安德海出京之机，秘密下旨山东巡抚丁宝桢以祖制“太监不得出宫”为由，将安德海就地正法。慈禧有意袒护，但也不敢公然对抗理直气壮的慈安，更不敢对抗清朝的祖训。慈禧与慈安之间开始了一场真正的女人间的政治斗争。这个故事在历史上确有其事，但安德海未完全净身，与慈禧太后有男女之事只见于野史，不见于官修史书。慈安太后在45岁时，虽小病而逝，成为大清朝一大谜案。慈禧从此大权独揽，唯我独尊，无所顾忌。

慈禧虽然失去了一个儿子，但她凭借这个儿子的身份成为了皇权的实际代言人。在皇位继承人的选择上，慈禧放弃了已经成年的溥字辈侄孙，选择了年仅三岁多的侄子载湉，即光绪帝，来延续她的掌控欲望。从进入皇宫的那一刻起，作为慈禧的一枚棋子，载湉开始他命运多舛的帝王生涯。

慈禧一如既往地沉醉于权力与欲望的追逐中，对年幼的光绪帝缺乏应有的温情和母爱。虽然光绪书读得并不差，处理政事也明显强于同治帝，但慈禧从始至终没有归政的想法。光绪到17岁才大婚，皇后是慈禧娘家侄女，并不漂亮甚至有些驼背。光绪帝亲政后，慈禧也没有归政的意思，对重大人事和朝政大事依然享有最高决策权。光绪帝虽然想有所作为，但只是名义上的“元首”。戊戌变法的失败，将这位名义上的元首那点可怜的愿望也化作了泡影，年轻的光绪成了囚帝，直至生命终结。慈禧继续保持着光绪帝这个象征性的符号，继续有恃无恐地延续她的皇权梦，直到她咽气。

后宫罗网

作为晚清最高掌舵人，建立一条直达她本人的最快捷、最有效的信息渠道，是十分必要的。只有耳聪目明，她才能做到以不变应万变，从而在纷繁复杂的国内国际局势中保持权势的屹立不倒。

她收买身边人，建立最便捷的信息核心。一叶障目，不见泰山。一旦身边人不能成为心腹，不能设身处地为主子着想，主子本人往往反而成为被愚弄的对象；主子没有一定的权谋手段，或者过分柔弱，不能带给手下人利益，也往往难以找到得力的心腹大将。

后宫女人始终离不开太监，培植一个有能力、能见机行事的心腹大太监，对后宫女人而言是至关重要的事。之前的安德海，之后的李莲英，无不扮演着这一角色。当然，慈禧一旦走向权力前台，眼界自然会更加开阔，一个好的忠心于己的内务总管依然不可或缺，然后才是群臣的拥护。

安德海，人称小安子，能识文断字，是个狡黠多智的“文化太监”，他入宫多年，对宫中的斗智斗狠早已习以为常。安德海原是咸丰帝身边的宣旨太监，慈禧有意巴结，在金钱上对他出手大方，凡事也愿意推心置腹，安德海自然也鞍前马后，投桃报李。慈禧后来怀孕生子，咸丰帝十分重视，便派了安德海过来侍候。自此，慈禧有了一个有能耐的大太监。

慈禧生下载淳后，在权力路上也越走越宽，安德海的作用也越来越大。咸丰帝病逝前后，肃顺等大臣大权在握，成为慈禧权力道路上的最大障碍。慈禧利用安德海定下苦肉计，将安德海暴打一顿，派往北京“大扫处”当差。安德海日夜兼程，到北京直接去见内务府的宝鋆，将两宫太后的橄榄枝

递到了恭亲王手上。完成任务后，迅速返回热河。慈禧让他乔装打扮，监视肃顺等人，同时预防不测。在安德海等人的保护下，慈禧得以顺利回京。

慈禧的秘事基本上都经由安德海之手，安德海随着慈禧权力的增强自然也变得炙手可热，加之揽权弄政，上欺下压，一般的亲王大臣都忌惮他三分，年幼的同治帝对他恨之入骨。慈禧心中有数，但大小事却离不开他。同治大婚前，慈禧违背祖制，命安德海外出采办龙袍。安德海一路强抢明夺，在山东被巡抚丁宝桢先斩后奏，终于斩了性命。慈禧心如明镜，对安德海之死虽有惋惜，却未因此处罚丁宝桢，因而赢得了大度的好评。

安德海一死，慈禧又培植了另一个大太监李莲英。安德海虽然有能力，但无容人之量，其实也不再适合权力日长的慈禧。李莲英吸取安德海的教训，“事上以敬，事下以宽”，真正做到了左右逢源、八面玲珑，是不可多得的能人。这也是慈禧能够多年宠信、依赖于他的最重要原因。慈禧与同治帝母子矛盾激烈时，在监视重病的同治帝、逼死年轻的皇后阿鲁特氏、寻找合适的储君等重大事件上，慈禧无不以李莲英为先锋，让其为替她探听消息，做一些秘不可宣的事情。当然，慈禧也非常懂得收揽人心。除了得到丰厚的赏赐和俸禄，三十出头的李莲英还做到了宫中总管大太监的位置。

李莲英会做人，无论是对慈安、恭亲王，还是对光绪帝，李莲英从不落井下石。当然，李莲英的这些作为，也为慈禧赢得了好名声。后来，慈禧经历了戊戌变法，经历了庚子之变，李莲英始终不离左右，为其排忧解难。李莲英后来当上二品太监，这是清朝太监的最高品衔。据《晚清宫廷生活见闻》记载：“在西苑、颐和园居住的时候，慈禧太后还经常来找李莲英：‘莲英啊！咱们遛弯去呀！’慈禧太后有时还把李莲英召到她的寝宫，谈些黄老长生之术，两人常常谈到深夜。”李莲英成为慈禧晚年生活中的“伴侣”。

其实，在慈禧权力延伸的过程中，还有一个貌似不显赫但很重要的人物——内务府总管荣禄。他是热河归来时的忠诚卫士。两雄争斗，最重要的是军队。在北京恭亲王虽有亲随护卫，但在热河，慈禧身边却无一兵一卒，随时可能被软禁。关键时刻，在皇家军队神机营为翼长的荣禄站在了慈禧一边，率领手下寸步不离地护卫两宫和幼帝，使其安全抵达京城。

很多影视剧都说慈禧与荣禄有私情。在《戏说慈禧》中，慈禧为生计做了喜娘，富家子弟荣禄痴心地爱上这个“喜娘”。同治皇帝继位后，深宫寂寞，一个丰神俊逸的人进入年轻太后心中，这正是那早年的荣禄，如今的步军统领。于是，宫闱深处发生了秘密的情与欲。

影视剧极力渲染荣禄与慈禧的私情，这些传闻故事均来自野史。荣禄并非一个绣花枕头，有史赞他“翊赞纶扉，竭力尽力，调和中外，老成持重，匡济时艰”。荣禄出身“根正苗红”，他的家族世代从军，为大清朝屡立功勋。他的祖父和父亲均战死沙场。朝廷特意赐修“双忠祠”，以示表彰。荣禄也不是等闲之辈。有一次，宫中发生大火，荣禄不顾个人安危，率领侍卫奋力救火。这一幕被督察救火的咸丰皇帝看见，于是他询问道：“这个救火的小伙子是谁？”旁边人告知他这个人叫荣禄。不久，咸丰便召见荣禄，将户部银库郎中的肥差赏给了他。同治年间，荣禄在镇压捻军的过程中受到赏识，步步高升。慈禧见他机敏，任命他为内务府总管，正二品，专管皇家的家事。

同治帝驾崩时，慈禧一心想立年幼的载湉为帝，遭到朝野一片责难。慈禧命荣禄四处拉拢老臣，竭力争取最大的支持，同时派人监视、控制同治及身边的人，以免外臣与皇帝一气，破坏她的大计。后载湉登基，慈禧更为倚重荣禄，任他为九门提督，将京畿护卫全权交由他掌管。当然，慈禧行事向来独断，荣禄有时不免出言干涉，这引起了慈禧的不满。光绪十年（1884年），慈禧将他降职，荣禄开始了长达十年的官场低迷时期。后荣禄极力讨好慈禧，慈禧见荣禄真心悔改，再次将其提拔，迁为兵部尚书。

戊戌变法期间，帝后两党针锋相对，斗争激烈。慈禧授荣禄为文渊阁大学士、直隶总督兼北洋大臣，使其成为“身兼将相，权倾朝野”的热门人物。光绪帝实行变法，引起守旧派的恐慌。慈禧将荣禄调往天津策划政变，传言不久慈禧与光绪帝将往天津阅兵，并于阅兵时举兵废帝。光绪帝见情势危急，求助于天津小站练兵的袁世凯，希望他兵围颐和园，结果袁世凯秘报荣禄。慈禧命荣禄迅速回防，囚禁了光绪帝，逮捕维新人士，戊戌变法失败，慈禧重掌大权。此次政变后，慈禧对荣禄信赖之深、眷顾之隆，一时无两。

风雨飘摇的晚清犹如落败的枯叶四处飘零，甲午的战声还回荡在京津一带，义和团的呼声又成燎原之势，被一张“归政照令”冲昏头脑的慈禧下令“卫国”。荣禄极力斡旋求和，无奈主战的力量太强大，在端郡王等人的唆使下，慈禧不顾荣禄等人劝阻，一意宣战，结果因力量悬殊失败，两宫被迫外逃。慈禧仓皇之中又将荣禄留京办事。荣禄抱定“不追究慈禧的责任，不让慈禧归政，其他一切条件都可答应。”的原则与列强议和，直至后来庆亲王奕劻和李鸿章到京，荣禄才卸下使命，奔赴西安护驾。荣禄为慈禧洗脱罪责有功，赏穿黄马褂，由于身体抱恙，从西安回京后不久即过世。慈禧又失一心腹肱股。

一个在权力之巅的女人，有一批死忠之士围绕左右，为其鞍前马后，这本身即意味着事业成功了一半。慈禧不仅懂得如何锤炼人才，更懂得如何运用人才，从而成就自己的霸业。

群臣的中心

如果说慈禧是一位政治家，未免高抬了她；如果仅仅将她定位为阴谋家，又有贬低之嫌，可以说她是一名高明的政客，阴谋阳术无所不用，古往今来确实屈指可数。在她麾下，曾国藩、李鸿章、袁世凯等能臣干将俯首帖耳；西方列国虽多方掣肘，但始终以她为代理人。作为掌舵人，她将晚清这条早已斑驳陆离的大船摇摇晃晃地再航行了近五十年，这已经是相当不易的事。

电视剧《魂断太平》有一个情节，朝廷准备重用湘军首领曾国藩。慈安太后有点疑虑，她说："曾国藩是老实人，老实人被逼急了要出大事啊！"慈禧太后回答说："哼，是老实人就逼不急，逼急了他就不是老实人！"历史上，曾国藩受到重用，还真是慈禧太后一手提拔的。

自太平军起事后，咸丰皇帝一看八旗绿营靠不住了，一口气命令四五十人办理地方团练，协助军队镇压太平军。可是除了曾国藩，没有一个能整出个样子来。咸丰四年（1854年），曾国藩统率水陆大军，挥师北上，攻陷岳州，取武昌。咸丰皇帝没想到曾国藩这么一个书生，竟然能建成奇功，大喜过望，下旨让曾国藩署理湖北巡抚。然而，当时大学士祁隽藻悄悄地说了一句："曾国藩以侍郎在籍，一个普通老百姓耳！一个老百姓在乡间竟然能一呼百应，追随者数以万计，这恐怕不是国家之福也。"咸丰皇帝一听愣住了，心想：一个汉臣手握兵权，有如此大的号召力，对满族当政来说，不是什么好事。七天之后，咸丰皇帝又匆匆收命这一道任命书。

然而，慈禧太后却能排除旧俗，大胆提拔任用汉人。曾国藩被任命为

两江总督，先后又有十多位总督、巡抚从湘军提拔出来，成为掌握实权的地方大员。湘军气势一时无两时，也是太平军覆灭之时。狡兔死，走狗烹；飞鸟尽，良弓藏。这往往是当权者玩弄权术最常用的手段。在太平天国覆灭前夕，慈禧开始歼灭湘军羽翼，如通过裁赃，撤刘蓉陕西巡抚之职；如天京突破之时，下令查天京府库财宝的下落，令曾国荃有苦难言。如此种种，实际上是在敲山震虎。曾国藩思虑再三，决定裁撤湘军，以安其心。

慈禧心里其实很清楚，裁撤湘军并不能真正根除汉族官员的势力，也只能是权宜之计。八旗绿营作为清的主力军队已经不堪任用，湘军裁撤，北方捻军为乱，慈禧必须培植新的军事力量。她选择了从湘军分化出来的淮军，作为新的军事依靠力量，大力扶植。慈禧的这种权力平衡术导致晚清长达一二十年的湘淮之争。

慈禧扶植淮军，使李鸿章的实力空前膨胀，李鸿章也从浙江巡抚一路扶摇直上，至两江总督、直隶总督、大学士等职。慈禧授予李鸿章军事、行政、外交等多项实权。李鸿章有学有术，能谋善断，八面玲珑，精于做人，敢于做事，在波谲云诡的晚清政局中力撑危局，是几十年不倒的官场常青树，全因对慈禧的一个“忠”字。

李鸿章在剿捻中异军突起，淮军将领中因功受封达四品以上的有二十多人，中级官员达两千多人，组成了以李鸿章为首的庞大淮军集团。当然，这一集团形成的重要原因是慈禧抑曾扬李。后慈禧将奕䜣逐出权力中心，又将外交重托于李鸿章。中法战争中，慈禧一意求和，李鸿章主持谈判，不顾国内责难，签下了“不败而败”的《中法新约》。慈禧从中法战争中看到海防的重要性，又委托李鸿章筹练海军。李鸿章不负重托，于光绪十四年（1888年）建成了号称亚洲第一的北洋海军。但此后十年，因各种原因，尤其是慈禧花巨资修颐和园，本来国库空虚的朝廷更捉襟见肘了，北洋海军因而在建设上一直停滞不前。在此期间，日本励精图治，大力发展海军，很快后来居上。光绪二十年（1894年），日本挑起战乱，一路势如破竹，击溃淮军的阻击，直逼黄海，将北洋海军全军击灭。慈禧虽指责李鸿章贻误战机，却又不

得不依赖于他，授权他全权处理谈判事宜，签订丧权辱国的《马关条约》。舆论指责的矛头指向李鸿章，慈禧不得不将他暂时放逐。

多事之秋的晚清，总是会有层出不穷的状况令慈禧难以应付。戊戌变法之后，慈禧一度想废掉光绪帝，废立风波引来众臣和列强的反对，慈禧一时难以决定。慈禧决定起用一向对她言听计从的李鸿章，让李鸿章从两广总督做起。八国联军侵华时，李鸿章与两江总督刘坤一、湖广总督张之洞等搞"东南互保"，与列强达成协议，上海租界归各国共同保护，长江及苏杭内地归各省督抚保护，避免遭到义和团与八国联军战乱的冲击。后来外逃的慈禧感激李鸿章等人的先见之明，任命李鸿章为直隶总督兼北洋大臣，不久即任他为全权议和大臣。他在和谈中，为慈禧洗脱罪名，谨守慈禧的"量中华之物力，结与国之欢心"，不惜出卖种种利权。《辛丑条约》一签字，全国哗然，慈禧松了一口气，李鸿章却遭到全国的谴责。签约不久，这位风烛残年的老人驾鹤西去，引来了慈禧的两行清泪。

李鸿章一走，慈禧失去了臂膀，但晚清此时也到了关键的转折时机。时代潮流浩浩荡荡，改革改良也势在必行。袁世凯应运而生，慈禧任命为练兵大臣，在天津小站督练新兵。当时的袁世凯朴素得犹如一个庄稼汉，跟后来的袁大头有天壤之别。慈禧手头无人，不得不大量任命亲贵，载泽、奕劻等亲王在朝中权力炙手可热，但政治能力一般，且各怀私心。慈禧利用平衡术和多年累积的威信，还能暂时保大局平稳，但当她于光绪三十四年（1908年）与光绪帝同时病逝时，朝廷累积的各种矛盾一触即发，加之摄政王载泽和太后隆裕能力平平，晚清在她逝后三年便栽在了他们亲手培养的练兵大臣袁世凯手上。

慈禧也许懂权术，但她缺乏远见。在中国，君主立宪制的土壤不可谓不深厚，但她一再贻误时机，如果在洋务运动时顺时而动，或在戊戌变法时大胆改革，或是清末新政时步伐更大点，晚清皇室也许不会那么快被赶出紫禁城。从曾国藩到李鸿章再到袁世凯，汉人的势力在逐渐地增强，而蒙、满贵族的实力却逐渐式微，在上千年大汉族一统天下的观念下，对朝廷就不是一

个福音。辛亥革命中最响亮的口号不是建立民国，而是驱除鞑虏。如果慈禧早点儿认识到这一点，也不至于那么快就被掘了坟墓。历史的那些林林总总已经湮没在时光的流逝之中，当那些或隐或现的话题，被延伸成电视剧、电影鲜活地显现在观众面前时，观众未尝不可以细细品味、感受历史的厚重。

第十九章

专家带你看「末代皇妃」

婉容皇后：才女自古多薄命

一些电视剧将婉容塑造成阴险毒辣、陷害情敌的坏女人，是没有历史依据的。真实的婉容美貌与才华兼备，与淑妃的争宠带着小女孩的活泼有趣。但在旧体制的强大惯性和溥仪的思想局限之下，『末代皇后』的身份让她的人生以荣耀开场，以凄惨作结。她所真诚地向往着的爱情和自由，都无从实现。

大陆曾开拍过一部引起很大争议的电视剧《末代皇妃》。这部电视剧将主人公之一的末代皇后婉容描述成心眼颇坏、阴险毒辣的女人：处处刁难、欺负淑妃文绣，导致文绣跟溥仪离婚；违反人伦，与侍卫私通。电视剧一经播出，就遭到激烈的批评。婉容的亲弟弟郭布罗·润麒不胜烦扰，站出来澄清说："婉容的性格极其温和。她没有受过现代教育，从小到大，姐姐接受的都是老式教育，因而言行举止都很传统，可以说，具有一种中国传统女性的道德修养，所以怎么会想到陷害别人呢？"老先生还愤怒地表示，这种电视剧是瞎编乱造，已让历史失去了它应该有的本来面目，简直是图财害命，如果再继续这么下去，就要请律师，走法律途径解决。官司有没有打，那要交当事人；官司能不能打赢，那要交给历史。历史上真实的婉容皇后究竟是一个怎样的女人呢?

末代皇后

在大量的影视作品中，婉容是以悲剧性的人生为人们所熟知的——中国封建社会的最后一位皇后。人们却很少知道她的身世与才华。在真实的历史中，婉容不但出身高贵，而且才华横溢，只是“嫁错了郎”，“皇后”这顶桂冠成为她头上的一个“紧箍咒”。

电影《末代皇后》说，1922年达斡尔族贵族出身的婉容与清朝废帝溥仪举行了盛大的结婚仪式。这是符合史实的。婉容，姓郭布罗氏，字慕鸿，号植莲，于1906年11月出生于北京的帽儿胡同。她是达斡尔族人，隶属满洲正白旗，旗主曾为赫赫有名的睿亲王多尔衮。婉容的曾祖父郭布罗·长顺是战功卓著的将军。长顺娴于骑射，文武兼备，当过咸丰皇帝的侍卫，后来被调往陕西、宁夏一线镇压回民起义。光绪二年（1876年），陕甘总督左宗棠入疆平定阿古柏叛乱，奏调长顺入疆。当时沙俄企图侵占我国新疆南部的一些地区。清政府与沙俄双方形成对峙，同时举行谈判。长顺为了配合谈判，在边界四处寻找证据，后来找到了乾隆皇帝御笔题写的界碑，揭穿了沙俄侵略者的谎言，使大片国土得以保留。光绪二十年（1894年），中日甲午战争爆发，日军攻陷海城，辽阳危急。长顺奉诏节制奉天各军，驰援辽阳，后与黑龙江将军依克唐阿合兵一处，与日军血战终日。日军不支撤退，辽阳得以保全。长顺也是一位民族英雄。

与长顺不同的是，他的后人不喜欢武功，反而热衷于读书、经商。婉容的祖父郭布罗·锡林布酷爱吟诗作赋，俨然一派儒者的气象。婉容的父亲郭布罗·荣源是京师大学堂的高才生，毕业后干起了买卖，是中国早期房地产

开发商之一。天津荣业房产公司就是由他和北京盐业银行经理岳乾斋共同组建的，这个公司是天津地区的最早成立的房地产公司之一，所以荣源并不是一个十分守旧的人物。他主张男女平等，认为男女都应该接受教育，所以对婉容的教育格外开明，不但为她聘请了中文家庭教师，教她读书写字，琴棋书画，还特意聘请英文教师，教她学习英语。婉容是一位受到中国传统文化与西方文化熏陶的知识女性，而且“杏眼玉肌，黑发如云，亭亭玉立，姿色迷人”，是旗人中闻名遐迩的美人。

1922年，婉容已年满16岁，恰逢同岁的溥仪挑选皇后。溥仪是清朝最后一位皇帝，也称宣统皇帝或者清废帝。民国元年（1912年）二月，溥仪虽然宣布退位，但根据民国政府与清王室达成的协议，仍保持着皇帝的尊号，可以居住在紫禁城内，生活费用每年由民国政府拨给400万两银元，依旧过着皇帝的生活。所以，当溥仪要选皇后的消息传开后，上门为溥仪说亲的人如过江之鲫，踏破了宫中的门槛。曾当过民国大总统的徐世昌、当时号称“东北王”的奉系首领张作霖均想把女儿嫁给溥仪。但是她们是汉人，不符合要求。最后经过千挑万选，呈到溥仪面前的只有四个女孩子的相片。

溥仪挑中婉容做皇后一事，还充满了激烈的斗争和钩心斗角。一是郭布罗·荣源花了20万两黄金，为婉容买下了皇后这个宝座。但这只是民间传闻，很难证实。二是那些太妃们争来争去，都想让溥仪选她们看中的姑娘。光绪皇帝的瑾妃，即端康太妃，认为婉容是皇后不二人选；同治皇帝的瑜妃，即敬懿太妃，却看中了文绣。最后双方相持不下，无奈之下，只好让溥仪自己来选了。溥仪后来在《我的前半生》一书中回忆说：“四个人都是一个模样，身段都像纸糊的桶子。每张照片的脸部都很小，实在分不出丑俊来。如果一定要比较，只能比一比旗袍的花色，谁的特别些。我那时想不到什么终身大事之类的问题，也没有个什么标准，便不假思索地在一张似乎顺眼的相片上，用铅笔画了一个圈儿。”溥仪首先圈定的是文绣。但端康太妃认为，婉容琴棋书画样样精通，是百里挑一的才女，极力推荐婉容。最后，在大家的斡旋下，溥仪又圈定了婉容，并把婉容立为皇后，册封文绣为淑

妃。这便是他们三人婚姻悲剧的开始。

1922年12月1日，是中国末代皇帝溥仪、末代皇后婉容的“大婚”日子。在传统社会里，只有皇帝的婚礼才能称为“大婚”，整个清代也只有顺治、康熙、同治、光绪四位皇帝举行过“大婚”。溥仪“大婚”之时，清朝已被推翻了11年，社会已进入“民主共和”时代，但这位末代皇帝“大婚”的排场却依旧不减当年。迎娶婉容作皇后的礼节仪式，全部都是按照清朝的旧制来办的。10月21日，溥仪派人到婉容家送上彩礼，算是订婚了，接着又举行了大征礼和册封礼，即确定结婚日期和给予皇后的名分，最后是举行大婚礼。据说，这次婚礼花费了40多万银元，这对于溥仪的小朝廷而言已是一笔相当大的开销了。鉴于这笔巨款实难筹措，他们只好用皇宫中珍贵的文物向英国汇丰银行抵押借款。

12月1日，紫禁城四门大开，清朝的遗老遗少们齐聚紫禁城，等待新皇后的来临，道路两旁也挤满了看热闹的老百姓。据溥仪回忆说，“正式婚礼那天，在民国的两班军乐队后面，是一队穿着蟒袍补褂的册封正副使（庆亲王和郑亲王）骑在马上，手中执节，在他们后面跟着民国的军乐队和陆军马队，警察马队，保安马队，再后面是龙凤旗伞鸾驾仪仗七十二副，黄亭四架，宫灯三十对”，迎亲队伍浩浩荡荡前往帽儿胡同，迎娶婉容皇后。不过，这次婚礼却留下了很多遗憾。

清朝皇帝迎娶皇后极为讲究，新皇后进入紫禁城的路线是：无论从哪个方位来，都应该先经过大清门，再从午门正中门进宫。一般妃嫔进宫，只能走紫禁城的后门。据野史记载，当年慈禧太后不喜欢同治皇帝的皇后阿鲁特氏，因小事责罚她，皇后阿鲁特氏说：“臣妾就算犯了什么大罪，也是从大清门抬进宫的皇后。”意思是提醒慈禧太后，再怎么有错，她也是明媒正娶的正宫皇后，没有受责罚的理由。所以，从大清门进来象征着对皇后身份地位的认同。但婉容入宫不仅没有走大清门，而且也没有走午门。她是从紫禁城的东华门入的宫。

按满人习俗，在新娘子下轿前，新郎应该向轿子象征性地连射三箭，这

叫“三箭定乾坤”，意思是驱除一路上带来的邪气。但当婉容的轿子来到宫中，溥仪下旨将这道程序免了。当时在宫中观礼的遗老们纷纷叹息，说这是坏了老祖宗的规矩，不是好的兆头。

宫里还专门请来梅兰芳、杨小楼演戏助兴。不过，梅兰芳、杨小楼演的是《霸王别姬》。梅、杨二人不愧是名角，将这出戏演得惟妙惟肖，赚足了太妃和王公的女眷们的眼泪。可是，在溥仪大婚这样的喜庆日子里，演这样的悲情戏似乎不太合时宜。当时有人提出异议，但溥仪却说没关系。两年后，溥仪和婉容被赶出紫禁城时，有人说，这都是大婚时演《霸王别姬》惹的祸！

婉容的婚礼尽管在程式上留下了些许遗憾，但却是非常隆重。清朝的遗老们、民国政府的要员以及一些外国使节均参加了这场婚礼。当时的大总统黎元洪送来如意、金瓶和银壶等八件礼物，红帖上面写着“中华民国大总统黎元洪赠宣统大皇帝”。北洋将领吴佩孚送来衣料和银元7000元；徐世昌送了贺礼2万元和许多贵重礼物；张勋也送来银元1万元。溥仪后来回忆说：“许多地方的遗老们更如惊蛰后的虫子，成群飞向北京，带来他们自己的和别人的现金、古玩等贺礼。重要的不是财物而是声势，这个声势连他们自己也感到意外。”

婚礼后还安排了一个酒会，前来祝贺的外国使节都参加了。婉容皇后第一次在外交场合露面，出足了风头。她举止优雅得体，又会英语，深得各国使节的好评。第二天，身着婚礼服的婉容的照片就出现在各大报刊媒体上。不少报刊盛赞这位新皇后的美丽大方与雍容华贵。这样奢华而隆重的婚礼是每个女人所羡慕的，但这场婚礼过后的生活恐怕就不是每个女人想要的了。

宫中生活

新婚过后，婉容就住进了紫禁城。新婚燕尔，小夫妻也有过短暂的甜蜜。

“荷花色艳而娇，迎风欲舞，清气芬芳，俱一种爱美姿态。且其全体皆有宜于人：从其根至其梗、至其花、至其实，皆成药品。妒者谤其过艳，知者赞其德纯。多才而色艳，所谓‘出污泥而不染’，此非德乎？且其全体皆可入药，此非才乎?”这段描写荷花的话语不是哪位名家的手笔，而是出自才女婉容皇后之手。她在紫禁城生活了两年，以自身的才情赢得了溥仪一小段时间的爱情。

婉容皇后是一位受过西方教育的女性，崇尚自由，爱看电影，吃西餐，骑自行车。如此美丽、有才华的皇后，得到志趣相投的溥仪的宠爱。清皇室曾聘请英国人庄士敦教授溥仪英语、数学、历史知识，使溥仪大开眼界。他开始向往西方的生活方式。有一次，庄士敦对溥仪说，中国人脑后的长辫子非常难看，西方人称之为“猪尾巴”。溥仪深受触动，于是叫人取来剪刀，剪掉了自己的辫子。这件事在世界上引起很大轰动。溥仪还与胡适畅谈过新文学。胡适为此还写了一首小诗：“咬不开，捶不碎的核儿，关不住核儿里的一点生意；百尺的宫墙，千年的礼教，锁不住一个少年的心。”

十七八岁的婉容与溥仪有着与同龄人一样的青春躁动，不安于紫禁城里一成不变的生活，而对城外的新鲜事物充满好奇。他们经常以走亲访友为名四处游逛。北京西郊的颐和园和玉泉山是他们常去的地方。颐和园是清代皇家园林，前身为清漪园，后来被英法联军焚毁。光绪十四年（1888年）重

建，改名为颐和园。光绪二十六年（1900年），颐和园又遭“八国联军”的破坏。这里便成为一般人的游乐场地。玉泉山位于颐和园西，最突出的地方是“土纹隐起，作苍龙鳞，沙痕石隙，随地皆泉”。这两处名胜留下了他们的足迹和欢声笑语。在一起游山玩水的过程中，婉容与溥仪建立了一定的感情基础。据说，溥仪吃西餐，就是婉容手把手地教他用刀、使叉的。后来，溥仪渐渐地迷上西餐了。

溥仪知道婉容的英文有一定基础，就先后又为她请了两位美国女教师，教授她英文。不久，婉容的英文水平突飞猛进，能说会写。她坚持用英文给溥仪写短信。当时，婉容还给自己取了一个英文名字Elizabeth，她自己音译成为“衣里萨伯”。溥仪的英文名字叫Henry（亨利）。这说明他俩那时的感情还是不错的。电影《末代皇帝》中也提到婉容与溥仪的英文名，这倒是没有生编硬造。

在那段时期，溥仪也把婉容当成了知己和最信任的人。溥仪16岁时曾在建福宫发现一大批珍宝。他曾回忆说：“我十六岁那年，有一天由于好奇心的驱使，叫太监打开建福宫那边一座库房。库门封条很厚，至少有几十年没有开过了。我看见满屋都是堆到天花板的大箱子，箱皮上有嘉庆年的封条，里面是什么东西，谁也说不上来。我叫太监打开了一个，原来全是手卷字画和非常精巧的古玩玉器。后来弄清楚了，这是当年乾隆自己最喜爱的珍玩。乾隆去世之后，嘉庆下令把那些珍宝玩物全部封存，装满了建福宫一带许多殿堂库房，我所发现的不过是其中的一库。有的库尽是彝器、有的库尽是瓷器、有的库尽是名画，意大利人郎世宁给乾隆画的许多画也在内。在养心殿后面的库房里，我还发现了许多很有趣的‘百宝匣’，据说这也是乾隆的玩物。这种百宝匣用紫檀木制成，外形好像一般的书箱，打开了像一道楼梯，每层梯上分成几十个小格子，每个格子里是一样玩物，例如一个宋瓷小瓶、一部名人手抄的寸半本四书、一个精刻的牙球、一个雕着古代故事的核桃、几个刻有题诗绘画的瓜子以及一枚埃及古币等。一个百宝匣中，举凡字画、金石、玉器、铜器、瓷器、牙雕等，无一不备，名为百宝，实则一个小型的

匣子即有几百种，大型的更不止千种。还有一种特制的紫檀木炕几，上面无一处没有消息（指发动机械装置的枢机），每个消息里盛着一件珍品，这个东西我没看见，我当时只把亲自发现的百宝匣，大约有四五十匣，都拿到养心殿去了。”

不过，这批珍宝被发现之后就不断失窃。溥仪的英文老师庄士敦带来消息说，他在地安门街上发现新开了许多家古玩铺，这些铺子里面卖的古玩大都是从宫里偷出来的珍宝。溥仪听了之后震怒，成立皇室财产清查机构，并亲自调查珍宝被盗的情况。1923年6月27日，太监、宫女们在夜里放了一把火，把建福宫花园和周围的宫殿全都烧了，让溥仪查无对证。电影《末代皇帝》中也有这场大火的情节，再现了当年这段史实。

大火过后，溥仪越想越害怕，这些太监、宫女今天图财，明天可能就会害命。他担心这些太监、宫女会谋害自己，整天提心吊胆，以至于不敢睡觉。思来想去，溥仪便将婉容叫来养心殿坐在他旁边守夜，为他壮胆。这说明，溥仪对婉容非常信任。溥仪曾在天津的一个商店给婉容买了一块手表，手表背面刻上一行英文 I LOVE YOU。他们是有感情基础的。

然而，甜蜜的生活总是短暂的，他们的婚姻从一开始就埋下隐患。

人生有四大喜，其中之一是温柔而甜蜜的“洞房花烛夜”。可就在大婚当夜，溥仪却将婉容孤零零地留在坤宁宫里，自己回养心殿睡觉去了。《末代皇帝传奇》中就设计了这样一个情节。不过，这不符合常理啊！婉容深感委屈，后来才明白溥仪不近女色。至于原因，有人说是溥仪生理上有缺陷，无法尽到丈夫的职责。但溥仪的侍从李国雄予以否认，认为溥仪是信仰佛教所致：“溥仪确实不和皇后、妃子、贵人们亲近，很少和她们同床共枕。一般人或许不理解，但对每天接触溥仪的人来说并不奇怪。与其说根源于‘生理缺欠’，不如说是佛的指示。出家人以‘色’为‘空’；笃信神佛、念念不忘‘过白骨关’‘结神仙眷属’的溥仪，为什么不会产生同样的想法呢？”不管是生理缺陷，还是佛教信仰，最终的结果要让婉容来承担，年纪轻轻就守活寡。

而且，溥仪的心思也不完全放在婉容身上，因为他不甘心做个末代皇帝，要复辟。溥仪后来回忆说："在这闹哄哄之中，我从第一天起，一遍又一遍地想着一个问题，'我有了一后一妃，成了家了，这和以前的区别何在呢？'我一遍又一遍地回答自己：'我成年了。如果不是闹革命，是我亲政的时候开始了！'除了这个想法之外，对于夫妻、家庭，我几乎连想也没想它。我回到养心殿，一眼看见了裱在墙壁上的宣统朝全国各地大臣名单，那个问题又来了：'我有了一后一妃，成了人了，和以前有什么不同呢？'"按照清朝的制度，皇帝大婚就要开始亲政，可溥仪徒有个皇帝的尊号，无皇帝的权力，无法亲政，这让他非常纠结和痛苦，自然也就冷落了婉容。

婉容在宫中尽管可以搞各种文体活动，但是在情爱方面却存在着巨大的空白。婉容与溥仪白天见面，相敬如宾，晚上回各自的寝宫，完全就不像个正常的家庭。有位名叫魏子卿的太监回忆说："现在回想起来，帝王之家充满了虚伪、客套，在这里找不到家人父子夫妇间的真正感情。"长久下来，这种无情感的生活难免让婉容陷入空虚寂寞之中。于是，她学会了吸香烟和鸦片烟。一些影视剧说婉容吸烟是符合实际的。还有位名叫赵荣升的太监专门服侍婉容吸烟，"伺候烧烟要跪在地上，皇后左边吸四口，在她倒过身子的时候，你得把烟具随着捧过去再服侍她在右边吸四口"。这种生活只能让她更为空虚和颓废。

1924年11月5日，冯玉祥发动"北京政变"。他的部下鹿钟麟带领部队来到宫廷，准备将溥仪逐出紫禁城。手无一兵一将的溥仪只能照做，准备搬家。《末代皇妃》讲皇后婉容显然六神无主，只是紧紧地抱着象征她皇后地位的凤冠。据史记载，婉容的态度强硬，大声叫喊着："反正我铁下心，今天不搬，不能搬！"然而，人争不过命，更争不过势。宣泄之后，她也只能搬家，跟着溥仪暂时迁居到醇亲王府邸。她的平静奢华的生活也就此结束了。

后妃之争

很多影视作品以皇后婉容和淑妃文绣为噱头，渲染她们之间的矛盾和分歧。她们的矛盾真的达到不可调和、不是你死就是我活的地步了吗？

文绣，满洲镶黄旗人，号爱莲，出生于一个已破败的满洲贵族家庭，入宫时年仅13岁。《末代皇帝传奇》讲，大婚当日，走下轿子的婉容并未看见下跪的文绣，很是不满。真实的历史是溥仪免除了淑妃文绣的跪迎之礼。婉容出身名门，又是皇后，性情不免有些霸道。而接受传统教育的文绣却能够容忍。“淑妃也甚自爱，独居长春宫，每天早晚除至养心殿、钟粹宫请安以外，关闭宫门教宫女读书，并课针线，虽有太监也只备差而已，宫中称贤。”两人表面上也相安无事。可是，二女共侍一夫，就免不了有争风吃醋之事，不过都在暗中较劲。从流传下来的书信文字来看，两人好像斗气的小女生。

有一次，文绣身体不适，请来萧炳炎治病。婉容听说后，写了一封信：“爱莲女士惠鉴：才闻傅（传）萧炳琰（炎），想是歉安否？见（现）痊瘉否？望君赐以回函，以慰余之疑念。”信的署名：Elizabeth。文绣则以为婉容拿生病来笑话自己，就回信说：“现在无有何等不适，不过每日必令萧诊脉一次。因午间有事，故令晚间来。You放心可也。来函笔误甚多，兹特更正还回。”意思是说，我身体无恙，不劳挂念。你信中有多个错别字，文化水平不咋样，我帮你更正了。

婉容比文绣长得漂亮，又精通英文，跟溥仪有共同语言。所以，溥仪“差不多总是和婉容在一起，而经常不到文绣所住的地方去”。婉容得意之余，不忘向文绣炫耀一番，她写信给文绣说："爱莲女士惠鉴：数日未见，不知君还顾自怜否？余今甚思购一明镜，以备顾君之影。念有一曲，以还君之一笑。"又作一首诗《赠文绣》说："明明月，上东墙，淑妃独坐在空房。娇弱飞燕常自舞，窈窕金莲世无双。"婉容写信挖苦文绣，其实自己也是形单影只，独守空房。

有一次，婉容觉得玩笑开大了，误会太深，文绣也没怎么搭理她了，她连忙写信去请罪："是与君相互立誓，彼此且不得再生误会。不拘何事，切可明言。所以君今不来，已Sure稍有误会之处。只是君因病不能来，此实不能解也。君闻过中外各国有You不能见之理么？若有何获罪之处，还望明以见告为幸。不过自叹才德不足，难当君之佳偶尔。请罪人植莲启。"

在天津时，婉容与文绣为了争宠，穿梭于各大百货公司购物，你有的，我要买；你买的，我要有。溥仪回忆说："婉容本是一位天津大小姐，花钱买废物的门道比我多。她买了什么东西，文绣也一定要。我给文绣买了，婉容一定又要买，而且花的钱更多，好像不如此不足以显示皇后的身份。"家里的开支越来越大，溥仪又不会生钱之道，这可把他愁坏了。不得已的情况下，溥仪要求她们节约开支，婉容说她是皇后，要节约开支，要从文绣开始，可是文绣也不干。

溥仪的后宫远没有血雨腥风，仇恨厮杀，婉容和文绣也就斗斗嘴皮子，互相讥嘲一番，没有到置对方于死地的地步。有些影视剧说婉容欺压文绣，导致文绣与溥仪离婚，不符合事实。

1931年，淑妃文绣离家出走，最终与溥仪协议离婚，史称"淑妃革命"。溥仪觉得这是一场奇耻大辱。他不反省自己，反而将所有过失都推到婉容身上，认为是婉容处处刁难，挤走了文绣，这个罪责必须由婉容承担。溥仪承认说："自从她把文绣挤走后，我对她便有了反感，很少和她说话，也不大留心她的事情。"

其实，溥仪与文绣没有夫妻之实，让文绣深感委屈与痛苦。在离婚案中，很多封建卫道士攻击文绣，劝她悬崖勒马，回头是岸。面对来自各方

的攻击，文绣不得不出现在一次谈判现场，掩面哭泣说："我到现在还是一个老处女，素常受尽虐待，现在唯有请张律师等依法保障我应享的人权罢了。"

更有甚者，溥仪与文绣的政见也不相同，让文绣深感失望。溥仪出宫后不久，搬到天津居住。郑孝胥等一些清朝遗老纷纷跑去劝说溥仪"借助外援"，复辟大清朝。这个"外援"就是日本。溥仪后来说："我在日本公馆里住了些日子，到了天津之后，我一天比一天更相信，日本人是我将来复辟的第一个外援力量……我拉拢军阀、收买政客、任用客卿全不见效之后，日本人在我的心里的位置，就更加重要了。"溥仪在背叛民族的道路上越走越远。但文绣不一样，她郑重劝告溥仪："皇上千万不能轻易地相信郑孝胥的话，否则引狼入室，后果不堪设想啊！"有一天，两人公开争吵起来，溥仪大为恼怒，一个妃子竟敢公开顶撞皇上，他拿起鸡毛掸子把文绣给打了，这一打，也把文绣的心打没了。1931年，文绣在胞妹文珊的帮助下秘密离开了溥仪，并打起了轰动一时的离婚官司。

《末代皇妃》说，文绣不满皇后婉容的刁蛮欺凌，也不满溥仪的冷落，在表妹齐如玉和大律师黎天民的支持下，毅然逃出静园，奔上民国的法庭，要讨个自由，同溥仪打起了离婚官司。这是有历史依据的。不过，这其中大部分责任应该在溥仪自己。溥仪却怨恨、冷落婉容，使她陷于极度的苦闷与孤寂之中。

晚景凄凉

《末代皇妃》讲述了溥仪仓皇地带着婉容和文绣躲到了天津的静园，继而日夜谋划着匡扶大清的故事。正在溥仪“宵衣旰食”地谋划复辟之时，婉容却又从颓废中醒了过来。天津这座半殖民地化的城市，非常时尚，有戏院、有舞厅、有溜冰场……于是乎，婉容烫起了头发，换上了高跟皮鞋、时装，将自己打扮成“摩登女郎”。不过，婉容马上意识到，她不再是紫禁城中那位不可侵犯的皇后。

1926年的一天早晨，婉容起床后梳妆打扮，不料一位身着蓝色衣服的仆人偷偷打开窗户，一览春光。等婉容发觉时，蓝衣仆人匆匆跑开了。盛怒之下的婉容不肯善罢甘休，立刻召集许多随从去追。蓝衣仆人跑进邻府就不见了。婉容去邻府要人，却吃了个闭门羹。因为邻府的主人是北洋政府陆军总长吴光新，也是段祺瑞的小舅子，婉容惹不起。当她要起皇后的威风时，吴府的仆人讥嘲说：“如今民国，没有什么皇上皇下，你们不必作威作福，我们才不怕你们呢！”仿佛偷看得理所当然。天津的巡捕房为了给溥仪几分薄面，派了巡捕来调查、逮捕蓝衣仆人。但吴府的仆人早有了准备，全都换上一模一样的蓝衣。巡捕们傻了眼，找不出嫌疑人，只能无功而返。这则故事记载在《北洋画报》中。显然，她已失去了皇权的保护，体味到人生多变无常。

更为严重的是，“淑妃革命”后，溥仪大失颜面，将所有罪责推给婉容，对她实行“冷暴力”，很少与婉容见面和说话。婉容与溥仪的关系越来越差。溥仪又在清朝遗老们的怂恿下一心想要复辟。1931年“九一八”事变

后，日本帝国主义加紧对中国的侵略。溥仪在复辟梦的诱惑下居然一声不吭地跑往东北，将婉容一个人留在天津。婉容误以为自己被溥仪抛弃，大叫道：“皇上去哪里，我就去哪里，我也要去东北！”因此闹得天翻地覆，陷入歇斯底里。

为了不使这件事情闹大、避免引起国际舆论指责、遮掩侵占中国东北的事实，日本军方派遣特务去天津秘密迎接婉容。这个特务就是臭名昭著的川岛芳子。电影《末代皇帝》中有一段川岛芳子与婉容关系暧昧的情节：婉容在房间内抽鸦片，川岛芳子吮吸婉容的脚，还在她的脚趾上带了一个戒指。这是艺术加工的。不过，婉容确实是被川岛芳子神不知鬼不觉地带到东北的。川岛芳子找人做了一个双层棺材，上层躺着她已死去的同事，下层躺着的是婉容，躲过重重关卡的检查，将婉容带到了东北的大连。

婉容到了大连后，听到了外面的一些关于溥仪的传闻：有人说溥仪被日本军方软禁了；有人说溥仪被日本军方杀害。她又开始闹起了脾气，大声嚷嚷要见到溥仪。川岛芳子没有办法，只能买通日本宪兵，让婉容与溥仪见上一面。婉容这才消停下去。不过，接下来的生活，让她跌入了万丈深渊。

1932年3月8日，溥仪在长春就任伪满洲国“执政”，婉容便成了“执政”夫人。两年后，溥仪改国号为伪“满洲帝国”，自己改称“皇帝”，婉容又成为伪“满洲帝国”的皇后。但是，此时的婉容只不过是一个摆设，此次溥仪举行登基大典，作为皇后的婉容竟然没有露面。这显然是溥仪有意为之。溥仪说：“我不懂什么叫爱情，在别人是平等的夫妇，在我，夫妇关系就是主奴关系，妻妾都是君王的奴才和工具。”婉容可以忍受生理上的痛苦，但无法忍受溥仪的冷漠、无情，以及剥夺她作为皇后的尊严。这种生活一下击溃了婉容的精神世界。她的生活除了吃饭、睡觉，就是吸食鸦片，她的精神日益颓靡，麻木不仁。

1932年，婉容对这种糟糕的生活状况做了最后一次抗争。这一年，国际联盟组织调查团来华调查“九一八”事变的真相。著名外交家顾维钧是调查团成员之一。有一天，他在大连一家旅馆里吃午饭时，一个随从人员进来说："一个从长春来的满洲国内务府的代表求见，有机密消息相告。"顾维钧开始有些犹豫，因为他没有听说过这个代表的名字。但是随从说，他在北京认识这个人，问顾维钧可否见见此人。于是，顾维钧就走到门廊里，见到了这位代表。这位代表说："我是皇后派来的。因为知道您将去满洲，皇后请您帮助她从长春逃走。皇后觉得生活很悲惨，因为她在宫中受到日本侍女的包围（那里没有中国侍女）。她在那里一举一动都受到监视和告密。她知道皇帝不能逃走，如果她能逃走，她就可能帮他逃走。"顾维钧听后很感动。但他考虑到自己的特殊身份，拒绝了："我的处境不能替她做什么事，我在满洲是中国顾问的身份，没有任何有效方法来帮助她。"

婉容肯定很失望，不过她没有因此气馁，还是想逃跑。1933年的八九月间，时在伪满洲国立法院任职的赵欣伯的妻子赵碧琰准备赴日，婉容请她帮忙东渡。当时正在日本的三格格，即溥仪的妹妹韫颖，将这件事情写信告诉了溥仪。婉容受到更加严密的监视，也就没有逃跑的机会。她也因此更加遭到溥仪厌弃，踏上了人生最悲惨的旅途。

孤独空虚与寂寞难耐的婉容玩起了婚外情，以此来寻求精神慰藉。据说，她是与溥仪的一位名叫李体育的侍从私通。《末代皇帝传奇》中，将李体玉改名为李玉；《末代皇后》中将李体玉改名为李越亭。有一次，溥仪发现李体育嘴上抹了口红，遂产生怀疑。又有一次，溥仪睡觉醒来找药吃，发现李体育两手提着裤子从楼下匆匆上来。溥仪下令严查，李体育承认是与另外一个女人私通。婉容婚外情真正暴露是在怀有身孕之后。1935年，由于婉容有了身孕并且将近临产，溥仪才发现了问题。"我当时的心情是难以描述的，我又愤怒，又不愿意让日本人知道，唯一的办法就是在她身上泄愤。我除了把和她有关系的人和有嫌疑的人，一律找词驱逐之外，还决定和她离婚，用当时我的说法，是把她'废'掉。"而且无论婉容如何哀求，溥仪都要杀了这个"孽种"。于是，这个婴儿生下来不到一个小时，就被人扔进火炉之中，化为灰烬。《末代皇后》中有这样一个情节。得知孩子被害的消息，婉容最后一丝希望破灭，精神有点失常。

这次事件后，婉容被打入冷宫，彻底丧失了行动自由。她平均每天要吸食约二两鸦片来麻醉自己。溥仪的堂侄毓嵣每次经过她的房间，总能闻到飘出来的鸦片烟味，呛人泪下。大量吸食鸦片，使婉容形同行尸走肉，人不人，鬼不鬼，目光呆滞，脸色青白。有一次，侍卫李国雄从溥仪的寝宫出来，恰好碰见婉容。他发现：婉容的花容月貌全不见了，她的头发都披散着，一张又青又黄的脸，无脂粉也无血色，可以肯定多日不曾洗过！她已不是当年那个青春貌美的皇后了！

1945年8月15日，日本宣布无条件投降。溥仪宣布退位，最后成为苏联红军的俘虏。被溥仪抛弃的婉容，被解放军收容，先后送至通化、长春、延吉等地，最后死在吉林延吉的监狱里，尸骨亦无处寻找。三年以后，溥仪从家书中知道了婉容的死讯，无动于衷，似乎与己无关。

在《满宫残照记》中，婉容说："为什么别人都得自由，独我不能自由？"她看似趋向于西化的生活，却保持着一颗传统的心，造成了她的人生悲剧。